어린이를 위한

체스 따라잡기

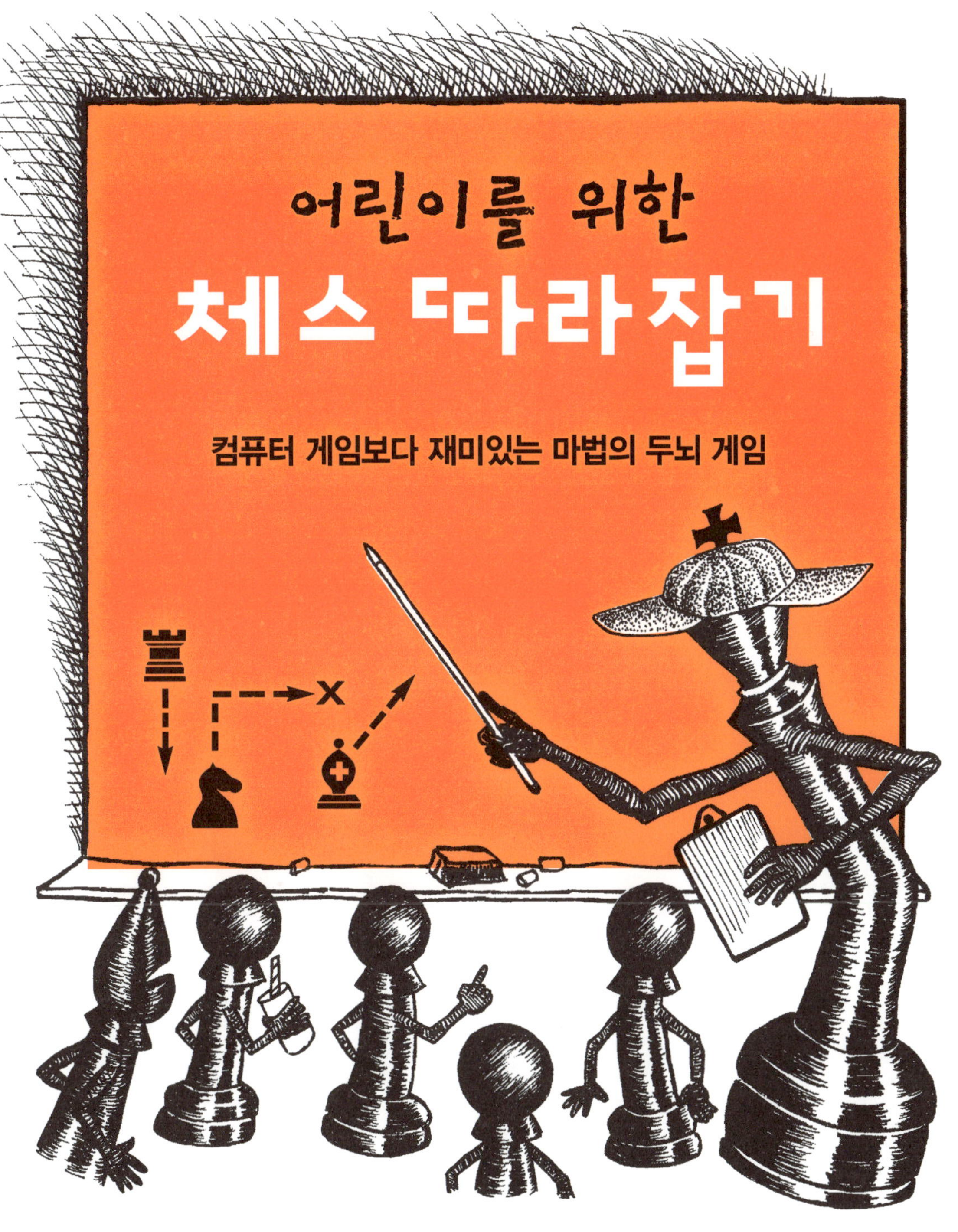

토드 바드위크 지음 | 케빈 헴스테드 그림 | 김수민 옮김

루돌프

체스를 배우면 무엇이 좋을까요?

체스는 어른 아이 할 것 없이 누구나 재미있게 즐기는 게임으로, 오랫동안 많은 사람들에게 사랑받아 왔습니다.

'미국 건국의 아버지'로 불리는 벤저민 프랭클린은 "우리의 인생 자체가 체스 게임과 같으므로 체스 게임을 시간이나 때우는 단순한 놀이라고 생각해서는 안 된다. 살면서 우리가 경험하는 많은 일들이 체스판에서도 그대로 일어난다"라며 사고력과 인내심, 스포츠맨 정신을 키울 수 있는 게임으로 체스를 적극 추천했습니다.

또한 마이크로소프트 사의 회장인 빌 게이츠는 어린 시절 아버지와 체스 게임을 함께하며 체스 챔피언이 되기를 꿈꾸었고, 체스를 통해 얻은 다양한 경험과 능력을 바탕으로 세계 최고의 경영자가 되었습니다.

오늘날 많은 교육 전문가와 학부모들은 체스가 그저 재미있게 즐기는 놀이를 넘어 어린이들의 정서와 인지 발달에 도움이 되는 훌륭한 게임이라고 말합니다. 그렇다면 체스를 배우면 구체적으로 무엇이 좋아질까요?

- 인지 능력과 문제 해결 능력이 생겨요.
- 사고력과 창의력이 생겨요.
- 주의 집중 시간이 늘어나요.
- 자신감과 자부심이 생겨요.
- 기억력이 좋아져요.
- 경쟁의 즐거움을 느낄 수 있어요.
- 진정한 스포츠맨 정신을 배울 수 있어요.
- 시간 관리를 잘 하게 돼요.

- 수학에 흥미를 갖게 돼요.
- 자신의 선택에 대해 책임감을 갖게 돼요.
- 자기 중심적인 태도에서 벗어나 상대방의 입장을 고려하는 자세를 배울 수 있어요.

체스를 배우는 어린이들은 이러한 다양한 장점을 얻게 됩니다. 그리고 그 무엇보다도 중요한 것은 컴퓨터나 핸드폰 게임에 빠져 혼자만의 시간을 보내던 아이들이 가족, 친구와 함께하는 즐거움을 느끼게 된다는 점입니다.

이 책은 체스를 하기 위해 알아야 할 기본적인 내용들과 체스의 다양한 전술들을 쉽고 재미있게 설명해 체스를 처음 배우는 어린이들도 쉽게 체스를 익힐 수 있게 해 줍니다.

어린이들은 각 수업이 끝날 때마다 연습문제를 통해 공부한 내용을 스스로 복습해 볼 수 있으며, 기초적인 지식을 다루는 '레벨 1 문제'와 조금 더 깊이 생각해 보아야 할 난이도가 높은 문제인 '레벨 2 문제'로 나뉘어 있어 차례대로 해결해 가는 성취감을 맛볼 수 있습니다.

이 책이 체스를 배우려는 사람들에게 많은 도움이 되길 바랍니다.

토드 바드위크
내셔널 체스 마스터

차 례

체스를 배우면 무엇이 좋을까요? 4

❶교시 기본 익히기 9
연습문제

❷교시 게임의 시작 31
연습문제

❸교시 말의 움직임 기록하기 53
연습문제

❹교시 체크메이트 익히기 71
연습문제

❺교시 기본 전술 파악하기 85
연습문제

❻교시 무승부가 되는 경우 101
연습문제

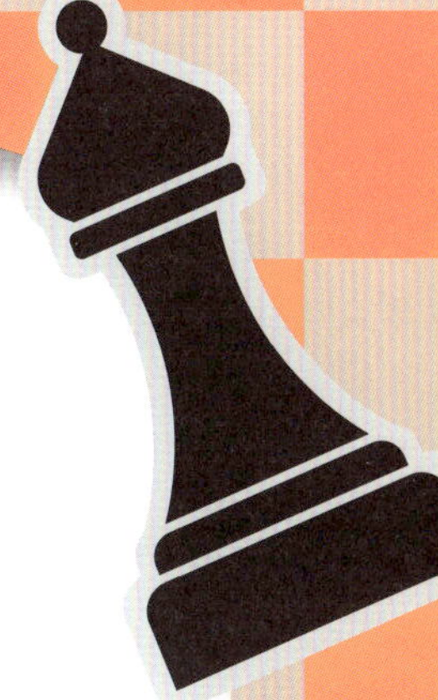

7 교시 공짜 체스 말 115
　연습문제

8 교시 폰의 구조 익히기 125
　연습문제

9 교시 폰의 정사각형 익히기 141
　연습문제

10 교시 체크메이트 활용하기 153
　연습문제

체스 퍼즐 게임 166

연습문제 해답 풀이 170

체스 퍼즐 게임 해답 182

용어 사전 184

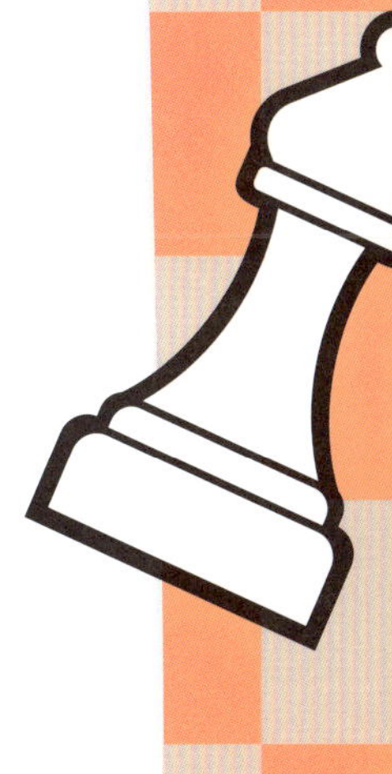

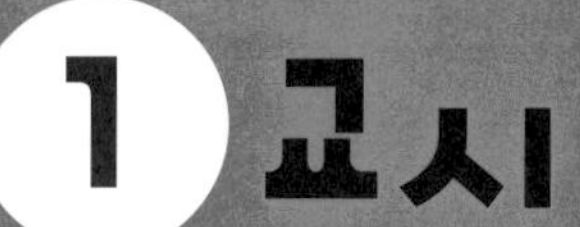

기본 익히기

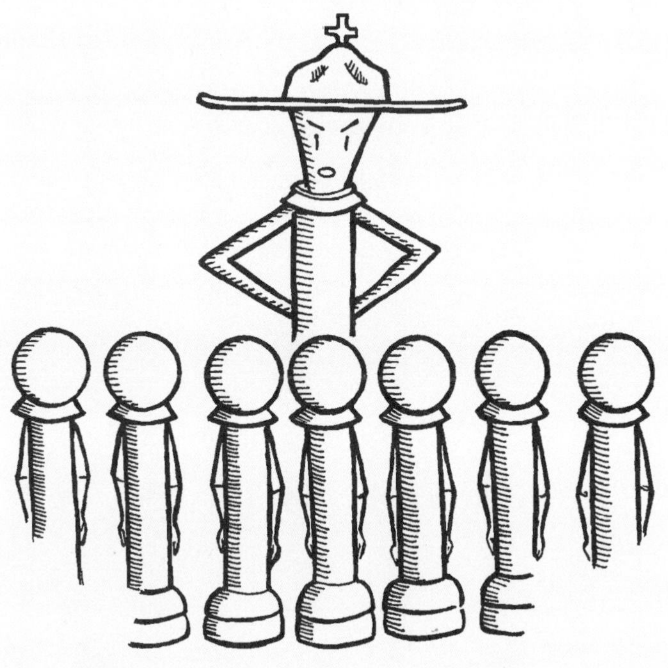

"체스판 앞에 앉으면 심장이 갑자기 쿵쾅대고 말을 집는 손이 떨리기 시작한다. 체스의 교훈은 마음을 진정시키고 그 자리에 침착하게 앉아서 자신의 생각이 정말 옳은지, 더 좋은 생각은 없는지 깊이 따져 보라는 것이다."

— 스탠리 큐브릭(1928~1999), 영화감독 · 제작자

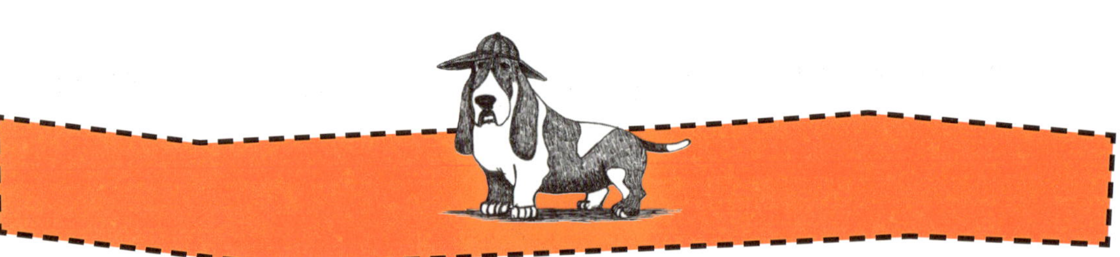

기본 용어 이해하기

체스는 수천 년 전 인도에서 시작되어 지금은 전 세계인이 즐기는 게임이 되었습니다. 체스는 누구나 쉽게 배울 수 있는 게임이에요. 지금까지 체스를 배워 본 적이 없다면 이번 수업을 통해 기본 지식을 한번 배워 볼까요?

체스 게임을 하려면 게임을 진행할 체스 말이 필요합니다. 이들을 체스 용어로 기물이라고 하죠. 킹, 퀸, 룩, 비숍, 나이트, 폰 등으로 구성된 두 군대가 체스판 위에서 전쟁을 벌이며, 각 군대는 백색과 흑색으로 나뉩니다.

체스 게임의 초반부를 오프닝, 중반부를 미들게임, 후반부를 엔드게임이라고 부릅니다.

1 체스 말

다음은 체스 말의 이름과 이들을 상징하는 기호입니다. 체스 말은 저마다 독특한 움직임과 능력을 갖고 있습니다.

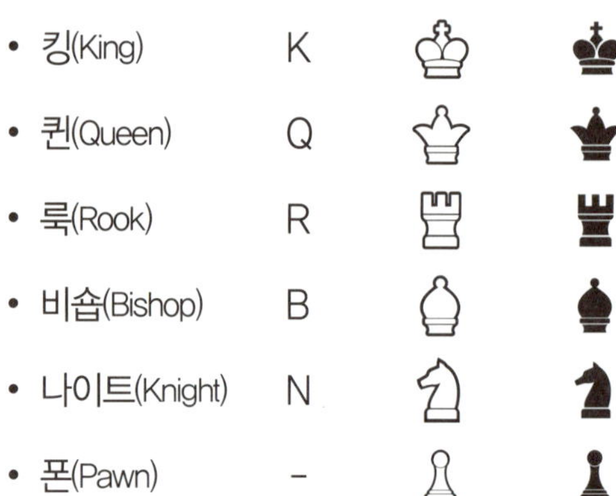

• 킹(King)	K	
• 퀸(Queen)	Q	
• 룩(Rook)	R	
• 비숍(Bishop)	B	
• 나이트(Knight)	N	
• 폰(Pawn)	–	

❷ 체스판

　체스에서 전투가 벌어지는 장소를 체스판이라고 불러요. 양쪽 진영 모두 똑같이 16개의 체스 말로 전투를 시작합니다.

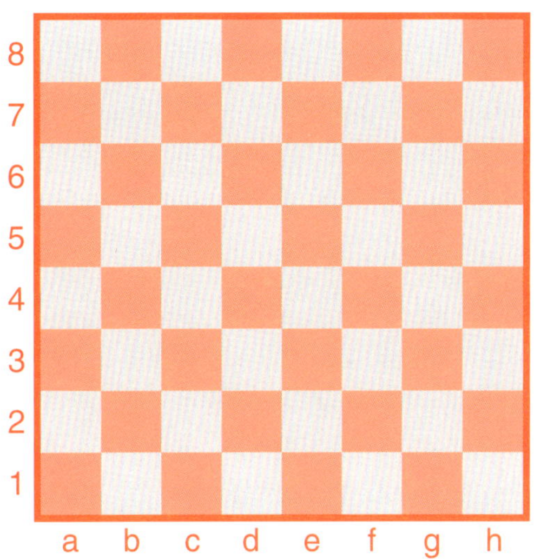

◀ 체스판은 총 64개의 정사각형으로 이루어져 있습니다. 가로세로 각각 8칸이며, 흰색(또는 밝은색) 정사각형 32개와 검은색(또는 어두운색) 정사각형 32개로 되어 있습니다.
오른쪽 아래에 흰색 정사각형이 오도록 체스판을 놓습니다. '오른쪽이 흰색'임을 명심한다면 체스판을 잘못 놓는 일은 없겠죠?

　각 정사각형마다 위치를 나타내는 이름이 있습니다. 가로줄의 알파벳 소문자를 먼저 읽고, 그다음에 세로줄의 숫자를 읽으면 됩니다.

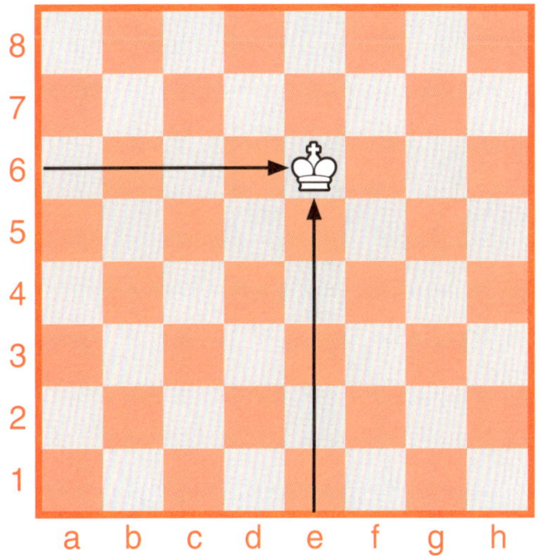

▲ 백색 킹의 위치는 **e6**입니다.

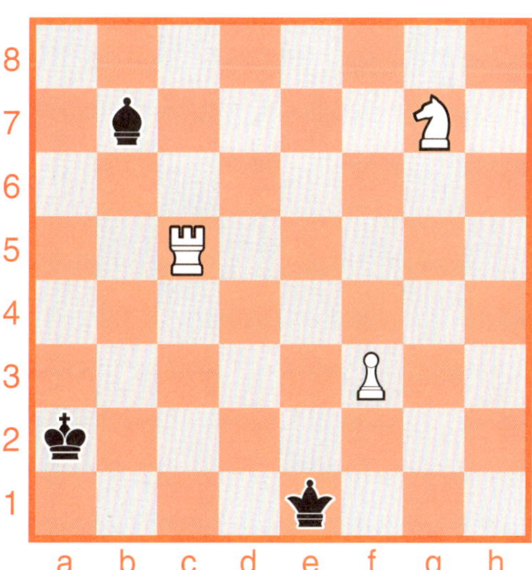

▲ 흑색 킹의 위치는 a2, 흑색 비숍의 위치는 **b7**, 흑색 퀸의 위치는 **e1**입니다.
백색 룩의 위치는 **c5**, 백색 폰의 위치는 **f3**, 백색 나이트의 위치는 **g7**입니다.

체스판의 가로줄을 랭크(Rank), 세로줄을 파일(Pile)이라고 합니다.

랭크는 각 선수가 앉아 있는 자리부터 번호를 매깁니다. 선수와 가장 가까운 곳이 1랭크가 되고, 가장 먼 곳이 8랭크가 되는 것이죠. 앞 페이지 마지막 그림을 예로 들면, **a2** 위치에 있는 흑색 킹의 경우, 백색 진영의 2랭크이면서 흑색 진영의 7랭크가 됩니다.

파일은 왼쪽에서 시작해 오른쪽으로 가면서 a부터 h까지 이름이 붙습니다.

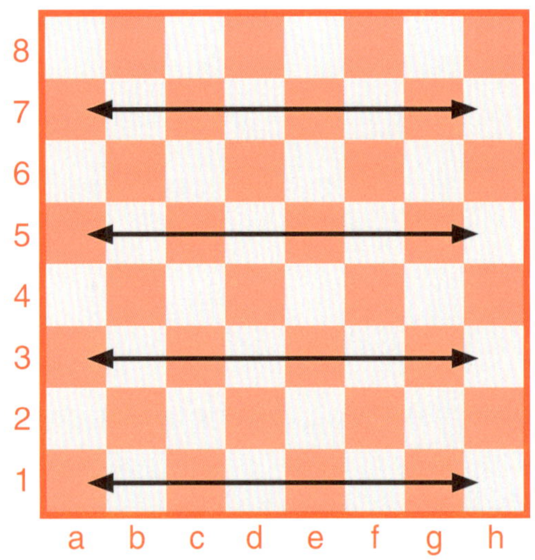

▲ 랭크는 가로줄을 말하며, 1에서 8까지 숫자로 이름을 붙여 줍니다.

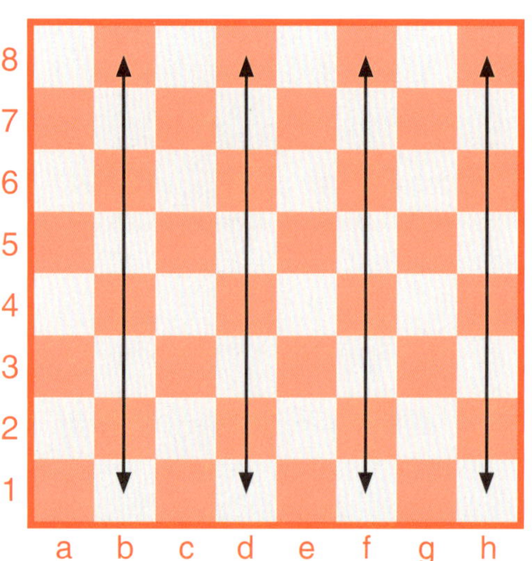

▲ 파일은 세로줄을 말하며, a에서 h까지 알파벳 소문자로 이름을 붙여 줍니다.

체스 말의 움직임 익히기

각 체스 말은 자신만의 독특한 방법으로 움직이며, 고유한 가치를 갖고 있습니다. 기본적으로 백색과 흑색 진영이 번갈아 공격하며, 양쪽 진영 모두 자기편 체스 말은 잡을 수 없어요.

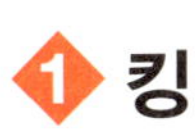 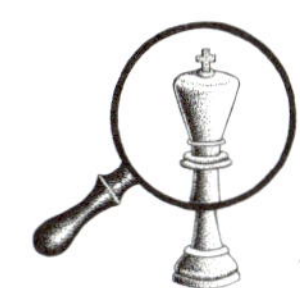

1 킹

킹은 상하좌우와 대각선 모든 방향으로 1번에 1칸씩만 움직일 수 있습니다. 체스는 체커(흑색 칸과 백색 칸으로 구성된 총 64개의 칸이 있는 판에서 각각 12개의 말을 가지고 상대편의 말을 넘어가며 잡는 게임)와 다르게 선수마다 킹을 1개씩만 가질 수 있으며, 교환할 수 없습니다. 킹이 항복하면 게임은 끝납니다. 킹은 왕국의 모든 금을 소유하고 있기 때문에 아주 중요한 체스 말이죠. 그리고 움직임이 매우 느립니다. 금이 엄청나게 무거우니까요! 적군은 킹을 굴복시켜 금을 모두 빼앗으려고 합니다.

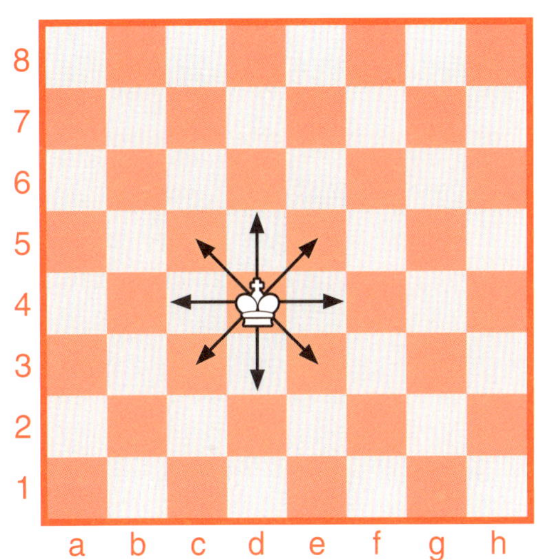

◀ 킹은 모든 방향으로 1칸씩 움직일 수 있습니다.

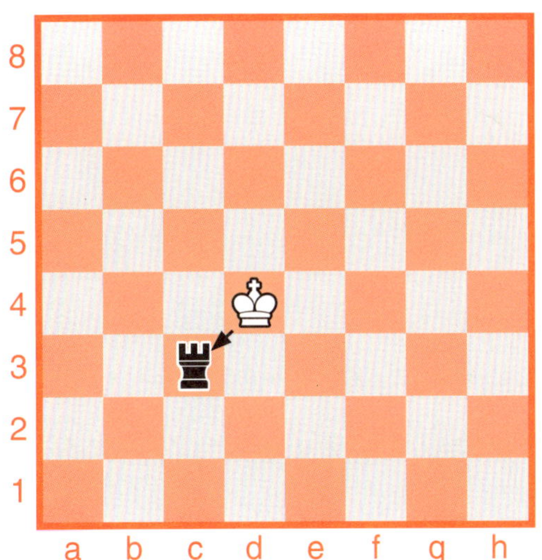 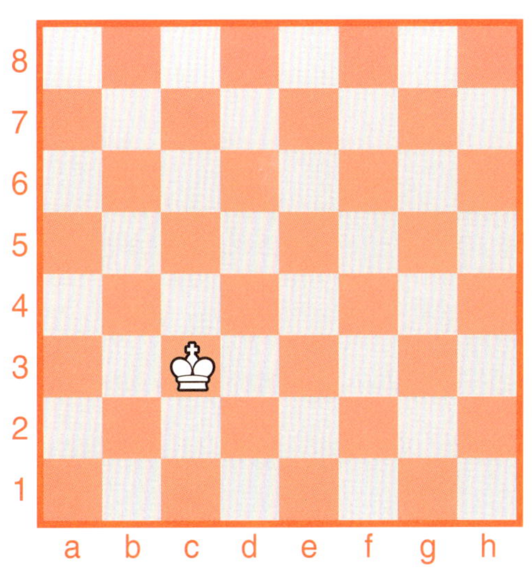

▲ 킹은 바로 옆에 있는 칸에 위치한 적군의 말을 잡을 수 있습니다.
킹이 **c3**에 있는 룩을 잡았군요.

❷ 폰 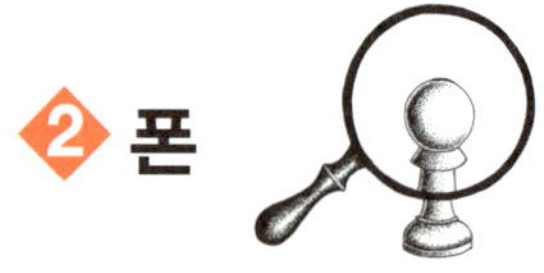

　폰은 앞으로 1칸 또는 2칸 이동할 수 있지만, 이때 앞길을 가로막고 있는 체스 말이 없어야 합니다. 2칸을 전진할 수 있는 경우는 게임 시작 위치에서 처음 움직일 때뿐입니다.

　폰은 유일하게 뒤로 움직일 수 없어요. 각 진영은 8개의 폰을 가지고 게임을 시작하며, 폰의 가치는 1점입니다.

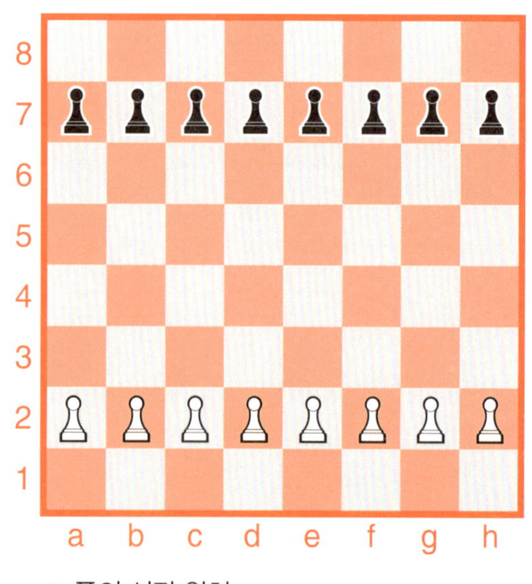

▲ 폰의 시작 위치

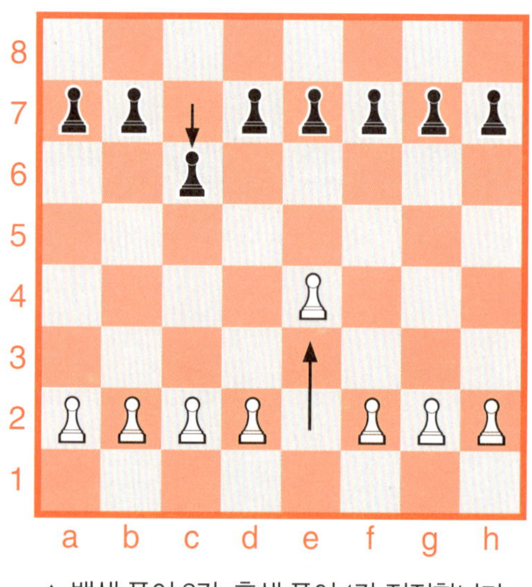

▲ 백색 폰이 2칸, 흑색 폰이 1칸 전진합니다.

　적군을 잡을 때와 평소 이동할 때의 움직임이 다르다는 것도 폰만이 가진 특징입니다. 적군을 잡을 때는 대각선 방향으로 1칸 앞으로 이동합니다. 아주 오래전 체스가 처음 발명됐을 때 폰은 보병이었기 때문에 자신을 방어하기 위해 앞쪽으로 방패를 들고 있어야 했습니다. 그래서 폰은 적군을 대각선 방향으로 찌를 수밖에 없었어요. 앞으로 찌르면 칼이 방패에 막혀 버리기 때문이죠.

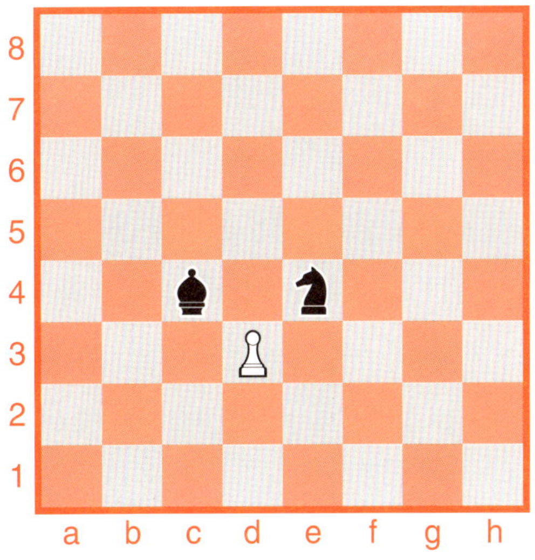

▲ 백색 폰은 **d4**로 이동하거나, 비숍 또는 나이트를 잡을 수 있습니다.

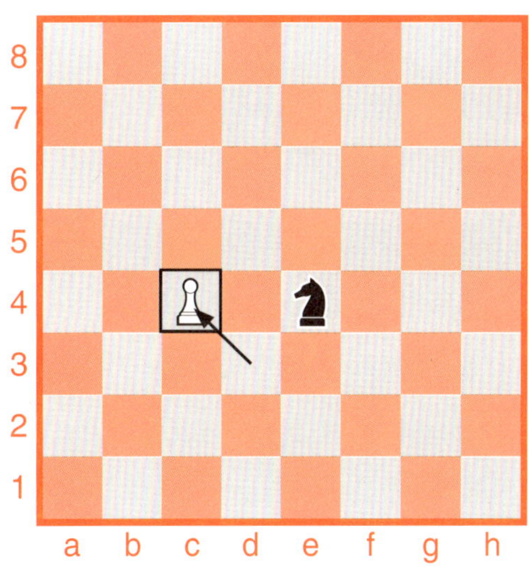

▲ 폰이 비숍을 잡았군요.

체스의 특수한 규칙 중 하나는 폰이 8랭크에 도달하면 그 대가로 원하는 더 높은 계급(퀸이나 룩, 비숍, 나이트)으로 올라갈 수 있다는 것입니다. 이를 프로모션(승진)이라고 하죠. 대부분 퀸으로의 변신을 선택하는데, 그 이유는 퀸이 가장 강력한 체스 말이기 때문입니다. 폰은 대개 적군이 스스로를 방어할 수 있는 체스 말이 얼마 남지 않은 게임 후반부에 가서야 계급이 올라갈 수 있는 기회를 잡게 됩니다. 처음 게임을 시작할 때 퀸 1개와 폰 8개가 있었으니 선수들은 게임당 최대 9개의 퀸을 가질 수 있는 셈입니다. 그러나 보통은 퀸 2개만으로도 게임을 승리로 이끌기에 충분하답니다.

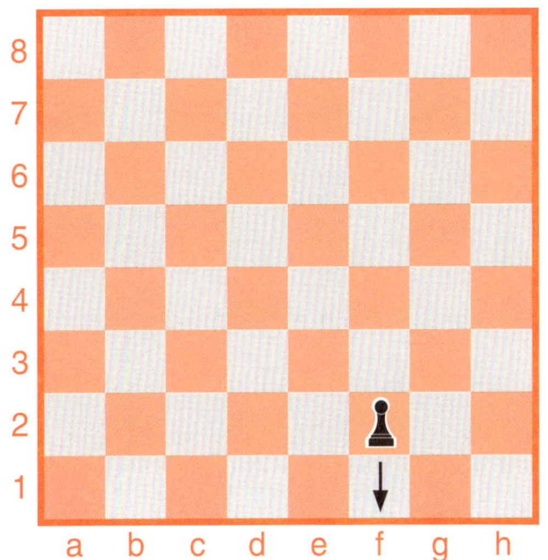

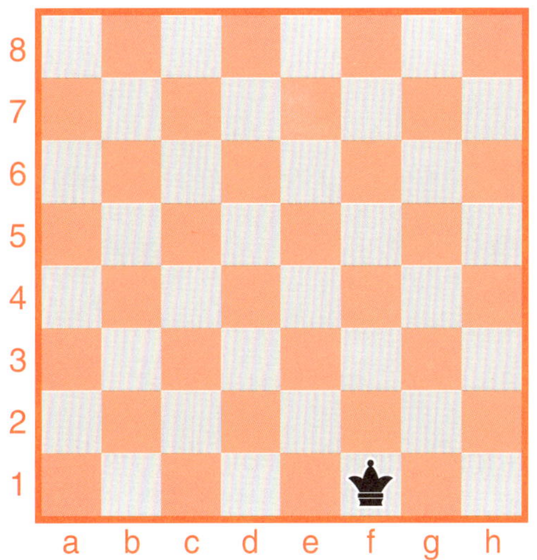

▲ 흑색 폰이 마지막 랭크까지 전진해 퀸으로 계급이 올라갔습니다.

❸ 나이트 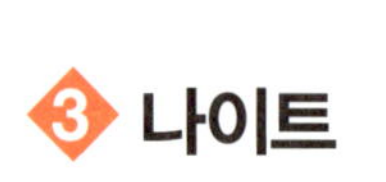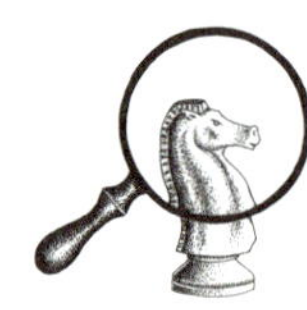

나이트는 말의 모습을 하고 있으며, 유일하게 다른 체스 말을 뛰어넘을 수 있습니다. 가로 또는 세로로 2칸 이동한 후 양쪽 옆 칸 중 하나로 1칸 이동하는데, 마치 한글의 'ㄴ' 자와 비슷합니다.

나이트가 1번 움직일 때마다 칸의 색깔은 밝은색에서 어두운색, 또는 어두운색에서 밝은색으로 바뀝니다. 체스판의 모든 칸으로 이동할 수 있지만 움직임이 느린 체스 말이죠.

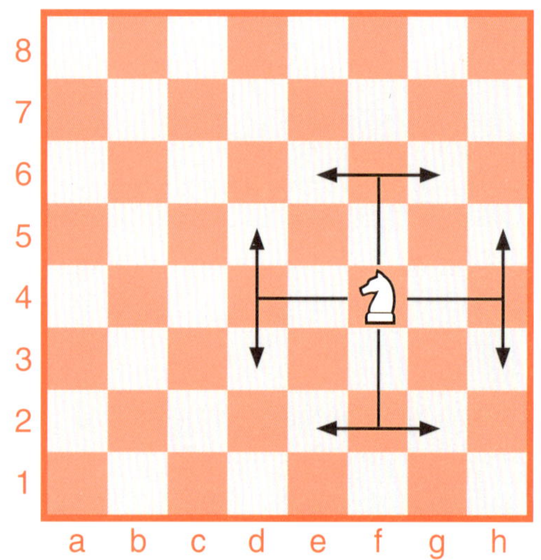

▲ 나이트는 e2나 g2, h3, h5, g6, e6, d5, d3, 이렇게 8칸으로 이동할 수 있습니다.

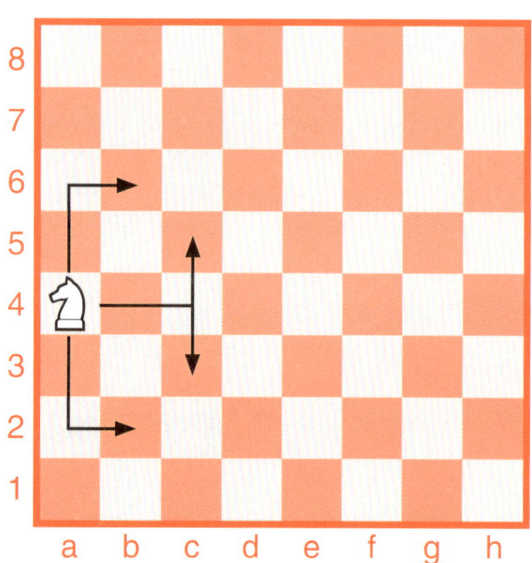

▲ 가장자리에 위치한 나이트는 b2나 c3, c5, b6 등 4칸밖에 이동할 수 없습니다.

나이트는 적군을 뛰어넘는 것이 아니라 적군이 위치한 자리로 이동하면서 적을 잡습니다. 다시 말해, 나이트가 뛰어넘은 적군이 아니라 착지한 위치에 있는 적군이 잡히는 것입니다. 말이 머리 위로 넘어가면 살 수 있지만, 머리 위에 떨어진다면 무사하지 못하겠죠?

나이트는 움직임이 느린 체스 말이기 때문에 가능한 한 체스판 중앙에 자리하는 것이 좋습니다. 그래야만 체스판 어느 곳으로든 좀 더 빠르게 이동할 수 있기 때문이죠. 체스판 가장자리에 있으면 반대편 가장자리로 이동하기 위해 몇 번을 더 움직여야 합니다. 그래서 체스에는 '변두리에 있는 나이트는 맥을 추지 못한다'는 말이 있습니다. 나이트의 가치는 폰 3개 또는 3점입니다.

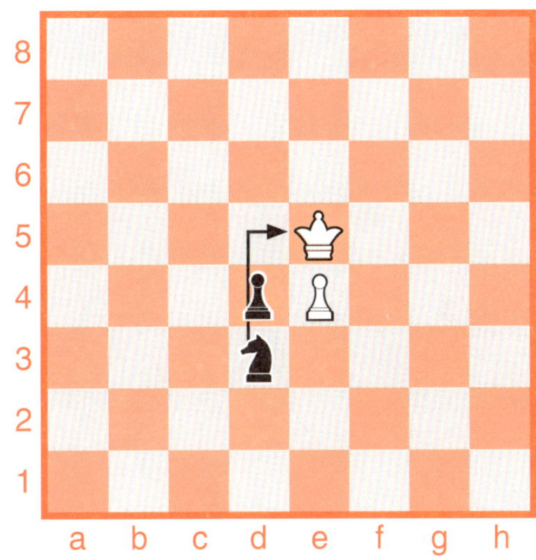

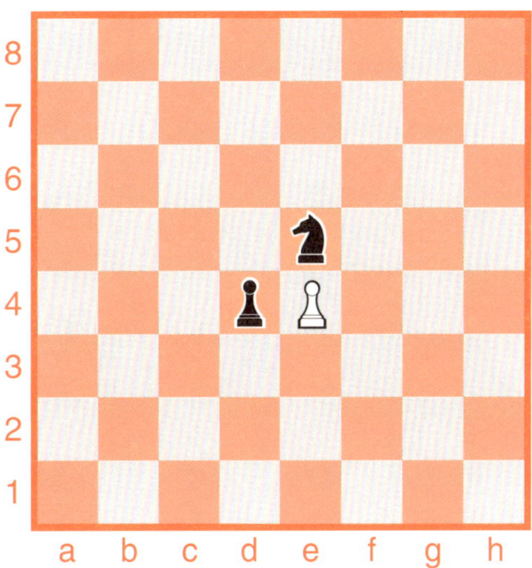

▲ 흑색 나이트가 폰을 뛰어넘어 **e5**에 위치한 백색 퀸을 잡았습니다.

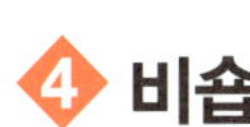 비숍 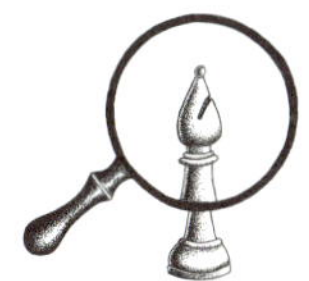

비숍은 윗부분이 뾰족한 고깔 모양으로, 마치 주교(가톨릭의 고위 성직자)가 쓰는 모자처럼 생겼습니다. 비숍은 나이트처럼 다른 체스 말을 뛰어넘을 수는 없지만, 대각선 방향으로 이동하며 빠르게 먼 곳까지 움직일 수 있는 장거리 체스 말입니다. 각각의 비숍은 처음 놓여 있던 자리의 색깔과 동일한 색깔의 칸, 즉 32칸으로 이동이 제한되어 있습니다. 각 진영은 밝은색 칸을 이동할 수 있는 비숍과 어두운색 칸을 이동할 수 있는 비숍을 가지고 게임을 시작합니다.

비숍과 나이트는 마이너 기물이라고 불

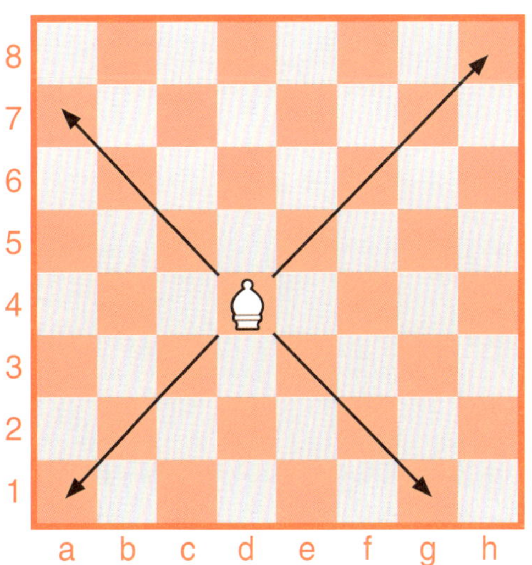

▲ 비숍은 대각선 방향으로 어느 칸으로든 이동할 수 있어요.
하지만 나이트처럼 다른 체스 말을 뛰어넘을 수는 없답니다.

러요. 두 체스 말을 비교해 보면, 나이트는 체스판에 있는 64칸 모두로 이동할 수 있다는 장점이 있지만, 움직임이 느리다는 단점도 있죠. 반면 비숍은 빠르기는 하지만, 32칸으로 밖에 이동할 수 없습니다. 이들이 가진 능력은 서로의 약점을 보완해 줍니다. 비숍과 나이트가 가진 힘은 같으며, 이들의 가치는 3점, 즉 폰 3개에 해당해요.

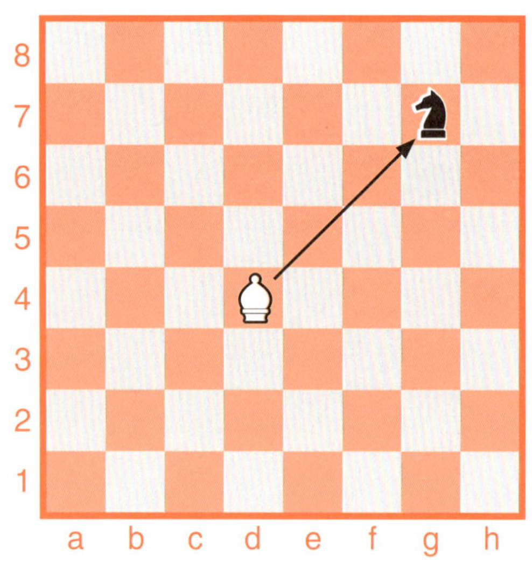

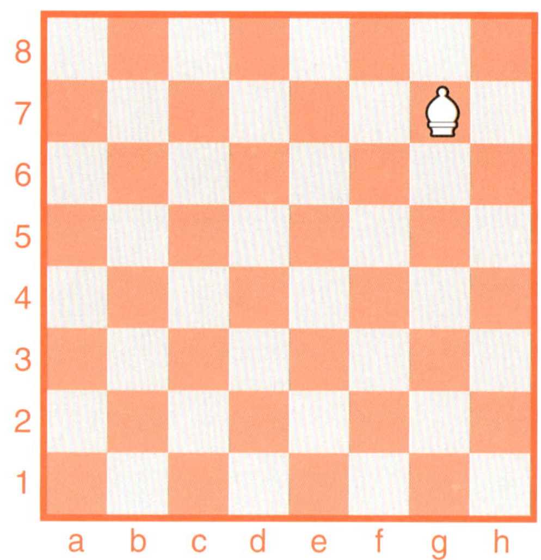

▲ **d4**에 있는 비숍이 **g7**에 위치한 나이트를 잡았습니다.

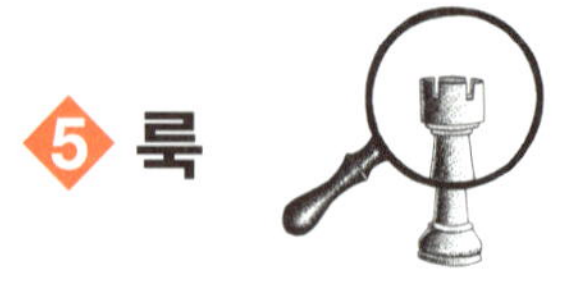 5 룩

룩은 가로와 세로로 움직입니다. 룩은 64칸 어디로든 이동할 수 있으며, 빠르게 멀리까지 움직이는 장거리 체스 말입니다. 하지만 비숍과 마찬가지로 다른 체스 말을 뛰어넘을 수는 없습니다.

룩과 나이트를 비교해 볼까요? 두 체스 말 모두 64칸으로 이동할 수 있지만, 룩은 빠르고 나이트는 느리게 움직이죠. 그렇기

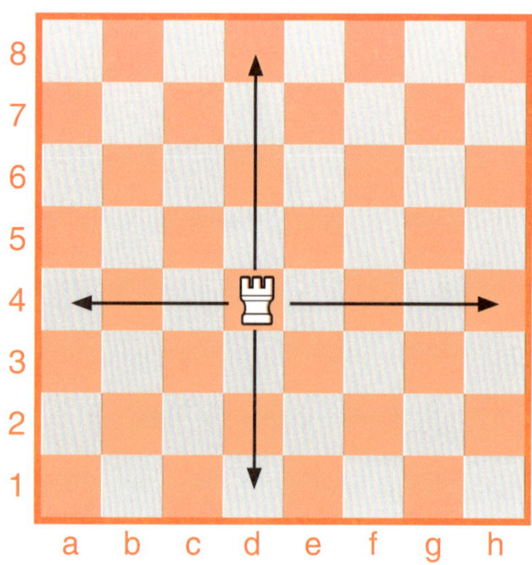

▲ 룩은 상하좌우 어디로든 움직일 수 있습니다.

때문에 룩이 나이트보다 가치가 높습니다.

이번엔 룩과 비숍을 비교해 보도록 해요. 두 체스 말 모두 빠르게 멀리까지 움직일 수 있습니다. 하지만 룩이 64칸 어디로든 이동할 수 있는 반면, 비숍은 32칸으로 이동이 제한되어 있어요. 이번에도 역시 룩의 가치가 더 높군요. 룩의 가치는 5점 또는 폰 5개에 해당합니다.

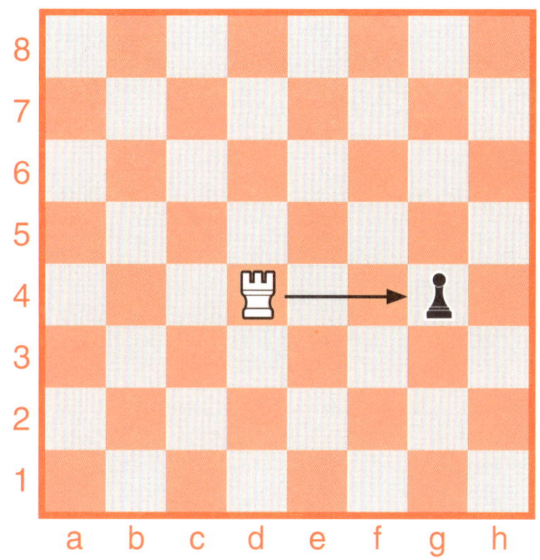

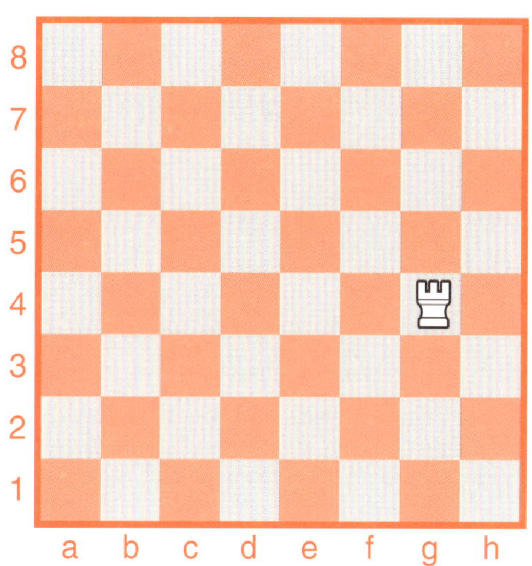

▲ 룩이 **g4**에 있는 폰을 잡았군요.

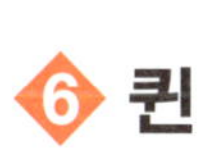 

6 퀸

퀸은 룩과 마찬가지로 가로와 세로로 움직일 수 있고, 비숍처럼 대각선으로도 움직일 수 있습니다. 마치 두 체스 말의 능력이 하나로 합쳐진 것처럼 말이죠. 퀸이 쓰고 있는 왕관의 모양은 모든 방향을 가리키고 있습니다. 퀸이 어떻게 움직이는지 가르쳐 주는 단서라고 볼 수 있죠. 퀸의 가치는 9점 또는 폰 9개에 해당합니다.

퀸과 룩은 메이저 기물이라고 부릅니다.

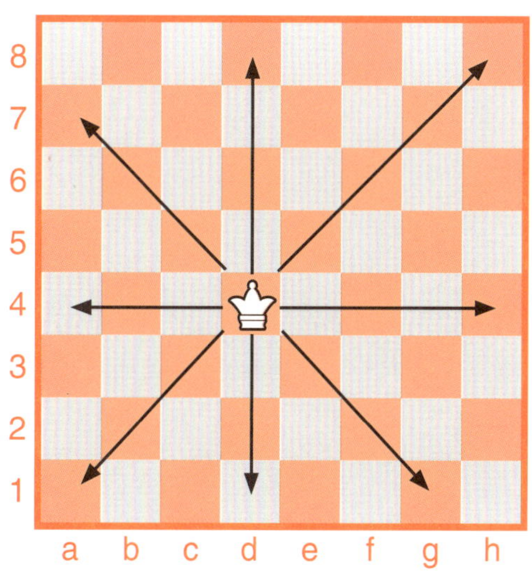

▲ 퀸은 룩과 비숍의 능력이 하나로 합쳐진 체스 말입니다.

퀸이 가장 강력한 체스 말이기 때문에 폰이 계급 변신을 할 때 대부분 퀸을 선택합니다. 퀸 다음으로는 나이트를 많이 선택하는데, 그 이유는 나이트가 퀸과는 다른 방식으로 움직이기 때문이죠. 특정 상황에서 아주 유용하게 활용할 수 있는 체스 말입니다.

폰이 계급 변신을 하려 할 때 퀸이 이미 잡힌 경우라면, 폰이 퀸으로 바뀔 자리에 잡힌 퀸을 다시 놓으면 됩니다. 퀸이 여전히 체스판 위에 살아 있는 상태에서 폰을 퀸으로 바꾸고 싶다면 다른 체스 세트에서 퀸을 빌려 오거나 잡힌 룩을 뒤집어 사용할 수 있어요. 그게 어렵다면 폰 1개를 옆으로 눕히거나, 2개를 십자가 모양으로 교차해 눕혀 놓아(이렇게 하면 폰이 체스판 위를 이리저리 굴러다니지 않겠죠?) 퀸을 대신할 수 있습니다.

▶ 퀸은 폰이나 나이트 중 하나를 잡을 수 있습니다.

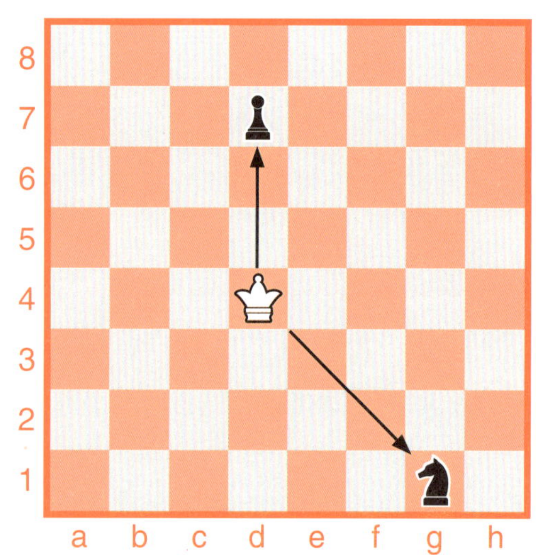

◀ 퀸이 나이트를 잡았군요.

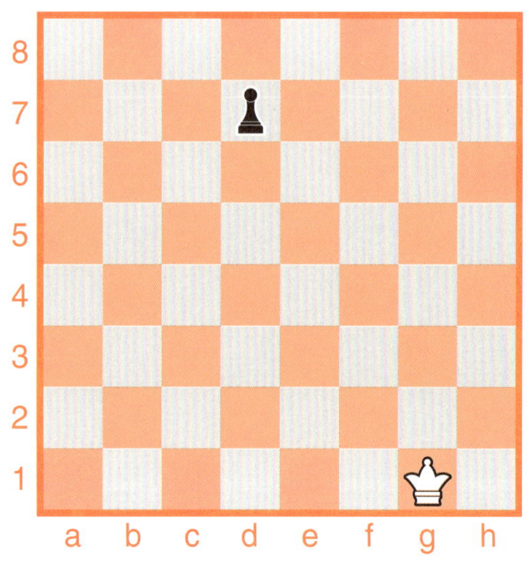

체스 말 교환하기

　자, 이제 각 체스 말이 가진 가치를 알았으니 말을 어떻게 바꿀지 정하는 일은 식은 죽 먹기일 겁니다. 셈은 아주 간단해요!

　각 체스 말의 가치를 다시 한 번 복습해 볼까요?

- 폰 = 1
- 나이트 = 3
- 비숍 = 3
- 룩 = 5
- 퀸 = 9
- 킹 = 교환 불가능

　룩 하나를 비숍과 나이트, 두 체스 말과 바꾸어도 될까요? 물론이죠. 5가 6(3+3)보다 적기 때문입니다. 가치가 낮은 체스 말을 가치가 높은 체스 말과 교환하는 것은 언제나 좋은 선택이라고 할 수 있습니다. 그럼 룩 2개를 퀸과 바꾸는 건 어떨까요? 이것은 옳은 선택이 아닙니다. 10이 9보다 크기 때문이죠.

　비숍과 폰 3개를 바꾸는 것은 어떨까요? 이 경우 비숍과 3개의 폰 모두 3점의 가치가 있기 때문에 교환할 수도, 하지 않을 수도 있습니다.

　체스 말의 가치를 모두 합한 점수가 상대편보다 높을 때, '병력이 우위에 있다'고 말합니다. 적군보다 점수가 더 높은 상황에서 가치가 같은 체스 말을 교환하는 일은 대개 좋은 생각이라고 볼 수 있어요. 체스판 위에 놓인 체스 말이 줄어들수록 게임이 더 단순해지고, 이기는 것도 더 쉬워지기 때문이죠. 위의 경우 비숍과 폰 3개를 바꾸면 체스판 위의 체스 말 수가 줄어들겠죠?

적으로부터 공격받는 상황, 체크

킹이 적군으로부터 공격받는 상황을 체크(Check)라고 합니다. 체스 규칙에 따르면, 킹이 공격당해 체크 상황에 놓인 진영은 킹을 안전한 장소로 옮겨야 합니다. 킹이 공격에서 벗어나는 방법에는 3가지가 있어요. 체크하려는 적군의 체스 말을 잡거나, 자신의 체스 말 중 하나를 이용해 길목을 차단하거나, 킹을 안전한 칸으로 이동하는 것입니다.

군이 '체크'라고 소리 내어 말할 필요는 없어요. 그리고 명심해야 할 것은 킹은 절대로 잡아서는 안 된다는 것입니다. 킹은 잡는 것이 아니라 항복만 받아 내면 되는 것입니다. 또한 적군의 공격을 받아 킹이 체크 상황에 놓일 수 있는 칸으로 킹을 이동하는 것은 체스 규칙에 어긋납니다. 이럴 경우, 움직인 킹을 제자리로 가져다 놓은 다음, 체크 상황에 처하지 않는 다른 칸으로 이동해야 합니다.

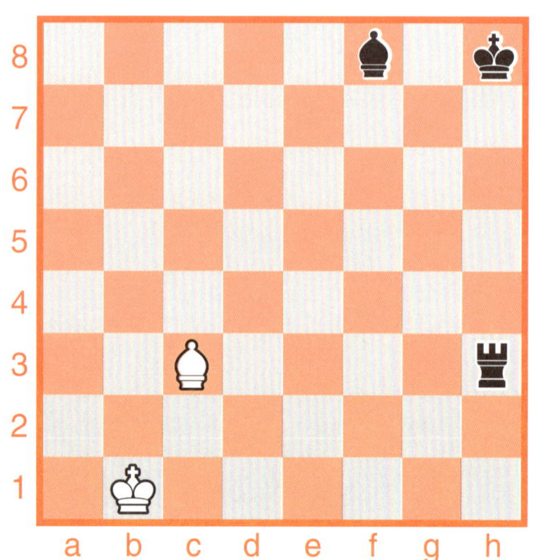 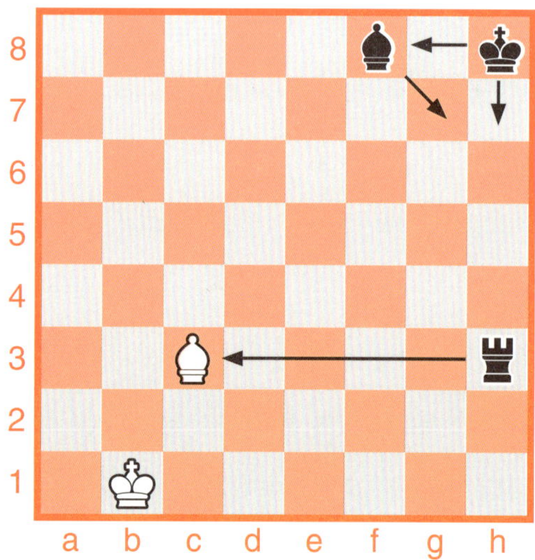

▲ 흑색 킹이 c3에 위치한 백색 비숍에 의해 체크당할 상황에 놓여 있습니다. 흑색 진영은 킹을 **g8**이나 **h7**로 피신시키거나, 흑색 비숍을 **g7**로 이동해 킹과 백색 비숍 사이에 끼어들거나, 룩으로 백색 비숍을 잡을 수 있어요. 이 상황에서는 백색 비숍을 잡는 것이 가장 바람직한 선택인데, 그 이유는 흑색 진영이 비숍을 잡으면 3점을 얻을 수 있기 때문입니다.

적의 공격을 피할 수 없는 상황, 체크메이트

킹이 적군의 공격을 받고 있는 상황에서 안전한 칸으로 피신하거나, 다른 체스 말로 킹을 보호하거나, 공격하는 말을 잡을 수 없을 때, 즉 도저히 적군의 공격을 피할 수 없는 상황을 체크메이트(Checkmate)라고 합니다. 체스 게임의 최종 목적이 바로 적군의 킹의 항복을 받아 내는 것, 즉 체크메이트 상황으로 몰고 가는 것입니다.

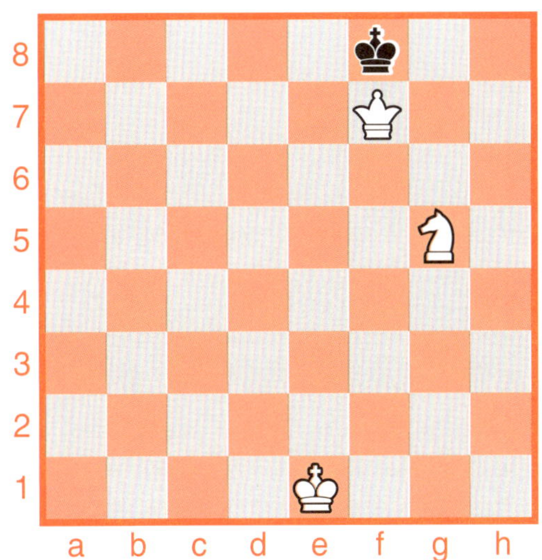

◀ 이 그림에서 흑색 킹이 체크메이트 상황에 놓여 있습니다. 백색 퀸이 흑색 킹을 공격해 궁지로 몰아넣었어요. 킹은 e8이나 e7, g8, g7, 어느 곳으로도 이동할 수 없습니다. 백색 퀸 역시 이 칸으로 이동해 킹을 계속 공격할 수 있기 때문이죠.

흑색 킹은 백색 퀸을 잡을 수도 없습니다. 백색 나이트가 퀸을 보호하고 있기 때문이에요. 흑색 킹이 백색 퀸을 잡으면 백색 나이트가 흑색 킹을 공격할 것입니다. 흑색 킹이 체크 상황에 놓여 있고 벗어날 수 있는 길이 없기 때문에 체크메이트 상황에 처해 있는 것입니다. 이렇게 되면 게임은 끝이 나고, 백색 진영이 승리하게 됩니다.

터치 무브와 터치 테이크

터치 무브는 자신의 체스 말을 건드린 선수는 움직이는 것이 가능한 경우 그 체스 말을 반드시 움직여야 한다는 규칙이며, 터치 테이크는 상대편의 체스 말을 건드린 선수는 그 말을 잡을 수 있는 경우 반드시 잡아야 한다는 규칙입니다. 다시 말해, 없었던 일로 할 수 없다는 뜻이죠. 마지막으로 체스 말에서 손을 떼면 움직임이 완성됩니다.

체스 게임에서는 이런 규칙들이 엄격하게 적용됩니다. 실수하지 않으려면 손가락을 움직이기 전에 먼저 생각하는 것이 가장 좋은 방법입니다. 자꾸 체스 말을 건드리는 버릇이 있다면 손을 다리로 깔고 앉거나 주머니 속에 넣어 두는 것도 좋은 생각이죠.

체스 말이 자신의 자리에서 벗어나 있을 때, 즉 금을 밟고 있거나 칸 중앙에 위치해 있지 않은 경우, 선수는 '자두브'라고 말해 상대 선수의 양해를 구한 다음 그 말을 제자리로 옮겨 놓을 수 있습니다. 터치 무브 규칙에 걸리지 않기 위해서는 자신의 체스 말을 건드리기 전에 꼭 '자두브'라고 말해야 한다는 것을 명심하세요.

터치 무브와 터치 테이크 규칙은 식사예절과 같다고 보면 됩니다. 부모님이 식탁에 놓인 반찬을 이것저것 건드리는 것을 허락하지 않죠? 일단 젓가락으로 건드린 반찬은 가져가 먹어야 해요. 이런 식사예절을 체스 용어로 표현하면 '터치 먹기'라고 할 수 있겠네요!

새로운 게임을 시작할 때 말의 위치

게임을 할 때마다 백색 칸이 체스판의 맨 오른쪽 아래 모서리에 오도록 놓습니다. 이 위치는 절대 바뀔 수 없어요. 체스에서는 반드시 '오른쪽이 흰색'이라는 것을 기억하세요. 백색 체스 말은 항상 1랭크와 2랭크에 놓고 시작합니다. 흑색 체스 말은 거울에 비치듯이 대칭을 이루게 하여 체스판의 반대쪽에 있는 7랭크와 8랭크에 줄지어 놓습니다. 뒤쪽 랭크에 놓이는 체스 말의 경우, 가장 키가 큰 말(킹과 퀸)을 중앙에 놓고, 가장 작은 말(룩)을 제일 끝에 놓습니다. 중앙에서 끝으로 갈수록 체스 말의 키가 점점 작아지는 것이 보이나요?

퀸의 경우, 퀸의 색깔이 칸의 색깔과 일치하는 자리에 놓습니다. 다시 말해, 백색 퀸은 백색 칸(d1)에, 흑색 퀸은 흑색 칸(d8)에 놓는 것이죠. 이렇게 생각하면 쉽습니다. 백색 퀸은 하얀 드레스를 입고, 흑색 퀸은 검은 드레스를 입는다.

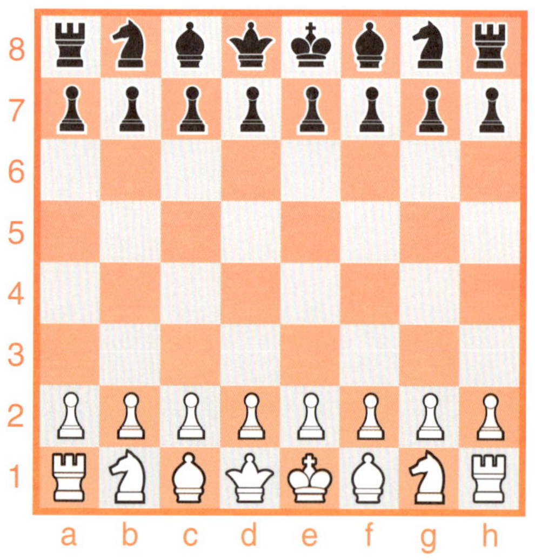

▲ 새로운 게임을 시작하는 체스 말의 위치입니다. 먼저 공격을 펼치는 쪽은 언제나 백색 진영입니다.

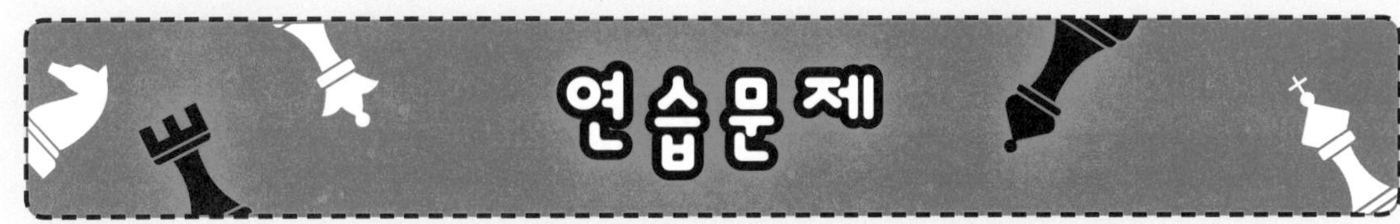

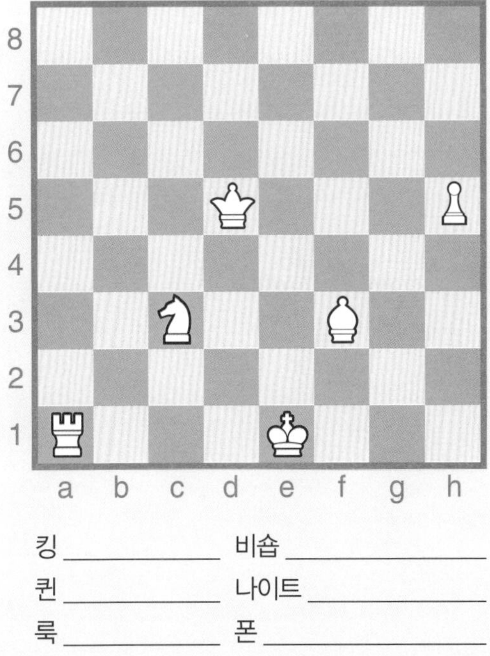

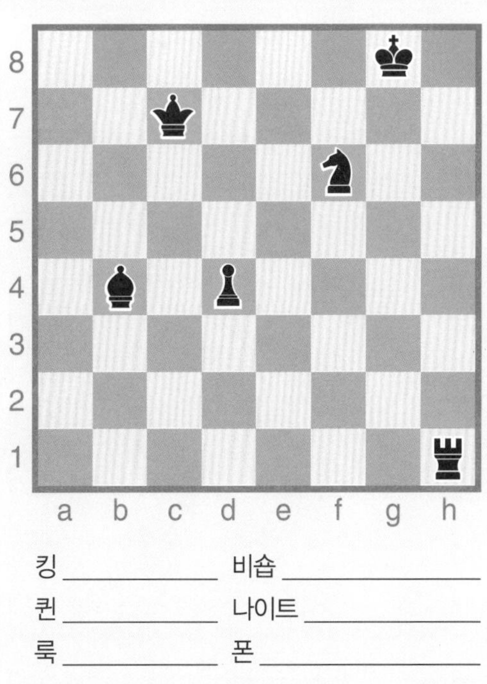

레벨 1

1-1 백색 체스 말의 가치를 모두 더한 점수는 얼마입니까?

___ + ___ + ___ + ___ =

1-2 흑색 체스 말의 가치를 모두 더한 점수는 얼마입니까?

___ + ___ + ___ + ___ + ___ + ___ =

1-3 백색 체스 말의 위치를 적으세요.

킹 ___________ 비숍 ___________
퀸 ___________ 나이트 ___________
룩 ___________ 폰 ___________

1-4 흑색 체스 말의 위치를 적으세요.

킹 ___________ 비숍 ___________
퀸 ___________ 나이트 ___________
룩 ___________ 폰 ___________

1-5 비숍이 이동할 수 있는 칸은 어디
입니까?

_____, _____, _____, _____, _____, _____, _____

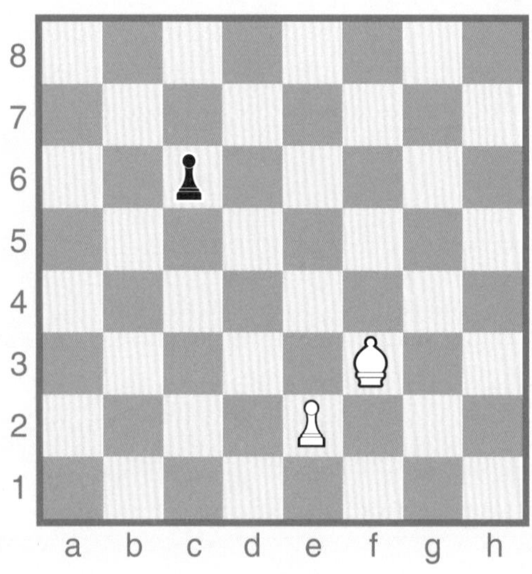

1-6 나이트가 잡을 수 있는 체스 말은
무엇입니까?

_______________, _____

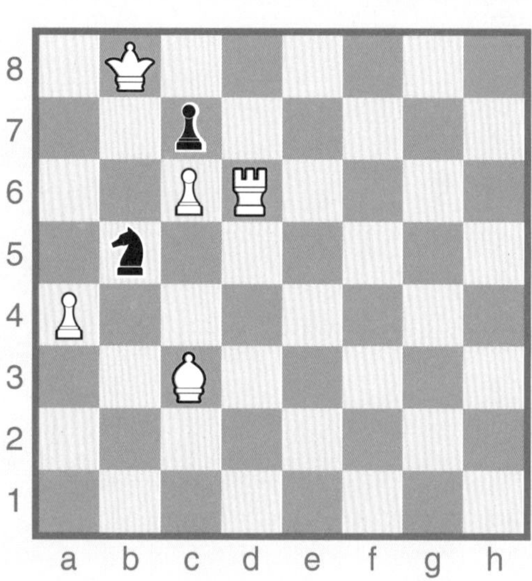

1-7 흑색 킹을 체크 상황에 놓은 체스
말은 무엇입니까?

____

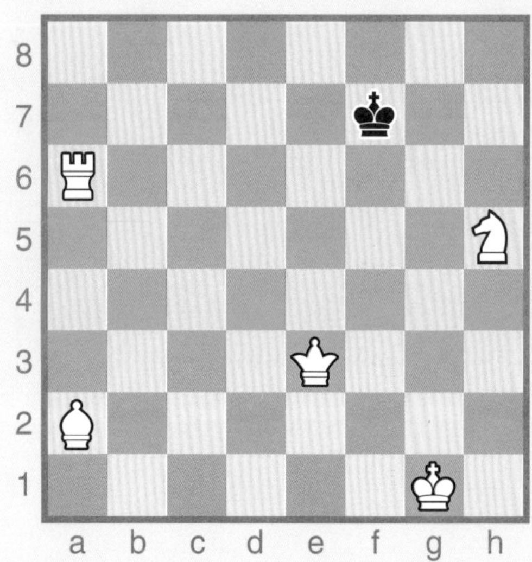

1-8 백색 킹은 체크메이트 상태입니
까? 그렇다면 그 이유는 무엇입니까?

________________, ________________

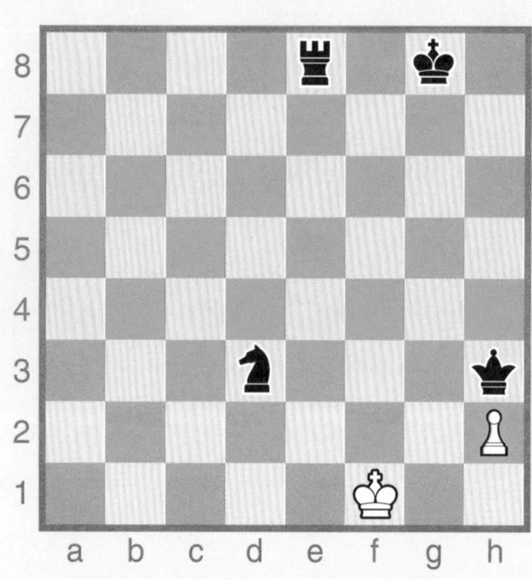

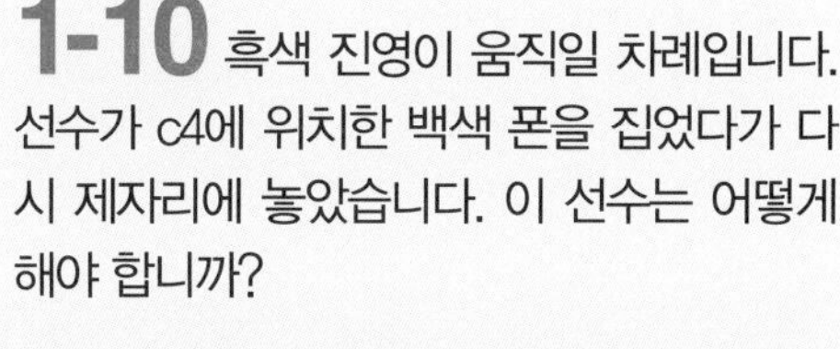

1-9 백색 진영이 움직일 차례입니다. 그런데 선수가 자신의 킹을 건드렸습니다. 킹을 이동할 수 있는 위치는 어디입니까?

1-10 흑색 진영이 움직일 차례입니다. 선수가 c4에 위치한 백색 폰을 집었다가 다시 제자리에 놓았습니다. 이 선수는 어떻게 해야 합니까?

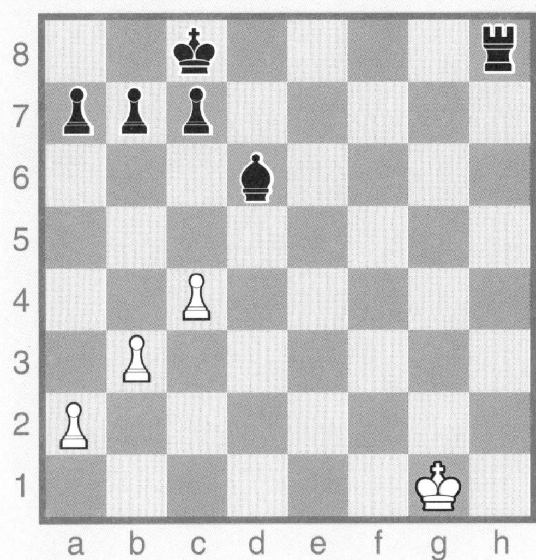

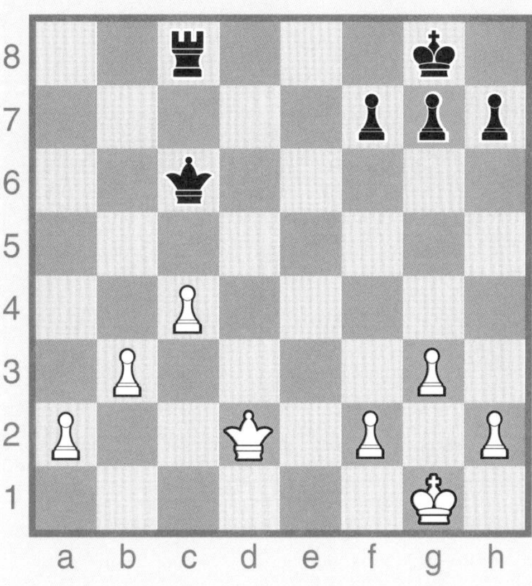

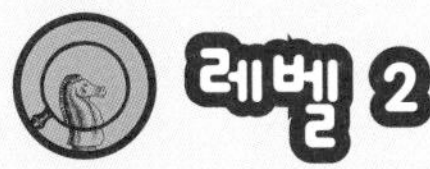

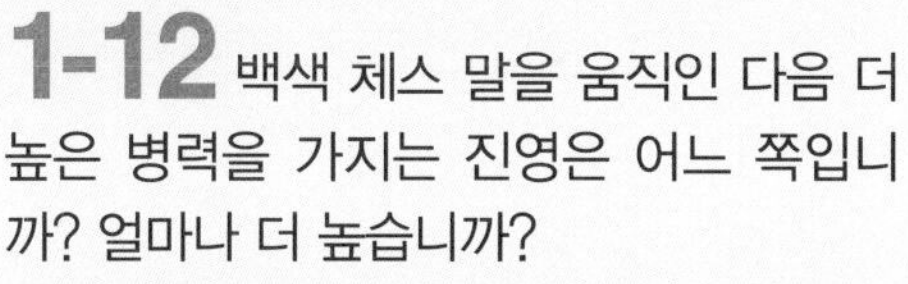

1-11 병력이 더 높은 진영은 어느 쪽입니까? 얼마나 더 높습니까?

1-12 백색 체스 말을 움직인 다음 더 높은 병력을 가지는 진영은 어느 쪽입니까? 얼마나 더 높습니까?

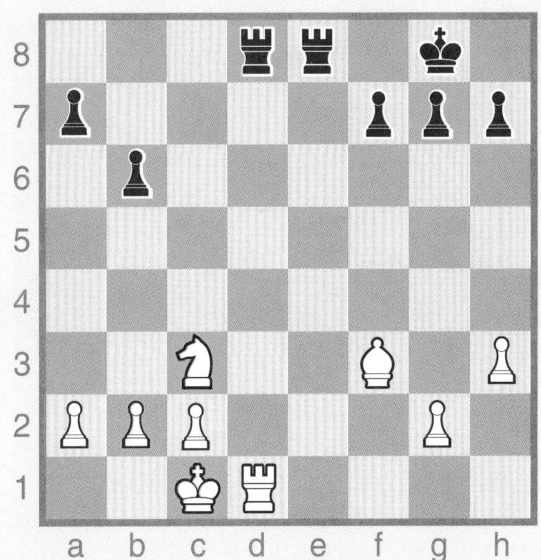

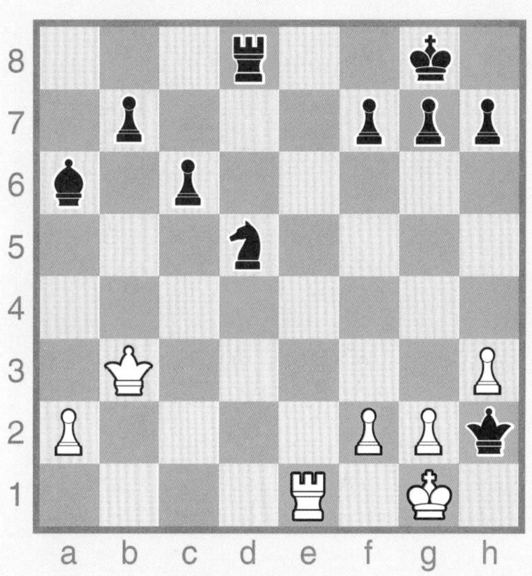

1-13 백색 비숍이 잡을 수 있는 가장 가치가 높은 체스 말은 무엇입니까? 어느 칸에 있습니까?

___________________ , ___________________

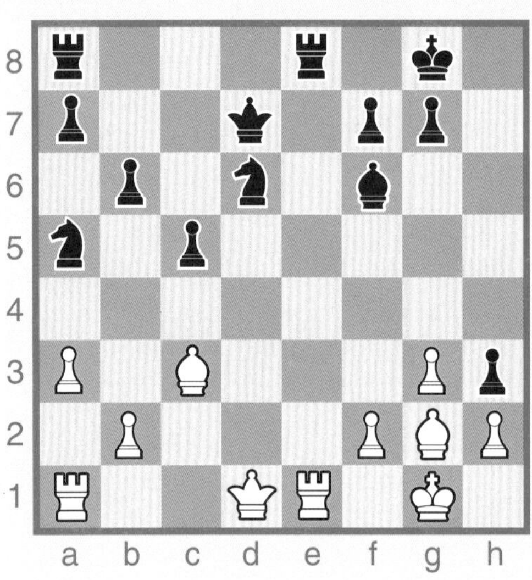

1-14 흑색 퀸이 공격할 수 있는 모든 체스 말의 가치를 더한 점수는 얼마입니까?

____

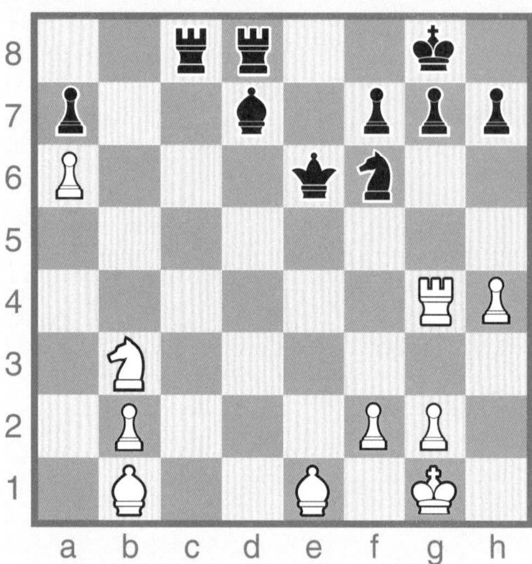

1-15 백색 진영이 움직일 차례입니다. 비숍으로 나이트를 잡는 것은 적절한 움직임입니까? 그 이유는 무엇입니까?

____

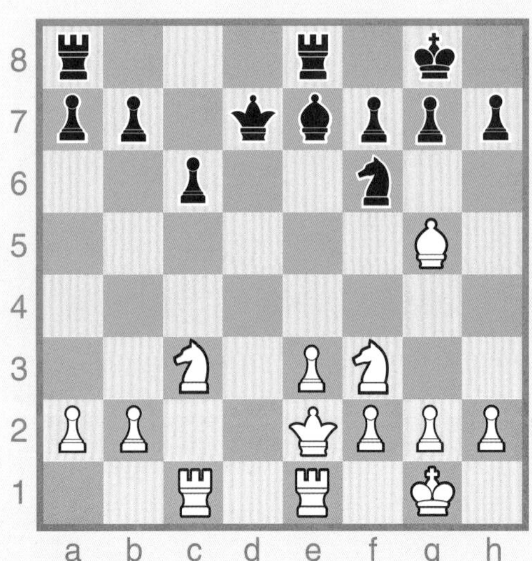

1-16 백색 킹을 체크 상황에 놓을 수 있는 흑색 진영의 움직임을 모두 찾아보세요.

____

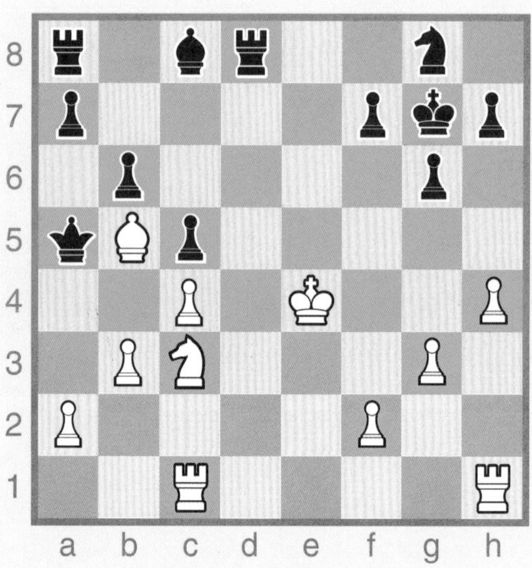

1-17 흑색 킹을 체크 상황에 놓을 수 있는 백색 진영의 움직임을 모두 찾아보세요.

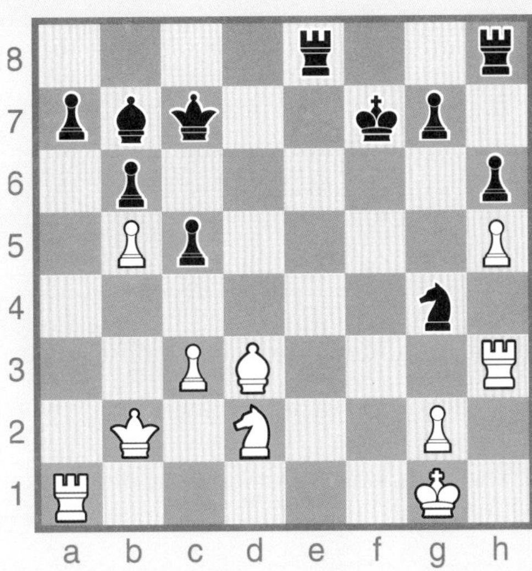

1-18 흑색 킹은 체크메이트 상황에 놓여 있습니까? 그 이유는 무엇입니까?

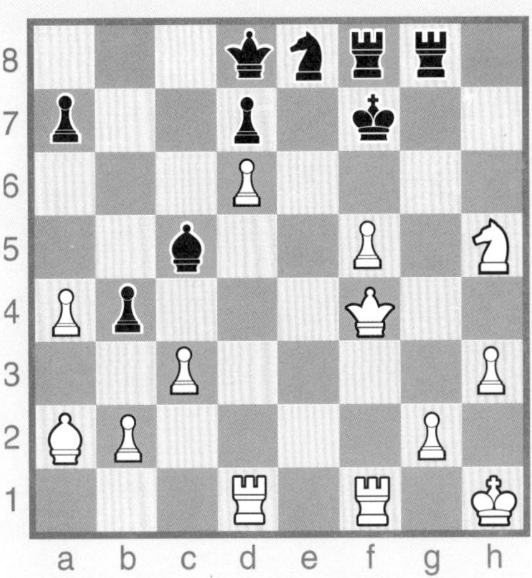

1-19 백색 진영 차례입니다. 선수가 자신의 킹을 건드린 다음 "자두브"라고 말했습니다. 이 경우 흑색 퀸을 잡을 수 있습니까? 그 이유는 무엇입니까?

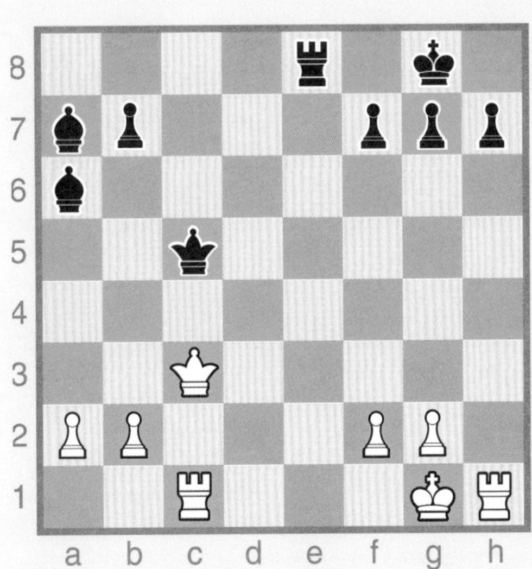

1-20 흑색 진영 차례입니다. 선수가 g2에 위치한 백색 폰을 건드렸습니다. 이 경우 백색 퀸을 잡는 것이 가능합니까? 그 이유는 무엇입니까?

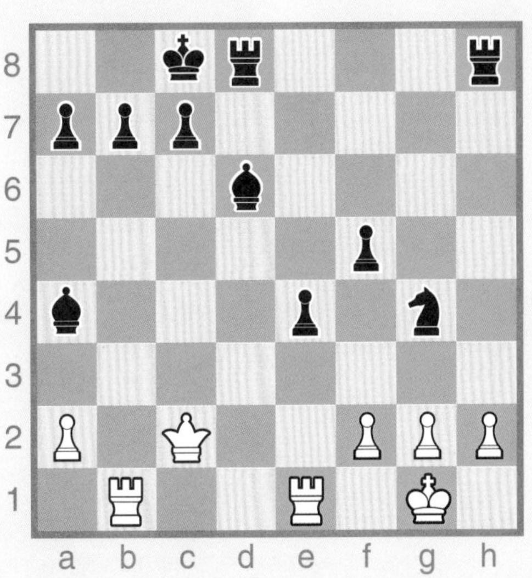

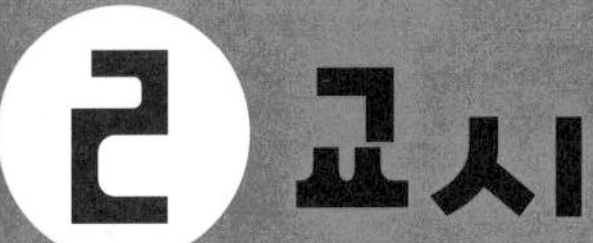

게임의 시작

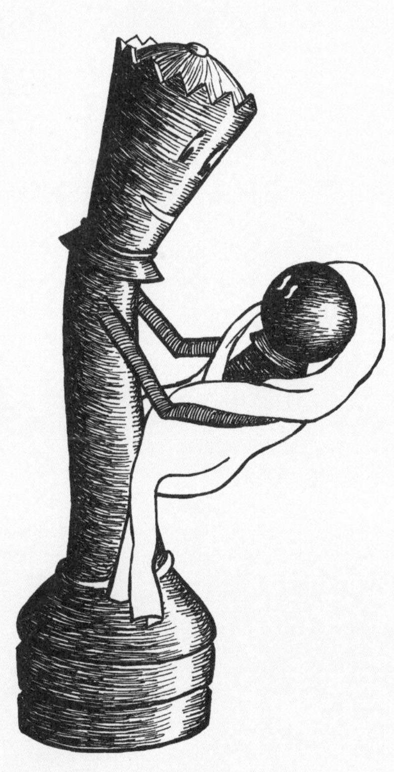

"사랑처럼, 음악처럼, 체스는 사람들의 마음을
행복하게 해 주는 힘이 있다."

— 시그버트 타라시(1862~1934), 체스 지도자

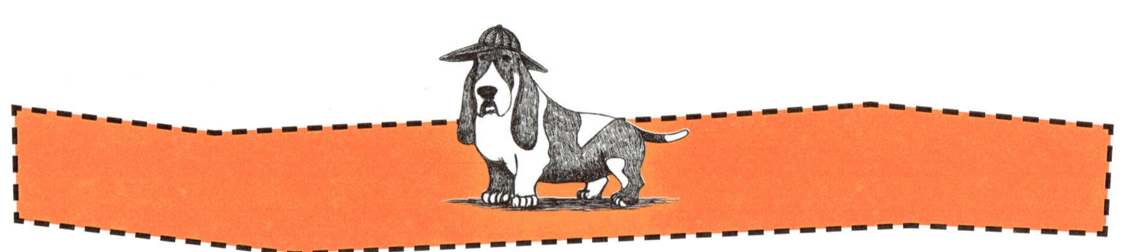

오프닝의 3가지 원칙

모든 체스 게임에서 체스 말의 시작 위치는 항상 같습니다. 또 백색 진영이 언제나 먼저 공격을 시작해요. 그러고 난 다음에 양쪽 진영이 게임이 끝날 때까지 차례대로 번갈아 가며 공격을 합니다. 실력이 뛰어난 선수의 경우, 백색 군대를 가지는 것이 유리합니다. 먼저 공격할 수 있기 때문이죠. 하지만 초보자의 경우는 먼저 공격한다고 해도 큰 차이가 나지 않으니 백색 군대를 가지지 못했다고 우울해할 필요는 없습니다.

오프닝은 보통 1번째 움직임이 있고 난 후 체스 말을 10번 정도 움직일 때까지를 말합니다. 체스를 이제 막 배우기 시작한 초보자들은 다음과 같은 3가지 기본 원칙을 반드시 명심해야 합니다.

중앙을 차지하라

체스판 중앙에 위치한 칸(d4, d5, e4, e5)은 가장 중요한 지역입니다. 중앙을 차지하면 체스판의 나머지 지역을 더 잘 통제할 수 있고, 어느 방향으로든 공격하는 것이 가능하기 때문이죠. 폰을 가운데 칸에 배치해 중앙을 지배하고, 다른 체스 말들로 폰을 보호하는 것이 좋습니다. 반대로, 체스판의 가장자리에 위치한 칸들은 가장 안 좋은 자리라고 할 수 있죠.

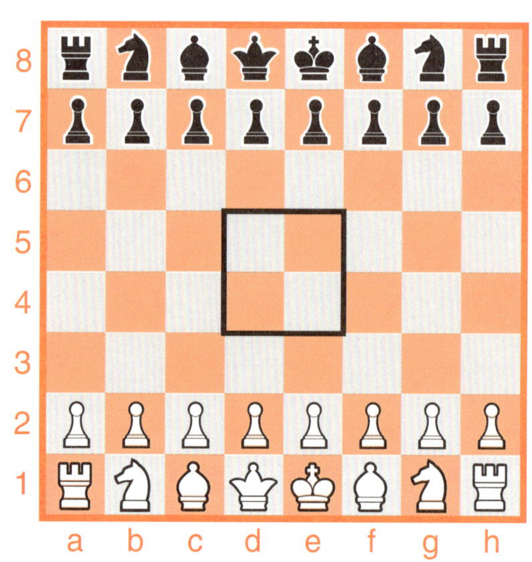

진격하라

진격한다는 말은 체스 말을 시작 칸에서 공격에 더 유리한 칸으로 이동한다는 말입니다. 주로 체스판의 가운데 방향으로 이동하죠. 나이트와 비숍은 가능한 한 빨리 진격하는 것이 좋습니다.

각각의 체스 말을 재빠르고 효율적으로 이동해 가장 적은 움직임으로 가장 좋은 위치, 즉 체스판의 가운데를 차지해야 합니다. 마이너 기물(나이트와 비숍)을 먼저 이동하고, 그 다음에 메이저 기물(룩과 퀸)을 이동하는 것이 좋아요. 이때 주의해야 할 점은 폰이 대각선으로 움직이는 비숍의 앞길을 방해하지 않게 해야 한다는 거예요. 또 룩이 파일(세로줄)을 마음껏 누빌 수 있도록 길을 막지 않아야 합니다.

퀸은 섣불리 움직이지 않는 것이 좋습니다. 퀸이 너무 일찍 전쟁터에 뛰어들면, 경험이 풍부한 적군이 자신의 체스 말을 유리한 위치로 이동하면서 퀸을 공격할 것입니다. 그러면 퀸은 어쩔 수 없이 공격을 피해 달아나야 하고, 결국 소중한 시간을 낭비하게 됩니다. 서둘러 퀸을 전쟁에 내보낸 진영이 적군의 위협을 제대로 알아차리지 못했을 경우, 적군에게 잡힐 가능성이 커집니다.

초반에 캐슬링하라

캐슬링(Castling)은 체스에서 2번째로 중요한 움직임입니다(폰의 계급 변신이 가장 중요합니다). 두 체스 말(킹과 룩)이 1번에 움직일 수 있는 유일한 경우죠. 캐슬링은 한 게임에 1번밖에 할 수 없다는 것을 명심하세요.

캐슬링의 목적은 중앙에 위치한 킹을 외곽으로 피신시켜 안전하게 지키고, 룩을 진영의 중심부로 이동해 유리한 위치에서 전투에 참여할 수 있게 하는 것입니다.

캐슬링한 킹 앞에 있는 폰들은 가능하면 이동하지 않는 것이 좋습니다. 폰을 이동하면 킹 앞의 공간이 열리기 때문에 적군의 공격에 노출되기 쉬워지기 때문이죠. 폰은 뒤로 움직일 수 없다는 규칙을 명심하세요. 일단 앞으로 이동하면 킹을 보호하기 위해 뒤로 되돌아올 수 없습니다.

킹은 체스판 가장자리에 몸을 피신시킨 채 전투에서 한발 물러나 상황을 지켜보고만 있습니다. 그러나 킹은 여전히 아주 중요한 체스 말이에요. 킹을 다시 진영의 중심부로 불러오는 시점은 게임이 후반부로 접어들었을 때입니다. 체스판에 체스 말이 몇 개 남아 있지 않은 상태에서는 체크메이트될 가능성이 줄어들기 때문이죠.

캐슬링은 킹 쪽이나 퀸 쪽으로 할 수 있습니다. 킹 쪽이란 체스판에서 킹이 게임을 시작하는 쪽, 즉 e에서 h까지의 칸을 말하고, 퀸 쪽이란 퀸이 게임을 시작하는 쪽, 즉 a에서 d까지의 칸을 말합니다.

킹 쪽으로 캐슬링하기 위해서는 먼저 킹 쪽에 위치한 나이트와 비숍을 이동해야 합니다. 킹과 룩 사이에 다른 체스 말이 있으면 캐슬링을 할 수 없으니 둘 사이에 놓인 칸들을 비워 주어야 하는 거죠. 캐슬링을 할 때는 킹에 먼저 손을 대야 합니다. 바로 터치 무브 규칙 때문이죠(룩을 먼저 이동하면 1번 움직인 것이 되기 때문에 이어서 킹을 움직일 수 없습니다). 먼저 킹을 옆으로 2칸 이동해 g파일(백색 킹은 g1, 흑색 킹은 g8)에 놓은 다음, 반드시 킹을 집었던 그 손으로 룩을 집어 f파일(백색 룩은 f1, 흑색 룩은 f8)로 이동합니다.

퀸 쪽으로 캐슬링하기 위해서는 먼저 퀸과 퀸 쪽에 위치한 나이트와 비숍을 시작 위치에서 다른 칸으로 이동해야 해요. 그런 다음 킹을 옆으로 2칸 옮겨 c파일(백색 킹은 c1, 흑색 킹은 c8)에 놓고, 다시 같은 손으로 룩을 집어 d파일(백색 킹은 d1, 흑색 킹은 d8)로 이동합니다. 이렇게 생각하면 기억하기 쉬울 거예요. 킹이 킹 쪽이나 퀸 쪽으로 캐슬링하기 위해 옆으로 2칸 움직이면 룩이 킹을 뛰어넘는다고요.

캐슬링을 할 때는 킹과 룩 사이에 있는 모든 체스 말을 이동해 킹이 룩을 볼 수 있게 해야 한다는 것 외에 명심해야 할 규칙이 하나 더 있습니다. 킹과 캐슬링하려는 룩 모두 게임이 시작된 후 단 한 번도 제자리에서 움직이지 않았어야 한다는 것입니다.

또 체크를 피하기 위한 경우나, 킹이 통과하는 칸으로 적의 체스 말이 이동할 수 있는 경우, 캐슬링한 후의 위치가 상대방으로부터 공격받을 수 있는 경우라면 캐슬링할 수 없어요.

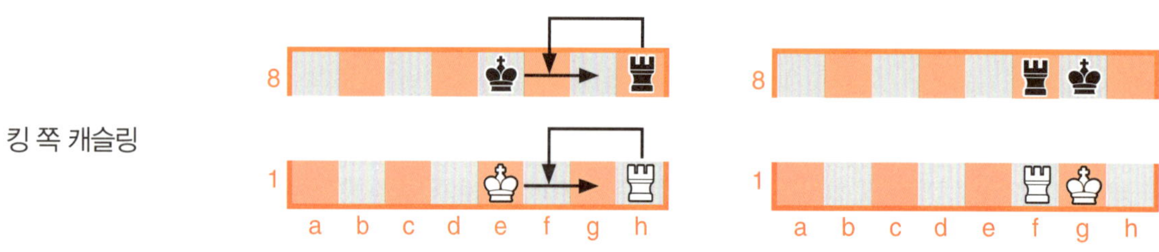

킹 쪽 캐슬링

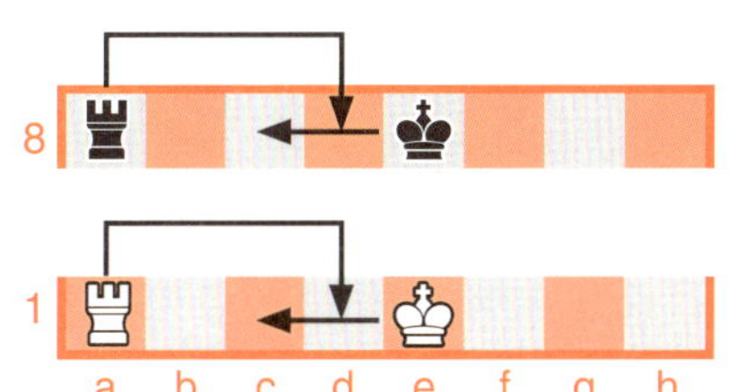
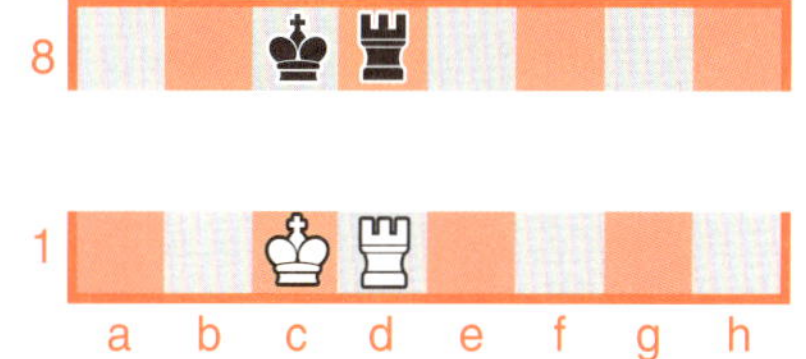

퀸 쪽 캐슬링

다음 그림들은 캐슬링하기 전의 모습과 양쪽 진영이 킹 쪽으로 캐슬링한 모습, 그리고 마지막으로 백색 킹은 퀸 쪽으로, 흑색 킹은 킹 쪽으로 캐슬링한 모습입니다. 실제 게임에서 선수들은 어느 쪽으로 캐슬링할지, 또는 게임이 끝날 때까지 캐슬링을 1번도 하지 않을지 선택할 수 있습니다. 다시 한 번 말하지만, 캐슬링은 한 게임에 1번밖에 할 수 없어요.

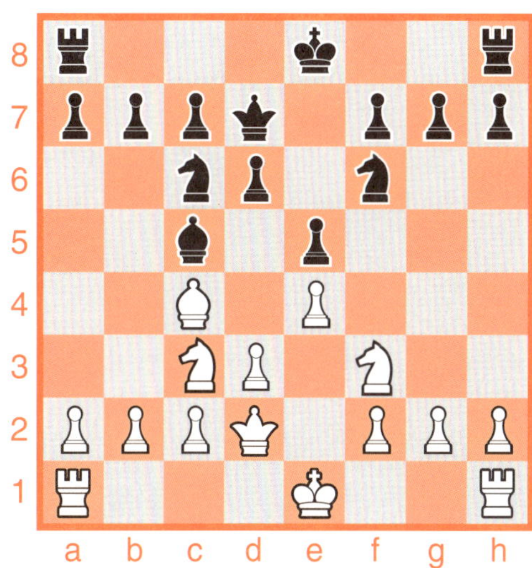

▲ 캐슬링하기 전의 모습

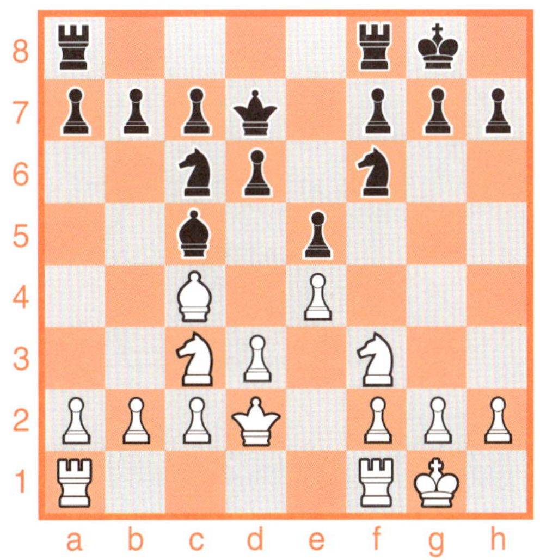

▲ 양쪽 진영이 킹 쪽으로 캐슬링한 모습

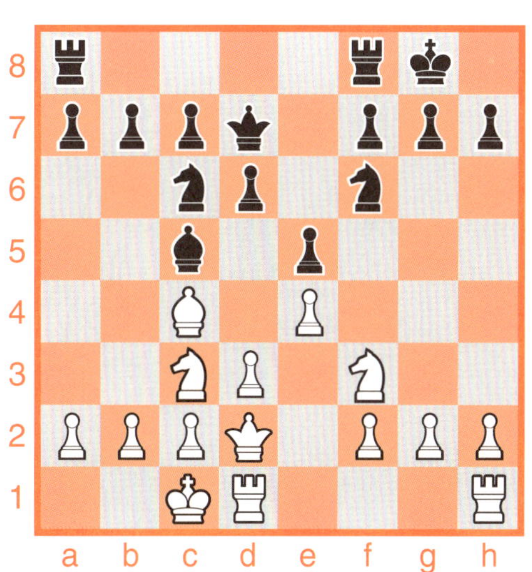

▲ 백색 킹은 퀸 쪽으로, 흑색 킹은 킹 쪽으로 캐슬링한 모습

체스 오프닝 이해하기

  기본적인 오프닝 규칙들을 기억하는 데 도움이 될 만한 재미있는 이야기를 들려 드리겠습니다.

  크리스마스 날 아침에 눈을 뜨면 무엇을 하죠? 그렇습니다. 바로 선물을 뜯어 보죠. 모든 가족을 위한 선물이 어서 열리기만을 기다리며 준비되어 있습니다. 체스의 다양한 체스 말과 폰은 가족 구성원과 같다고 볼 수 있어요. 체스 말이 1번 움직일 때마다 선물을 열어 봅니다. 그리고 선물을 열어 본 체스 말은 행복해하죠. 오프닝의 목적은 가족 구성원 모두 행복한 가정을 만드는 것이랍니다!

  그럼 가족 구성원을 한번 확인해 볼까요? 킹은 아빠고, 퀸은 엄마입니다. 나이트와 비숍은 어린 남매이고, 룩은 10대 후반의 형이나 오빠 정도로 볼 수 있어요. 그리고 마지막으로 폰은 아직 아기인 동생입니다. 한마디로 대가족이죠!

  이들 중 누가 먼저 선물을 뜯어 볼까요? 바로 어린이들입니다. 어린이들은 어떤 체스 말이라고 했죠? 나이트와 비숍입니다.

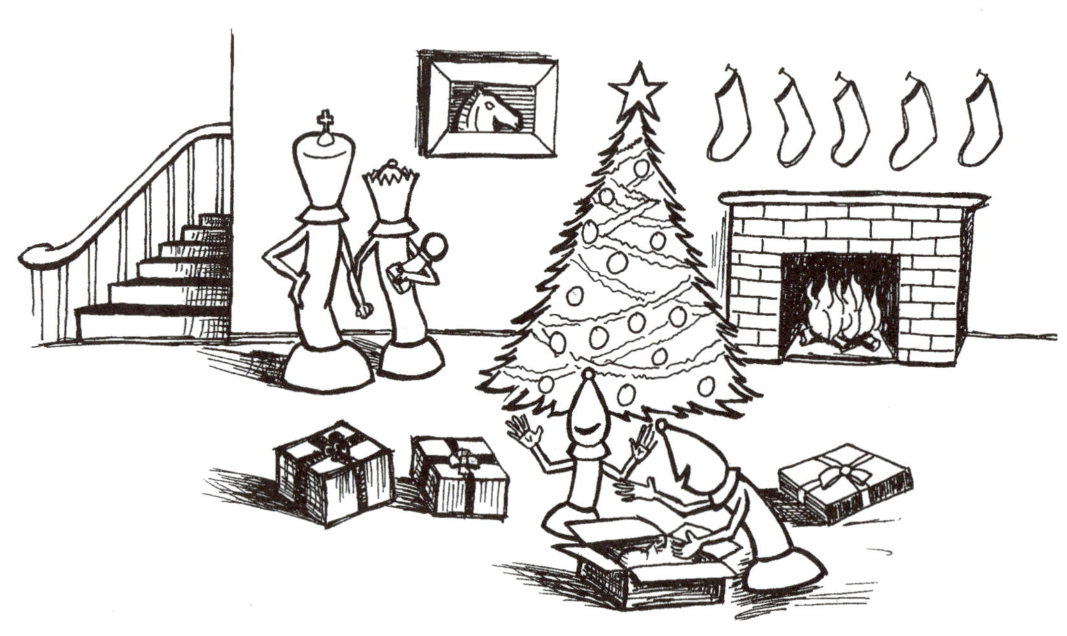

킹을 자주 움직이는 것은 좋은 생각일까요? 아닙니다. 이것은 마치 아이들이 전부 기다리며 지켜보고 있는데 아빠가 제일 먼저 선물을 열어 보는 것과 같아요.

폰은 어떨까요? 현실세계에서 아기들도 선물을 열어 볼 수는 있지만, 선물의 의미나 가치를 알지는 못합니다. 그렇기 때문에 어린이들(나이트와 비숍)이 먼저 선물을 열어 본다고 해도 기분 나빠하지 않을 거예요!

룩은 보통 어린 동생들이 선물을 먼저 뜯어 보도록 양보합니다.

나이트는 다른 체스 말을 건너뛸 수 있기 때문에 제일 먼저 선물을 열어 볼 수 있는 특권이 주어지죠. 그럼 비숍은 어떨까요? 비숍은 게임이 시작되자마자 다른 체스 말들보다 먼저 움직일 수가 없답니다. 비숍의 앞길을 폰이 가로막고 있기 때문이죠. 선물을 향해 가는 길을 아기가 가로막고 있는 것입니다. 선물을 열고 싶은데 아기가 길을 막고 있다면 무엇을 먼저 해야 할까요? 바로 아기를 치우는 것입니다.

어린이 4명, 즉 나이트 2개와 비숍 2개가 선물을 먼저 열어 보고 싶어 하는 것이 보입니까? 이 점을 명심하세요. 오프닝의 주된 목적은 모든 가족 구성원이 가장 행복한 길을 찾는 것입니다. 나이트나 비숍 중 한 체스 말만 다른 가족에 비해 많이 움직이고, 그래서 선물을 더 많이 열어 본다면 어떻게 되겠어요? 나머지 형제자매들이 굉장히 싫어하겠죠? 그렇기 때문에 차례대로 선물을 열어 보아야 모두 행복할 수 있는 것입니다.

사람들은 누구나 선물을 많이 받는 것을 좋아합니다. 또 좋은 선물을 받기를 바라죠. 체스 게임에서 제일 좋은 선물은 체스판 중앙에 놓여 있습니다. 반면, 체스판 가장자리에 있는 선물들은 별로 받고 싶지 않은 선물입니다. 예를 들면 양말 같은 것이죠!

오프닝의 예

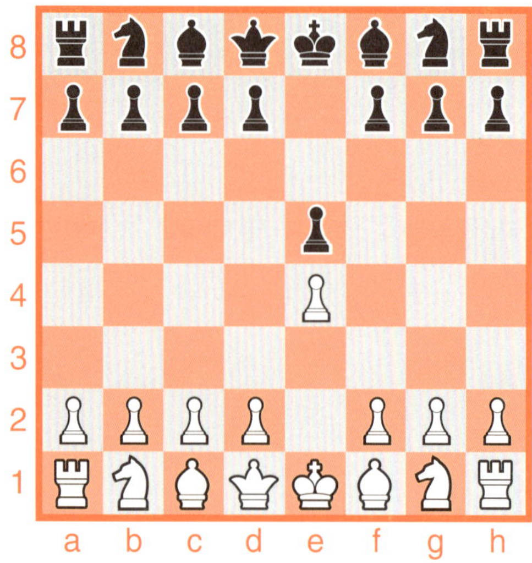

1.e4 e5

비숍이 진격해 체스판 중앙을 지배할 수 있도록 아기를 치웁니다.

다음에는 g1에 위치한 나이트를 이동해 볼까요? 이때 나이트가 선택할 수 있는 움직임은 2.Nh3과 2.Ne2, 2.Nf3입니다(움직임 적는 법은 '3교시-말의 움직임 기록하기'를 참고하세요).

● **2.Nh3** : '변두리의 나이트는 맥을 추지 못한다'라는 말을 기억하나요? 변두리란 체스판의 가장자리를 말합니다. 나이트는 움직임이 느린 체스 말이기 때문에 체스판 중앙, 다시 말해 전쟁의 한복판에 있는 것이 좋습니다. 그래야만 다른 위치로 빠르게 이동할 수 있기 때문이죠. h3에 있는 나이트가 반대편으로 이동하려면 긴 여행을 해야겠죠?

● **2.Ne2:** 이 칸으로 이동하면 가운데에 위치한 d4를 공격할 수 있습니다. 하지만 가족 모두의 행복을 생각해 봐야 합니다. f1에 있는 비숍은 e2에 있는 폰이 자신의 앞길에서 물러나면서 행복했었습니다. 그런데 이제는 나이트가 풀쩍 뛰어 넘어와 앞을 가로막으면서 다시 슬퍼졌어요. 좋은 전략이란 비숍이 중앙으로 진격할 수 있도록 이들의 앞길을 막지 않는 것, 특히 폰으로 방해하지 않는 것입니다.

● **2.Nf3 :** 가장 좋은 움직임이라고 할 수 있습니다. 가운데를 향해 진격하면서 d4칸과, e5에 있는 폰을 공격할 수 있기 때문이에요. 또 f1에 있는 비숍의 앞길을 막지도 않습니다.

2.Nf3

적군이 움직인 다음에는 항상 "내게 어떤 위협을 가하려는 거지?"라고 스스로에게 질문을 던져 보아야 합니다. 적군에게 어떤 위협을 가할지를 생각하기 전에 적이 노리는 것이 무엇인지 알아내는 것이 먼저라는 말이죠. 적군의 체스 말 역시 자신의 체스 말만큼이나 소중하다는 사실을 명심하세요. 적군 역시 자기 가족의 행복을 지키려고 열심히 노력하고 있습니다.

흑색 진영은 백색 나이트가 e5에 있는 자신의 폰을 공격하려 한다는 사실을 알아차려야 합니다. 폰을 보호해야 합니다. 어린 남매들 중 한 명이 폰을 보호할 수 있을까요? 물론입니다. 2...Nc6이나 2...Bd6이 있습니다. 그렇다면 이 중 더 좋은 움직임은 무엇일까요? 2...Bd6의 문제점은 비숍이 d7에 있는 폰의 앞길을 막고, 또 그 폰은 c8에 있는 비숍의 앞길을 방해한다는 것입니다. 이제 흑색 진영이 어떻게 움직여야 할지 알았나요?

2...Nc6

백색 진영은 스스로에게 물어보아야 합니다. "흑색 진영이 내게 어떤 위협을 가하려는 거지?" 이 경우 아무런 위협도 없습니다. e5에 있는 폰을 보호하고, 나이트를 진격시키려는 것뿐이죠. 자, 이제는 f1에 있는 비숍이 움직일 차례입니다. 3.Be2는 너무 소심한 움직임이네요. 3.Bd3은 d2에 있는 폰의 앞길을 막고, 이 폰은 또 c1에 있는 비숍의 앞을 가로막습니다. 3.Ba6은 흑색 폰이 a6으로 이동할 경우 삽힐 수 있습니다. 반면 3.Bc4와 3.Bb5는 모두 안전한 움직임이라고 할 수 있어요.

3.Bc4

3.Bc4는 좋은 움직임입니다. 비숍이 중앙에 있는 칸(d5)을 통제하면서 진격할 수 있기 때문이죠. 이때 비숍이 위협을 가하고 있는 적군의 체스 말은 무엇일까요? f7에 있는 폰입니다. 그러나 이 폰은 흑색 킹의 보호를 받고 있습니다. 비숍의 가치는 3점이고 폰은 1점이기 때문에 f7에 있는 폰을 잡는 것은 백색 진영의 입장에서 보면 손해죠. 비록 적군의 킹을 체크할 수 있고, 또 폰을 하나 잃은 흑색 킹이 공격에 노출되게 만들 수 있다고 해도 말이에요.

흑색 진영에서 f8에 있는 비숍을 진격시킨다고 해 볼까요? 3...Be7은 소심한 움직임이고, 3...Bd6은 d7에 있는 폰을 가로막고, 3...Ba3은 적군의 폰이나 나이트의 공격을 받아 비숍이 잡힐 수 있습니다. 3...Bb4는 그럭저럭 괜찮다고 할 수 있지만, 3...Bc5가 중앙에 있는 d4칸을 통제할 수 있기 때문에 가장 좋은 움직임이라고 할 수 있습니다.

3...Bc5

흑색 진영의 비숍은 f2에 위치한 폰을 공격할 수 있습니다. 하지만 이 폰은 백색 킹의 보호를 받고 있군요. 백색 진영은 이제 어떻게 해야 할까요? **4.Nc3**의 경우 또 하나의 나이트를 전쟁터로 출동시키기 때문에 좋아 보입니다.

이 밖에 **4.d3**과 **4.c3**도 좋습니다. **4.d3**은 흑색 칸 c1에 있는 비숍의 대각선 길을 열어 주기 때문이고, **4.c3**은 폰으로 **5.d4**를 위협해 중앙에 위치한 칸들을 통제할 수 있기 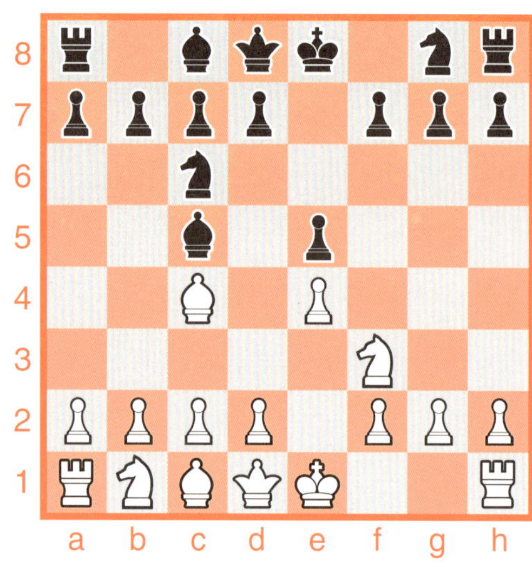 때문입니다. 하지만 이 상황에서 가장 좋은 움직임은 캐슬링입니다. 가능한 한 빨리 킹을 중심에서 외곽으로 피신시키는 것이 중요하기 때문이죠.

4.0-0

캐슬링을 하면 킹을 안전한 장소로 피신시키고 룩을 진격시킬 수 있다는 2가지 장점이 있습니다. 룩이 10대 후반의 형이나 오빠라는 것을 잊지 마세요. 캐슬링을 할 때는 아빠(킹)만 선물을 열어 보는 것이 아니라 형이나 오빠도 선물을 열어 볼 수 있어요. 10대 후반의 형이나 오빠가 가장 받고 싶어 하는 선물은 무엇일까요? 바로 자동차입니다. 왜냐고요? 가고 싶은 곳 어디든 갈 수 있는 자유를 얻게 되기 때문이죠. 캐슬링을 하면 형이나 오빠에게 자동차를 선물하는 것과 같고, 자동차를 선물 받은 이들은 체스판 중앙을 향해 빠른 속도로 돌진할 수 있습니다.

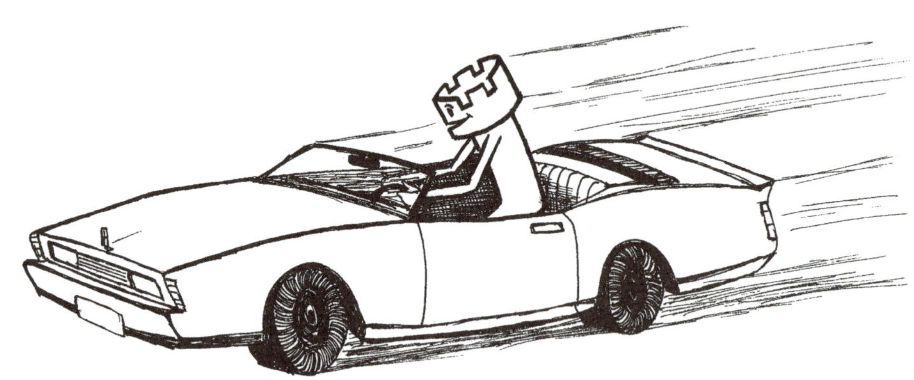

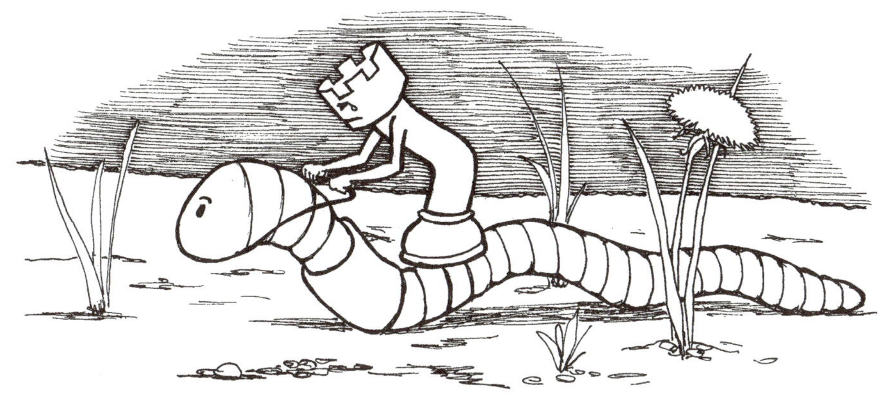

몇 년 전 유치원에서 수업을 하던 중 어린이들이 이런 말을 했던 기억이 납니다. 캐슬링을 하지 않으면 자동차가 아닌 지렁이를 얻게 된다고요! 두말할 필요 없이 지렁이보다 자동차가 훨씬 더 근사한 선물이 되지 않겠어요?

가능하면 게임 초반에 빨리 캐슬링하는 것이 전투를 유리하게 끌고 나가는 데 도움이 됩니다. 대부분의 10대 청소년들은 하루라도 빨리 자동차를 갖고 싶어 하죠.

4...Nf6

얼마 지나지 않아 흑색 진영의 형이나 오빠가 캐슬링을 해 자동차를 가질 수 있기 때문에 좋은 움직임이라고 할 수 있습니다. 흑색 나이트는 e4에 있는 폰을 위협합니다. 그렇기 때문에 이제는 백색 진영에서 b1의 나이트를 움직여 위협받고 있는 폰을 지켜야 합니다.

5.Nc3

이렇게 하면 흑색 진영에서 캐슬링을 해 형이나 오빠가 자동차를 가지게 됩니다.

5...0-0

체스판을 유심히 보세요. 체스 말들이 서로 대칭을 이루며 놓여 있는 것이 보이나요? 마치 거울에 비친 모습처럼 모든 흑색 체스 말이 백색 체스 말과 똑같은 모양으로 반대쪽에 놓여 있습니다.

백색 진영에서 아직까지 1번도 선물을 열어 보지 않은 어린이는 누구일까요? 바로 c1

에 있는 비숍입니다. 하지만 안타깝게도 아기(폰)가 길을 가로막고 있군요. 그러니 비숍이 선물을 열기 위해서는 먼저 아기를 다른 곳으로 이동해야 합니다. 6.d4가 중앙을 통제할 수 있는 좋은 움직임처럼 보이지만, 이렇게 하면 폰이 적군으로부터 3번(폰과 나이트, 비숍) 공격받을 위험에 놓이게 됩니다. 반면 자기편으로부터는 2번(나이트와 퀸)밖에 보호받을 수 없네요. 결국에는 폰을 잃게 될 것입니다.

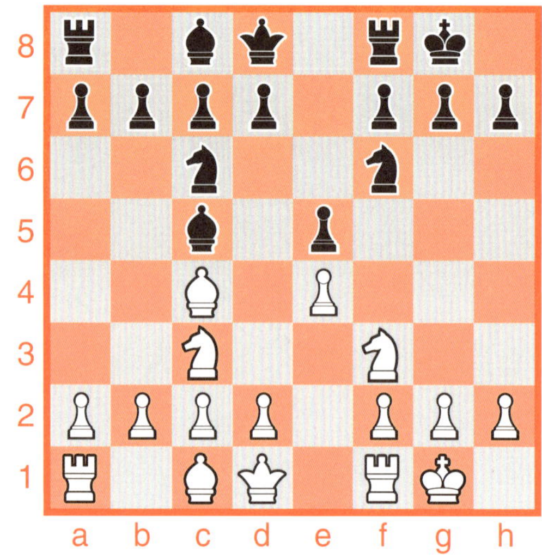

6.d3

백색 진영이 이렇게 움직이면, 흑색 진영은 다음과 같이 이동합니다.

6...d6

이때 백색 진영의 c1에 있는 비숍이 할 수 있는 가장 좋은 움직임은 7.Bg5나 7.Be3입니다.

7.Be3

백색 진영은 c5에 있는 흑색 비숍을 공격할 수 있습니다. 하지만 흑색 비숍은 d6에 있는 폰의 보호를 받고 있네요.

7...Bxe3

흑색 비숍이 백색 비숍을 잡습니다. 백색 비숍은 자신이 있던 자리를 흑색 진영에 넘겨 주어야 합니다.

8.fxe3

그러나 흑색 비숍은 바로 f2에 있던 백색 폰에게 잡힙니다. 이제 흑색 진영은 아직까지 선물을 열어 보지 않은 마지막 어린이를 이동합니다.

8...Bg4

두 가족의 어린이들은 모두 자신들의 선물을 열어 보았기 때문에 행복하답니다. 이제는 어린이들이 먼저 선물을 열어 볼 때까지 기다린 백색 진영의 엄마(퀸)가 첫 선물을 열어 볼 차례군요. 9.Qd2와 9.Qe2 모두 좋아 보입니다.

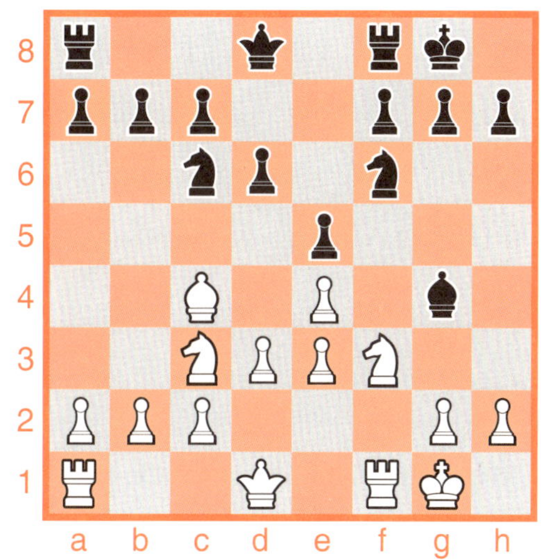

9.Qd2

백색 퀸이 이렇게 이동하자 흑색 퀸도 이제 자신의 첫 선물을 열어 봅니다.

9...Qd7

각 진영의 두 룩은 둘 사이를 가로막는 다른 체스 말이 없어 서로 연결되어 있을 때 가장 강력한 힘을 발휘할 수 있습니다. 룩은 열려 있는 파일을 좋아합니다. 다시 말해, 룩이 지나다니는 파일에 폰이 놓여 있지 않아야 한다는 것이죠. 그래야 적군의 영토로 진격할 수 있으니까요. 10대의 형이나 오빠는 누구와 어울려 놀고 싶어 할까요? 어른(킹과 퀸)이나 아기(폰), 어린 동생(나이트와 비숍)일까요, 아니면 같은 또래의 10대들일까요? 물론 같은 또래일 겁니다! 룩은 자기들끼리 어울리고 싶어 합니다. 게임은 다음과 같이 진행됩니다.

각 진영의 두 룩이 모두 d파일로 이동할 수 있기 때문에 움직임을 기록할 때 어느 룩을 움직였는지 나타내 주어야 합니다. 이번 게임에서는 두 진영이 모두 a파일에 있는 룩을 움직였네요.

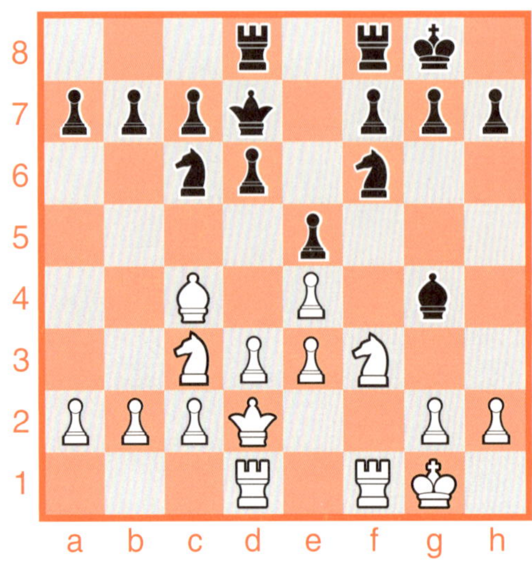

이로써 오프닝이 완성되었으며, 지금부터는 게임의 중반부인 미들게임이 시작됩니다. 오프닝의 목적은 게임이 시작되고 서로 10번 정도 움직이면 그 안에 달성되는 것이 일반적입니다. 이 게임에서는 백색과 흑색 진영이 모두 좋은 움직임을 보여 주면서 오프닝 목적을 달성했다고 말할 수 있겠군요. 체스판 중앙을 통제하고, 모든 어린이(나이트와 비숍)가 최소한 1번은 선물을 열었으며, 10대 청소년들(룩)은 지렁이가 아닌 자동차를 손에 넣고(캐슬링) 자기들끼리 어울리고 있습니다.

어린이들이 선물을 열어 보기 전에 엄마(퀸)가 선물을 열어 보지 않았다는 것을 기억하세요. 그리고 캐슬링한 킹 앞을 지키고 있는 폰이 자신의 자리를 떠나지 않으면서 킹을 보호하고 있는 모습에 주목해 봅시다. 또 흑색 비숍이 적군에게 잡혀 전쟁터를 떠났다는 것도 기억해 두세요.

스콜라스 메이트 깨기

　스콜라스 메이트는 4번의 움직임만으로 상대방 킹을 체크메이트하는 방법이에요. 이 방법은 그다지 좋은 생각이라고는 할 수 없는데, 그 이유는 한쪽(대부분의 경우 백색 진영)이 퀸을 전투에 너무 빨리 참여시키기 때문입니다.

　아래 그림에서 백색 진영은 c4에 위치한 비숍의 도움을 받아 퀸을 f7로 이동해 흑색 킹을 순식간에 체크메이트하려고 시도하고 있습니다. 이런 방법은 흑색 진영이 위협을 눈치 채지 못했을 때에나 성공할 수 있어요. 만약 흑색 진영에서 위협을 알아차렸다면 퀸의 움직임은 나쁜 움직임이 되고 맙니다. 적군의 나이트와 비숍이 공격에 노출된 퀸을 전쟁터 구석구석까지 쫓아다니며 공격을 퍼부을 것이고, 결국 퀸은 위험에 처하기 때문이죠.

　퀸을 일찍 전투에 참여시키는 것이 언뜻 보면 좋은 방법 같아 보일 수 있지만, 적군도 언제나 자신이 이동할 수 있는 가장 좋은 자리로 움직인다는 사실을 명심해야 합니다.

　다음은 가장 일반적인 스콜라스 메이트의 형태입니다.

1.e4 e5 2.Bc4 Nc6 3.Qf3?(또는 3.Qh5? g6 4.Qf3 Nf6)

퀸을 일찍 전투에 참여시키고 f7로 이동해 체크메이트할 태세를 취했군요.

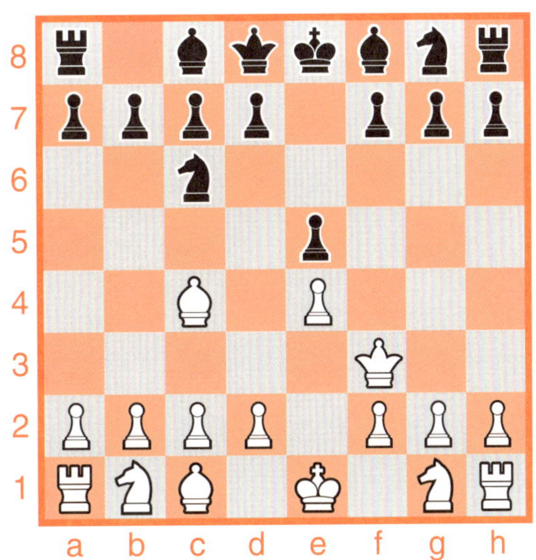

3...Bc5?? 4.Qxf7 메이트

그러나 만약 흑색 진영이 3...Bc5??가 아닌 3...Nf6하고 이후에 캐슬링을 한다면 백색 진영은 퀸을 괜히 내보낸 것이 됩니다. 그뿐만 아니라 오히려 적군(예를 들어, c6에 있는 나이트)에게 쫓기는 신세가 될 가능성이 있어요. 또 퀸이 너무 일찍 움직이면 백색 나이트가 이동할 수 있는 f3칸을 퀸이 차지하면서 나이트가 진격하는 것을 방해하게 됩니다.

퀸을 일찍 출동시켜 게임을 빨리 끝낼 수 있는 가능성이 아주 없는 것은 아니지만, 올바른 체스 원칙에 따라 움직이면서 퀸을 나중에 출동시키는 것이 더 바람직한 방법입니다. "내게 어떤 위협을 가하려는 거지?"라고 스스로에게 묻지 않는 적군은 여러분에게 무릎을 꿇게 될 것입니다. 그러니 체스 게임을 할 때는 가능하면 올바른 원칙을 따르도록 하세요.

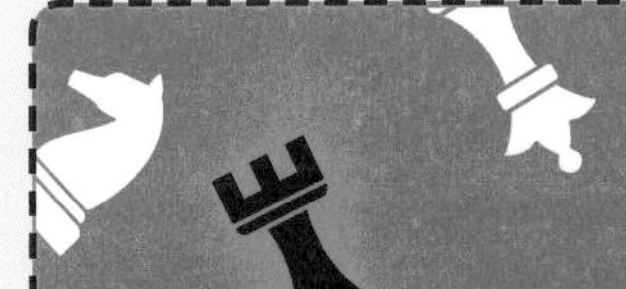
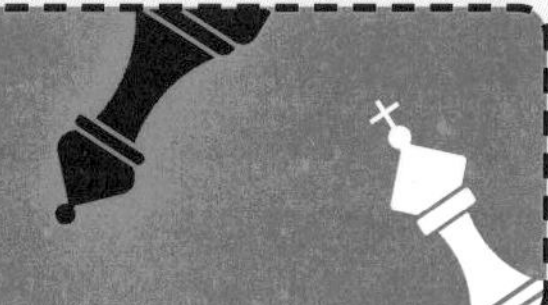

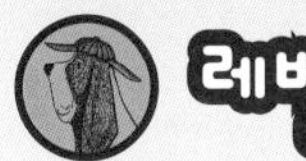

2-1 백색 진영 입장에서 **1.Nh3**은 좋은 움직임입니까? 그 이유는 무엇입니까?

2-2 흑색 폰의 움직임 **1...a5**는 좋은 움직임입니까? 그 이유는 무엇입니까?

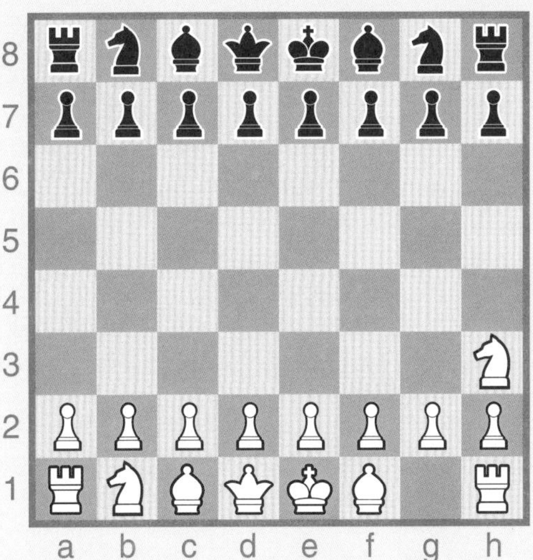

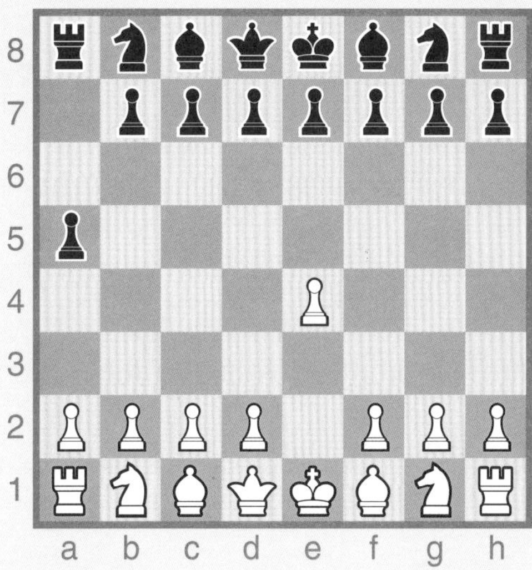

2-3 별이 표시되어 있는 칸 중 어느 칸이 오프닝에서 가장 중요합니까? 그 이유는 무엇입니까?

2-4 백색 진영이 비숍을 **d3**이나 **c4**, **a6**으로 이동하는 것은 좋은 생각입니까? 그 이유는 무엇입니까?

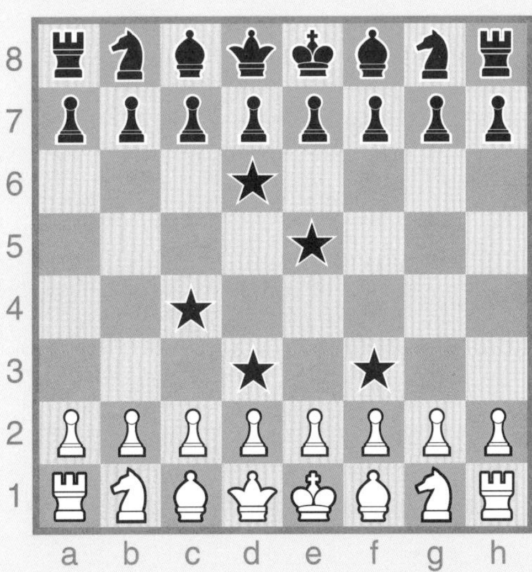

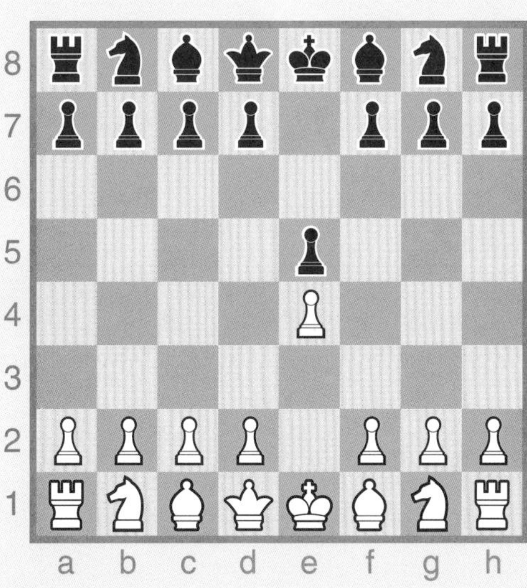

2-5 백색 진영이 d2에 있는 폰을 d3이나 d4로 이동하는 것은 좋은 생각입니까? 그 이유는 무엇입니까?

___

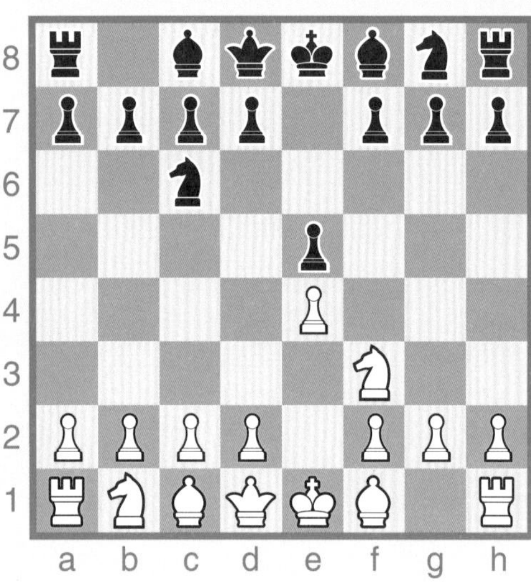

2-6 흑색 진영 선수가 g8에 있는 자신의 나이트를 건드렸습니다. 그렇다면 나이트를 h6이나 f6, e7로 움직이는 것은 좋은 생각입니까? 그 이유는 무엇입니까?

___

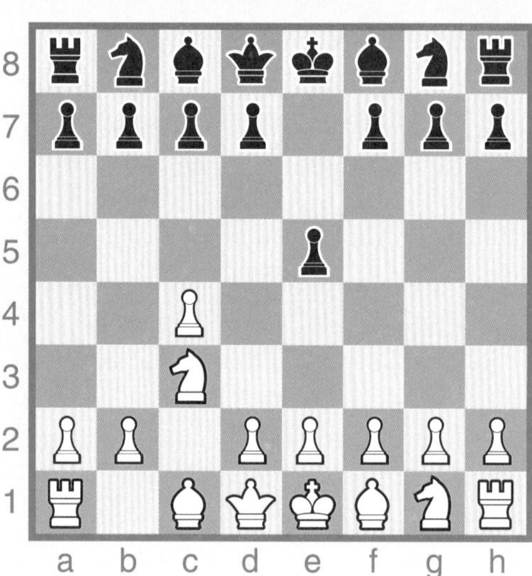

2-7 2.Qf3은 좋은 움직임입니까? 그 이유는 무엇입니까?

___

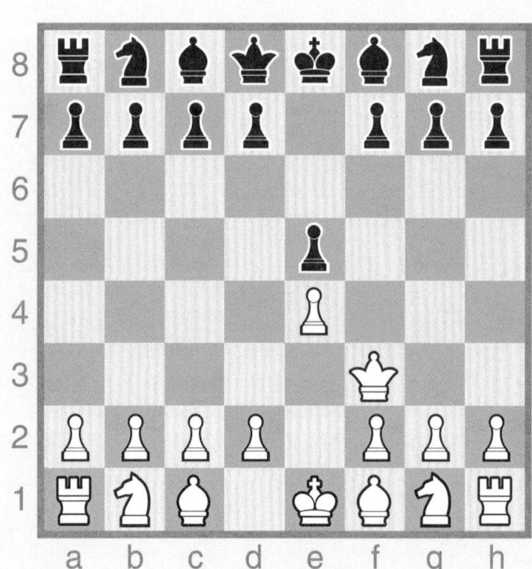

2-8 흑색 진영이 2...Bb4+했습니다. 백색 진영 입장에서 3.Ke2나 3.Qd2, 3.c3 중 가장 좋은 움직임은 무엇입니까? 그 이유는 무엇입니까?

___

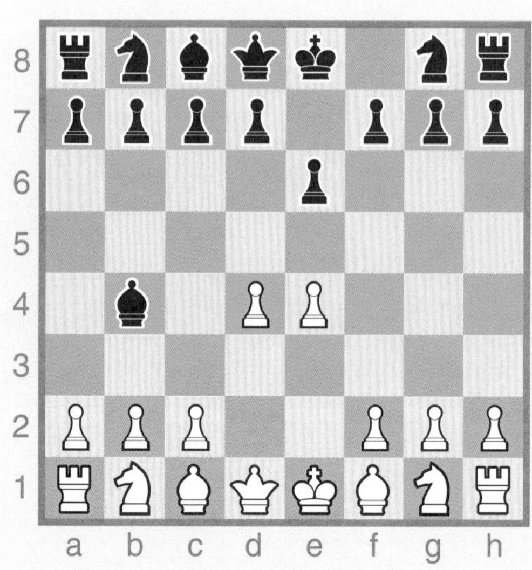

2-9 백색 진영이 2.d3했습니다. 이것은 좋은 움직임입니까? 그 이유는 무엇입니까?

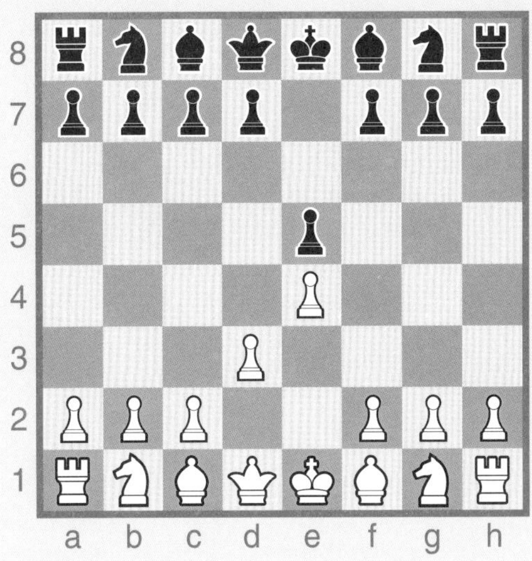

2-10 백색 진영이 f3에 있는 나이트를 e5로 이동했습니다. 이것은 좋은 움직임입니까? 그 이유는 무엇입니까?

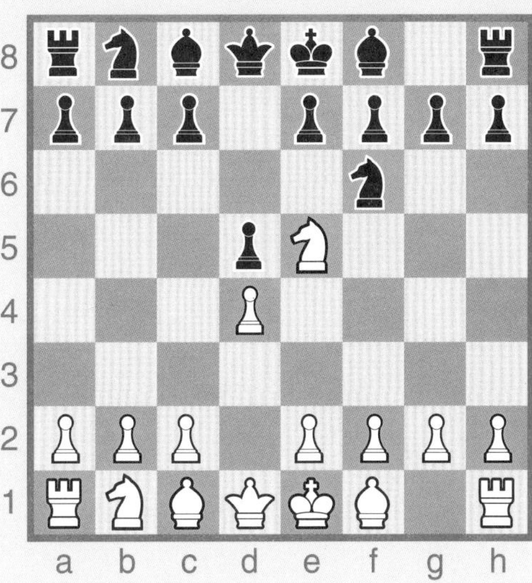

레벨 2

2-11 백색 진영이 3.Qh5했습니다. 어떤 위협을 가하려는 것입니까?

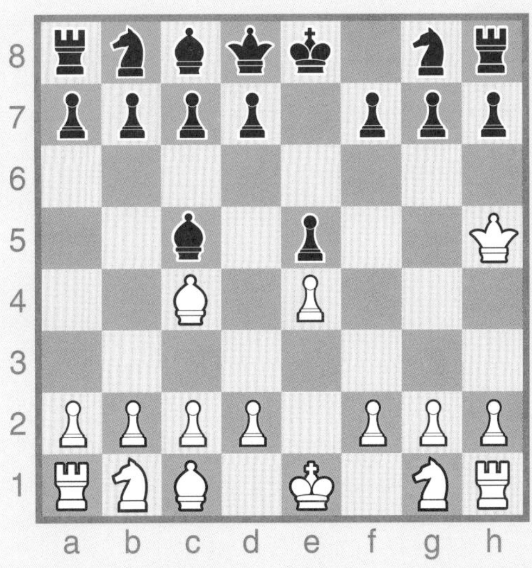

2-12 백색 진영의 입장에서 2.Bd3이나 2.Bb5, 2.Be2, 2.d4 중 가장 좋은 움직임은 무엇입니까?

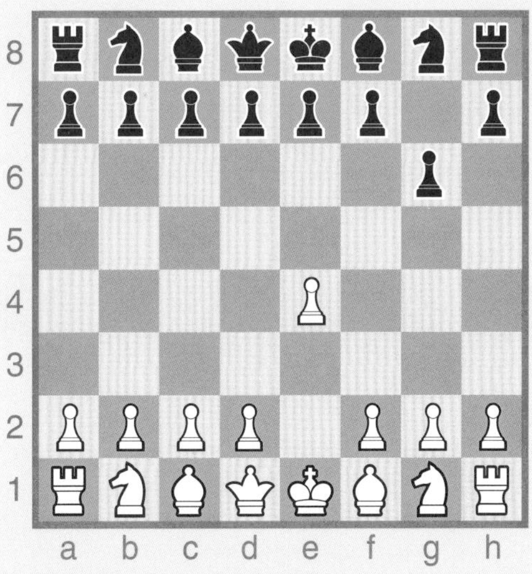

2-13 흑색 진영의 마이너 기물들 중 어떤 체스 말이 좋은 위치로 진격하기 가장 어렵습니까?

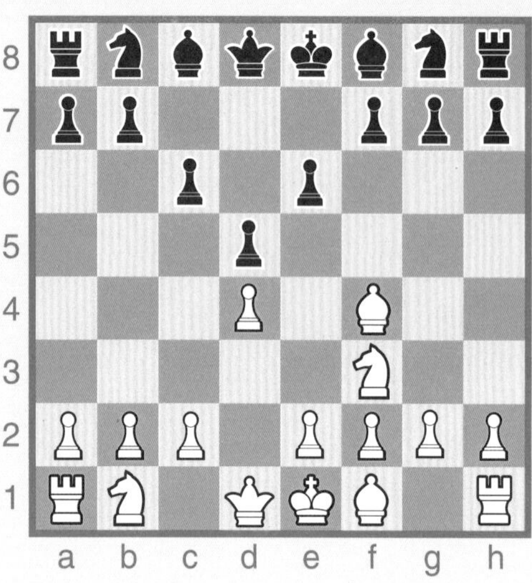

2-14 백색 진영은 빨리 캐슬링하고 싶어 합니다. 킹 쪽으로 캐슬링하는 것은 좋은 생각입니까?

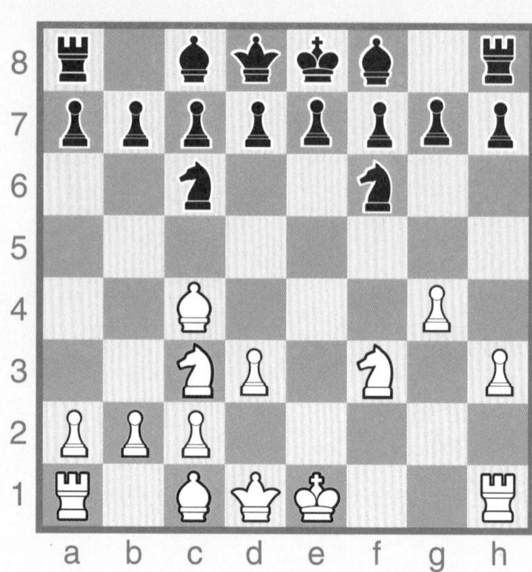

2-15 백색 진영 입장에서 **3.Nf3**이나 **3.Qf3**, **3.Nc3**, **3.Bf4** 중 가장 좋은 움직임은 무엇입니까? 그 이유는 무엇입니까?

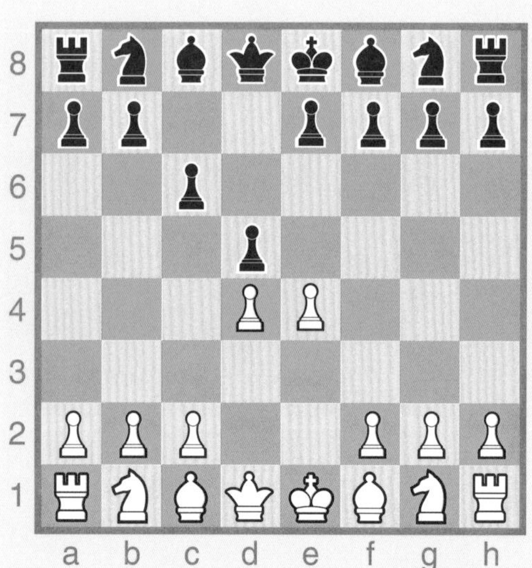

2-16 흑색 진영이 나이트를 출동시키고 **e5**에 있는 자신의 폰을 백색 비숍으로부터 보호하기 위해 **2...Nc6**했습니다. 이것은 좋은 움직임입니까? 그 이유는 무엇입니까?

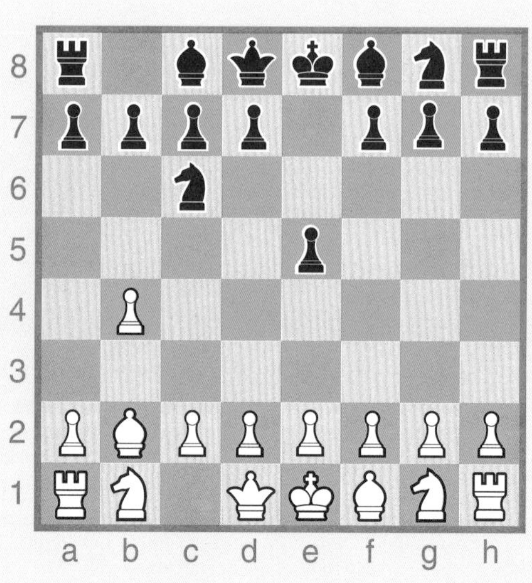

2-17 흑색 진영의 마지막 움직임은 4...e6이었습니다. 백색 진영은 g4에 있는 폰으로 f5에 있는 비숍을 잡을 수 있습니다. 이것은 좋은 움직임입니까?

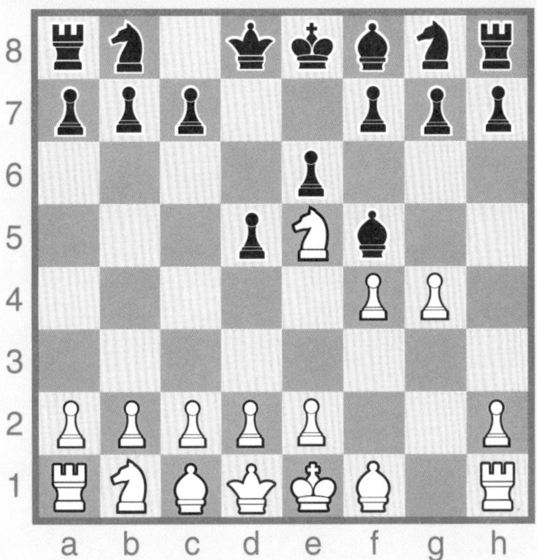

2-18 백색 진영이 4.Nc3했습니다. 4...Nxc3이나 4...Nc5, 4...Bd6, 4...d5 중 흑색 진영에서 할 수 있는 가장 좋은 대응은 무엇입니까? 그 이유는 무엇입니까?

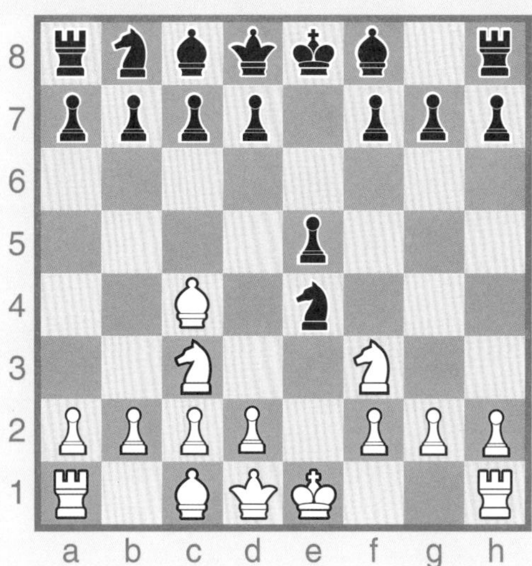

2-19 흑색 진영이 체스판 중앙을 장악하기 위해 2...d5했습니다. 이것은 좋은 움직임입니까?

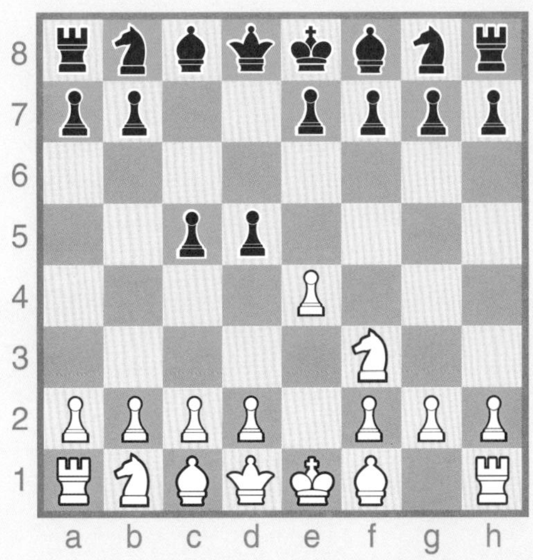

2-20 백색 퀸이 흑색 퀸을 잡는 것은 좋은 움직임입니까?

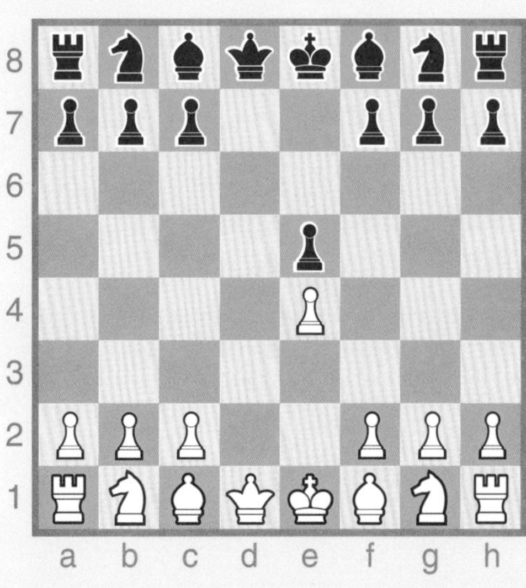

말의 움직임 기록하기

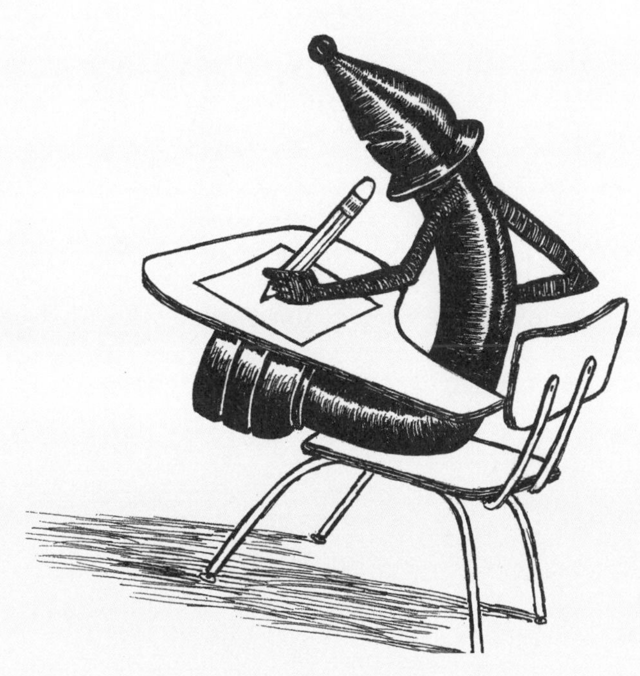

"모든 예술가가 체스 선수는 아니지만,

모든 체스 선수는 예술가다."

— 마르셀 뒤샹(1887~1968), 프랑스의 미술가

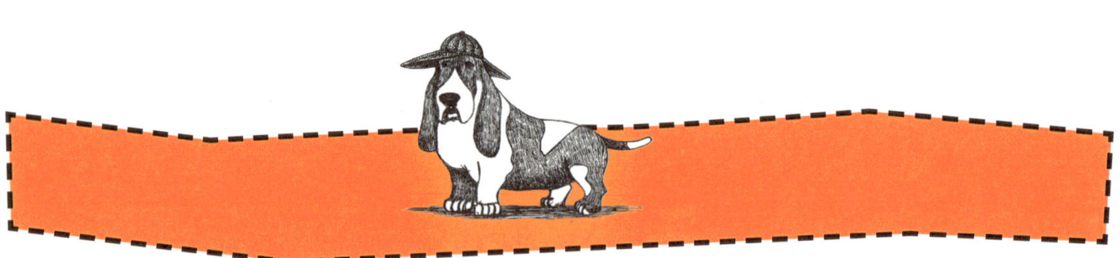

대수기보법 익히기

체스 게임에서 읽고 쓰는 데 사용하는 언어를 대수기보법이라고 합니다. 게임에서 있었던 모든 움직임을 기록하는 체스 언어라고 할 수 있죠. 그리고 이 체스 언어 덕분에 게임이 끝난 뒤에도 처음부터 다시 똑같은 게임을 몇 번이고 반복해 볼 수 있습니다. 게임의 움직임을 기록하는 일을 스코어키핑이라고 합니다.

기보법은 두 부분으로 나뉩니다. 움직인 체스 말과 그 체스 말이 이동한 칸이죠. 백색 진영의 움직임은 움직인 차례 번호와 마침표 1개를 찍은 다음에 적고, 흑색 진영의 움직임은 움직인 차례 번호와 마침표 3개를 찍은 다음에 적습니다.

각각의 체스 말을 상징하는 기호를 복습해 볼까요? K는 킹이고, Q는 퀸, R은 룩, B는 비숍, 그리고 N은 나이트입니다. 폰은 기호를 적지 않습니다.

게임을 시작하고 처음으로 움직일 때, 백색 진영에서 자신의 킹 앞에 있는 폰을 2칸 앞으로 이동할 경우, **1.e4**라고 씁니다. 킹 쪽으로 캐슬링할 때는 0-0이라고 표시하고, 퀸 쪽으로 캐슬링할 때는 0-0-0으로 표시합니다. 0의 개수는 룩이 움직인 칸의 개수와 같아요. 다시 말해, 백색 진영에서 0-0-0의 의미는 킹이 **e1**에서 **c1**로 이동하고, 퀸 쪽에 위치한 룩이 **a1**에서 **d1**로 3칸 움직였다는 뜻이 됩니다.

체스 말이 잡혔을 때는 잡으려는 체스 말이 있었던 파일의 알파벳 소문자와 잡힌 체스 말이 있었던 칸 번호 사이에 x를 적습니다. 폰이 변신을 해서 계급이 더 높은 체스 말로 바뀌었을 때는 이 사실을 나타내기 위해 폰의 계급이 바뀐 칸 번호를 씁니다. 그다음에 등호(=)를 적고, 바뀐 체스 말의 기호를 적습니다.

킹이 체크 상황에 있을 때는 + 기호를 움직임 뒤에 표시하며, 얼마나 좋은 움직임인지 나쁜 움직임인지 보여 주기 위해 움직임 뒤에 물음표나 느낌표를 쓰기도 합니다.

!!	훌륭한 움직임
!	좋은 움직임
!?	주의가 필요한 움직임
?!	알쏭달쏭한 움직임
?	실수한 움직임
??	크게 실수한 움직임

이제 좀 더 자세한 예를 들어 살펴볼까요? 각각의 예는 다음 그림을 이용했습니다.

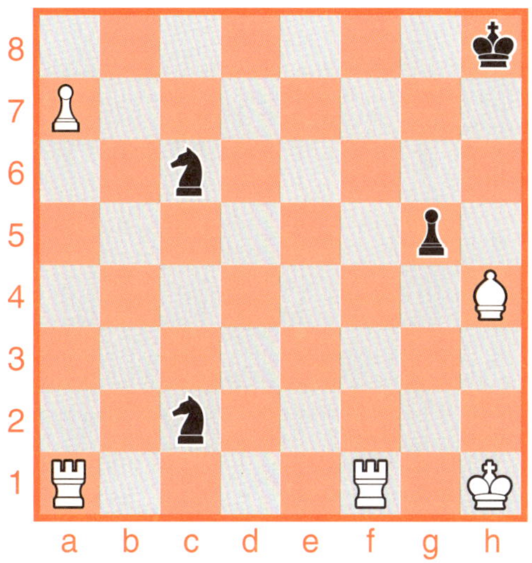

• 폰이 적군을 잡았을 때: 흑색 진영이 32번째 움직일 차례고, g파일에 있는 폰으로 h4에 있는 백색 비숍을 잡았을 경우, 32...gxh4라고 기록합니다.

• 폰의 계급 변신: 백색 진영이 45번째 움직일 차례고, a7의 폰이 a8로 이동하면서 퀸으로 계급이 올라갑니다. 그러면서 흑색 킹은 자연스럽게 체크 상황에 놓이게 되죠. 이 움직임은 45.a8=Q+라고 기록합니다.

• 같은 종류의 두 체스 말이 같은 칸으로 이동할 수 있는 경우: 이 경우 반드시 움직이는 특정 체스 말을 확인할 수 있게 기록해 주어야 해요. 움직이는 체스 말은 가능하면 랭크(숫자)보다는 파일(알파벳 소문자)로 표시해 주는 것이 좋습니다.

백색 진영의 37번째 움직임이고, a1에 있는 룩을 c1로 이동했을 때는 37.Rac1이라고 적어요. 반면, f1의 룩이 c1로 이동한 경우에는 37.Rfc1이라고 기록합니다.

이번에는 흑색 진영의 40번째 움직임이고, c2의 나이트를 d4로 이동했다고 해 볼까요? 2개의 흑색 나이트 모두 d4로 움직일 수 있기 때문에 이런 경우에는 40...N2d4라고 기록합니다. 두 나이트가 모두 c파일에 위치하고 있기 때문에 40...Ncd4라고 적으면 어느 나이트가 움직였는지 확인할 수 없기 때문이죠.

  기록표(스코어시트)는 다음과 같이 생겼습니다. 체스 게임을 할 때마다 기록표를 가능한 한 꼼꼼하게 작성하는 것이 좋아요. 차례 칸에는 게임 번호를 적고, 체스판 칸에는 체스판 번호를 적으면 됩니다.

행사명 ____________________________________

섹션 ___________ 차례 ___________   체스판 ___________ 날짜 ___________

백색 진영 _______________________   흑색 진영 _______________________

	백색	흑색		백색	흑색
1			31		
2			32		
3			33		
4			34		
5			35		
6			36		
7			37		
8			38		
9			39		
10			40		
11			41		
12			42		
13			43		
14			44		
15			45		
16			46		
17			47		
18			48		
19			49		
20			50		
21			51		
22			52		
23			53		
24			54		
25			55		
26			56		
27			57		
28			58		
29			59		
30			60		

결과 ___________ 백색 승 ___________   무승부 ___________ 흑색 승 ___________

서명	서명

폴 모피의 체스 게임

다음은 역대 체스 게임 가운데 가장 유명한 게임 중 하나입니다. 선수들이 기록을 하지 않았다면 오늘날 이 게임을 즐길 수 있는 방법은 아마 없었을 거예요. 이 게임은 1858년 파리 오페라하우스에서 오페라 〈세비야의 이발사〉를 공연하는 동안에 치러졌습니다. 미국의 뛰어난 체스 선수 폴 모피가 백색 진영에서 브런즈윅 공작과 이소아드 백작을 상대로 승부를 겨루었죠. 각각의 움직임이 어떻게 이루어졌는지 살펴볼까요?

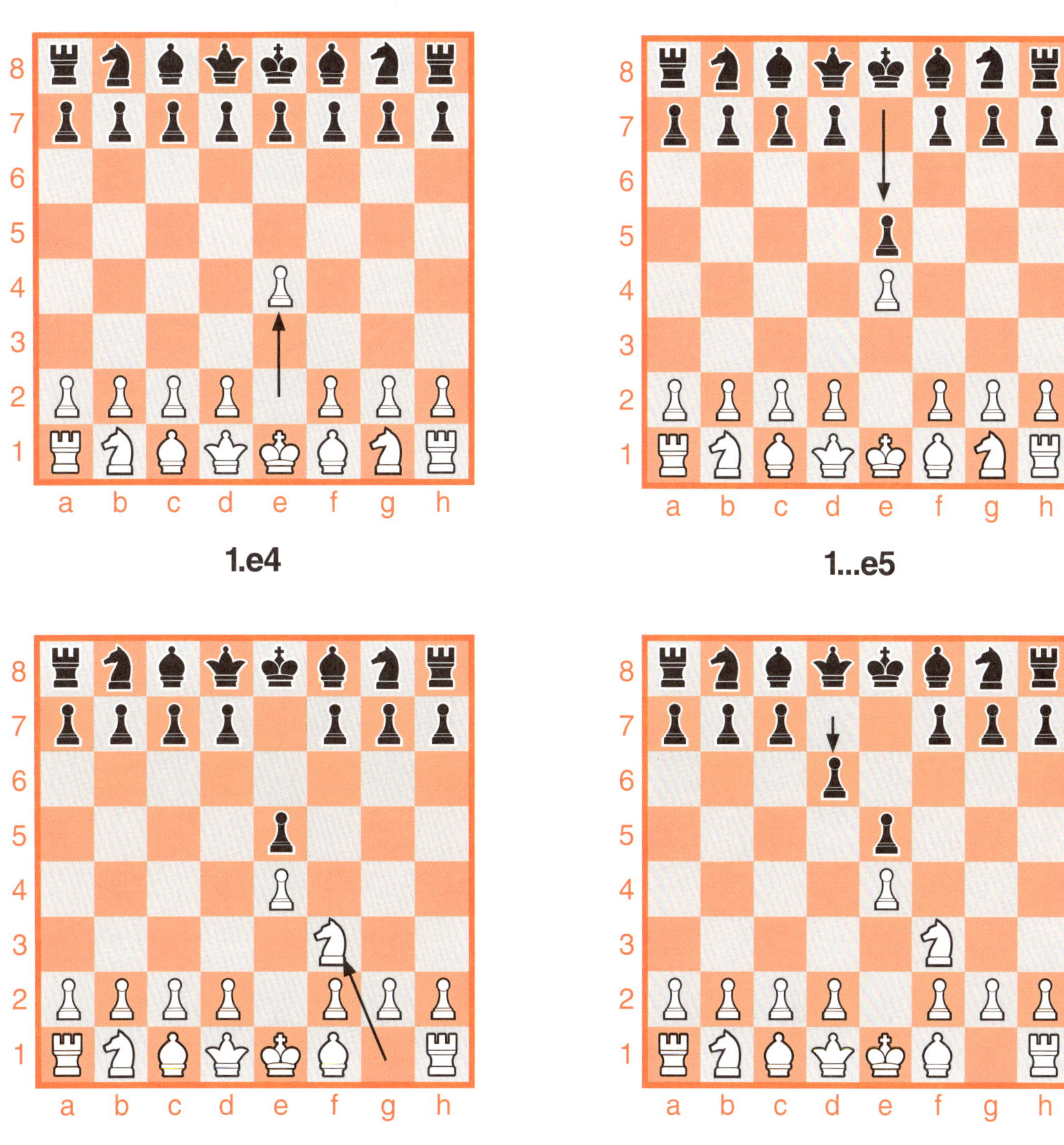

1.e4

1...e5

2.Nf3

2...d6

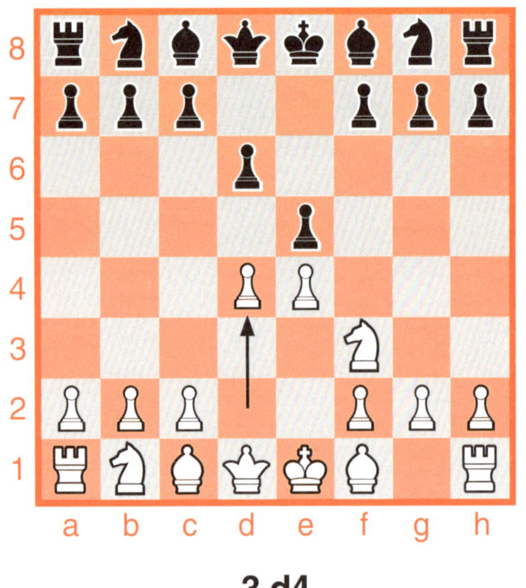

3.d4

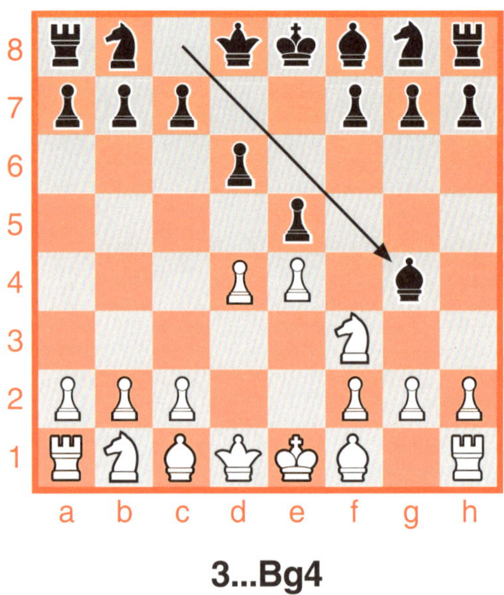

3...Bg4

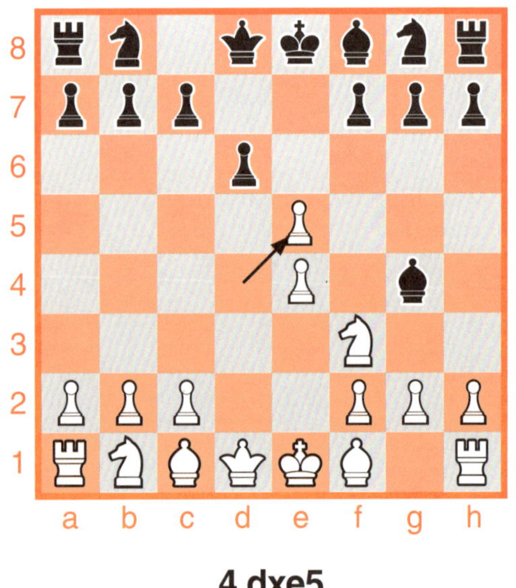

4.dxe5

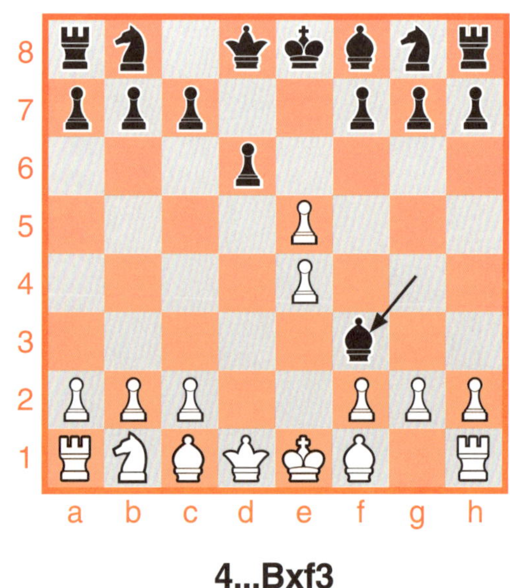

4...Bxf3

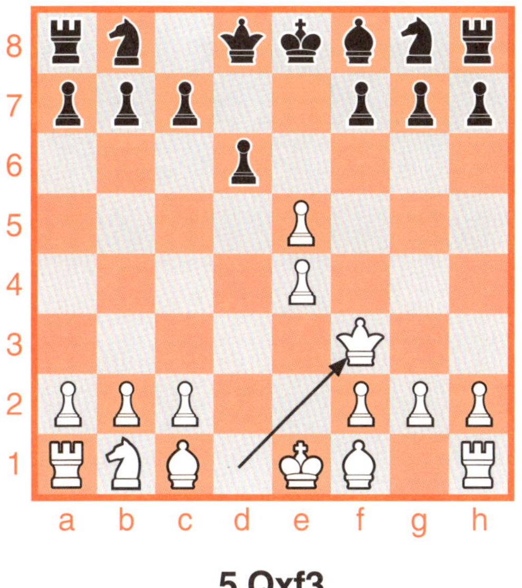

5.Qxf3

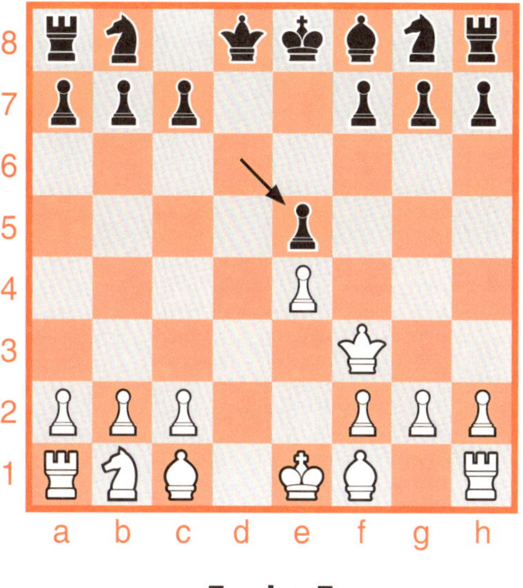

5...dxe5

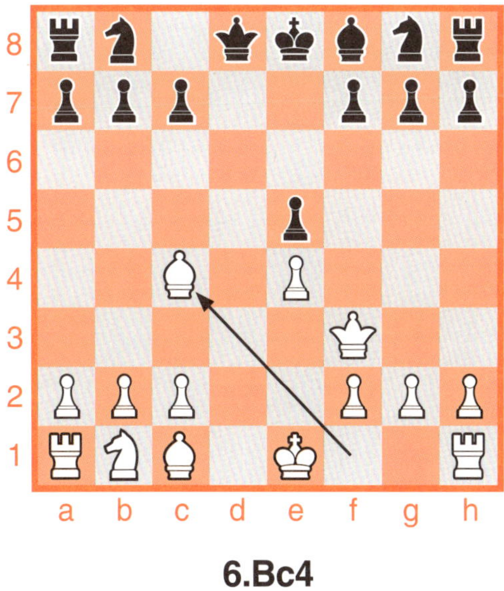

6.Bc4

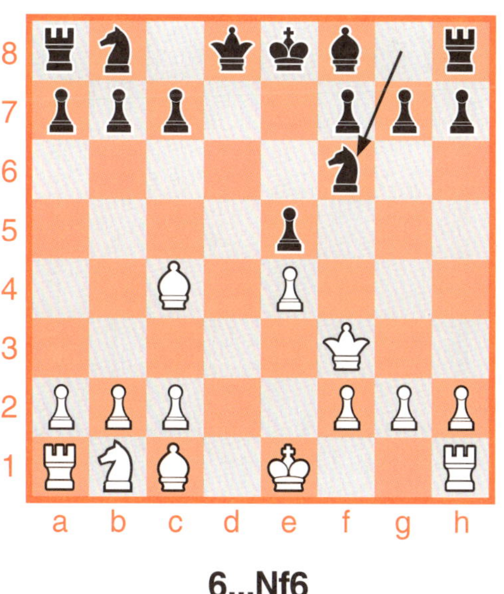

6...Nf6

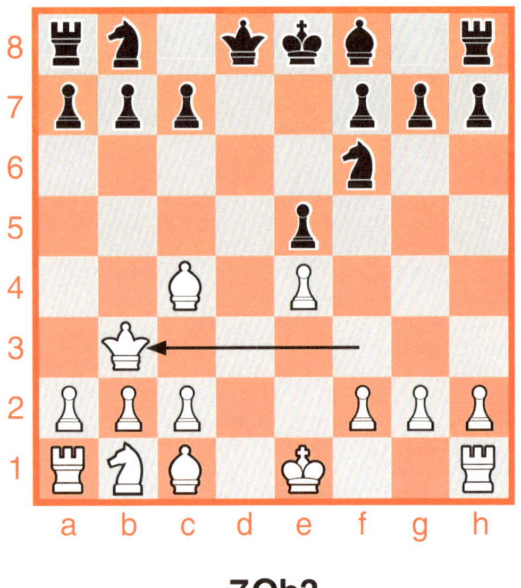

7.Qb3

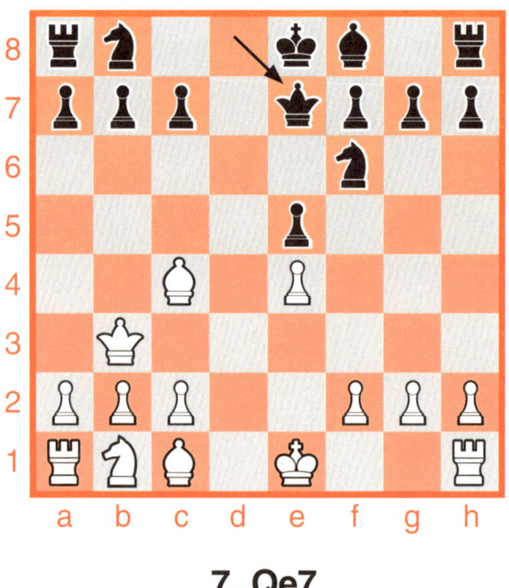

7...Qe7

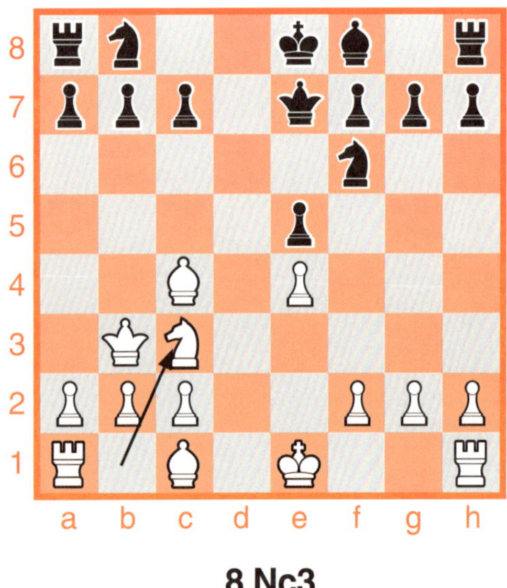

8.Nc3

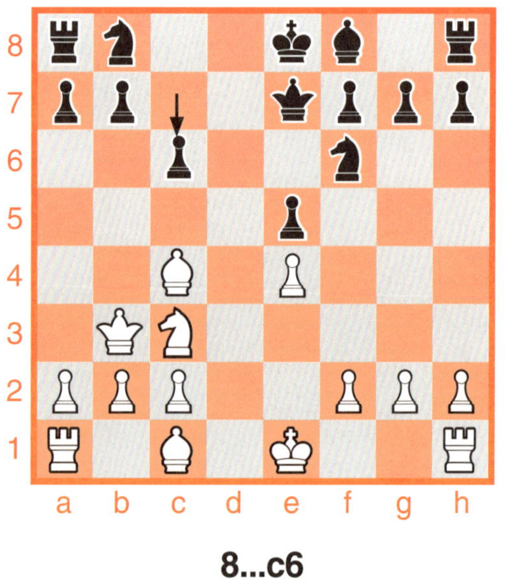

8...c6

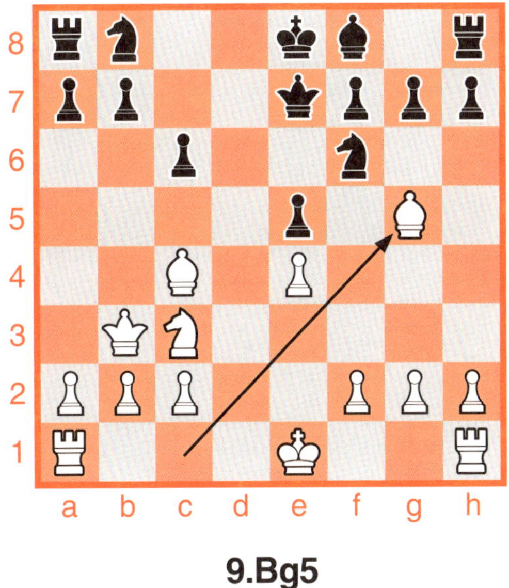

9.Bg5

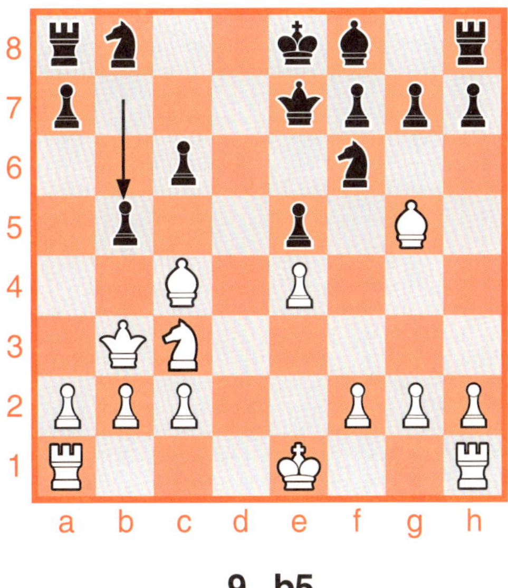

9...b5

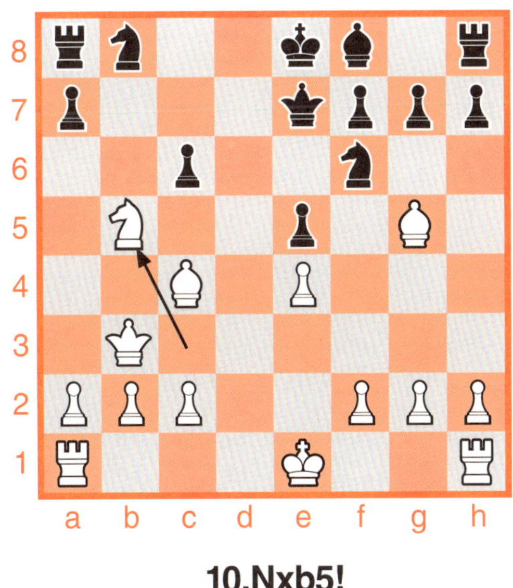

10.Nxb5!

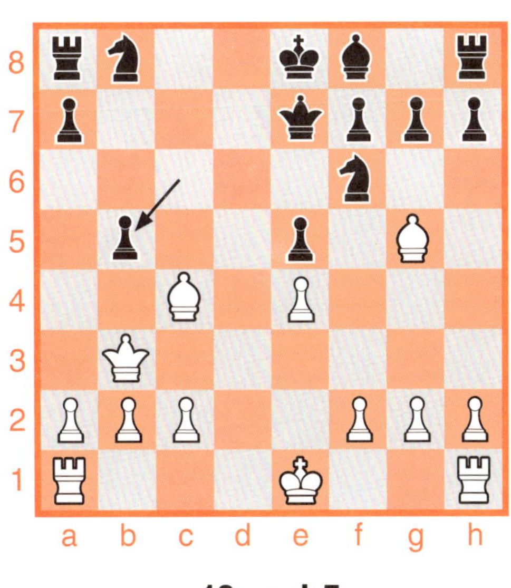

10...cxb5

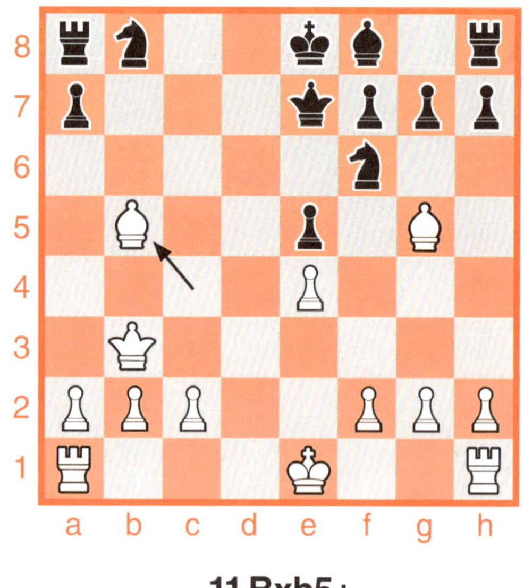

11.Bxb5+

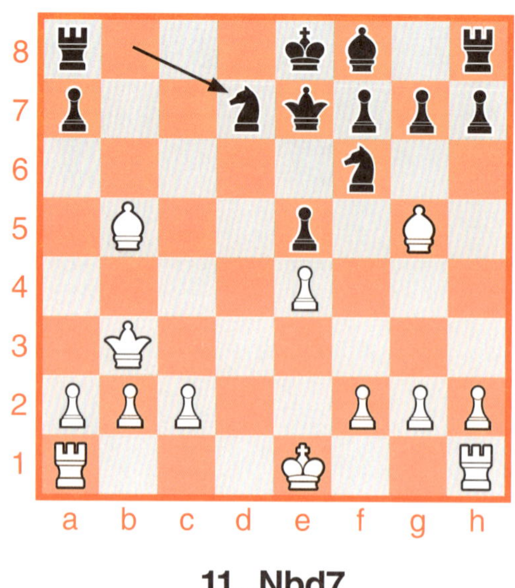

11...Nbd7

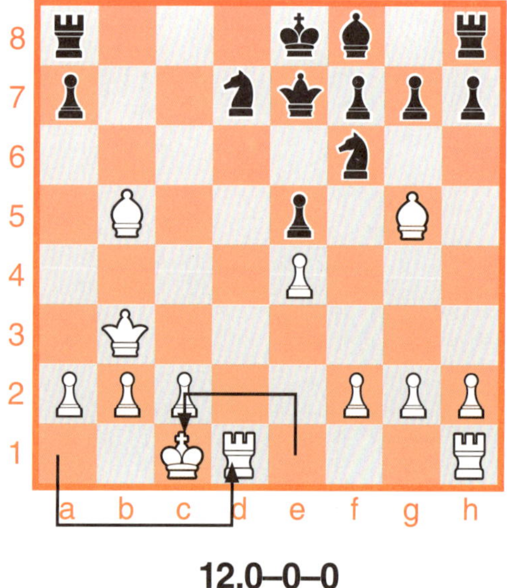

12.0–0–0

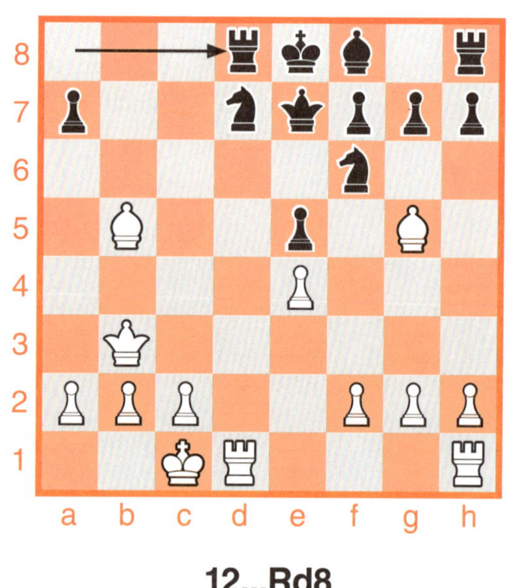

12...Rd8

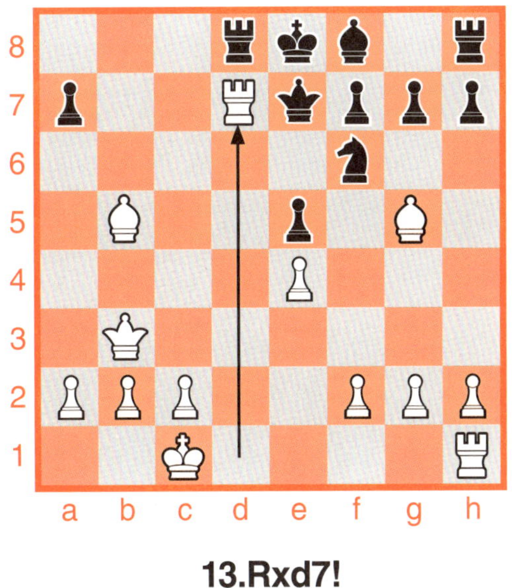

13.Rxd7!

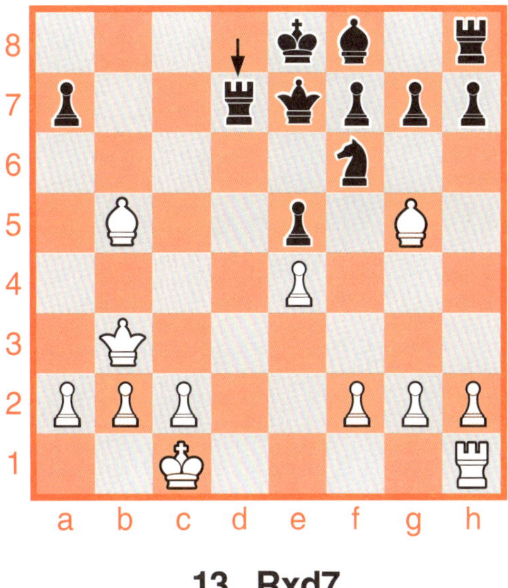

13...Rxd7

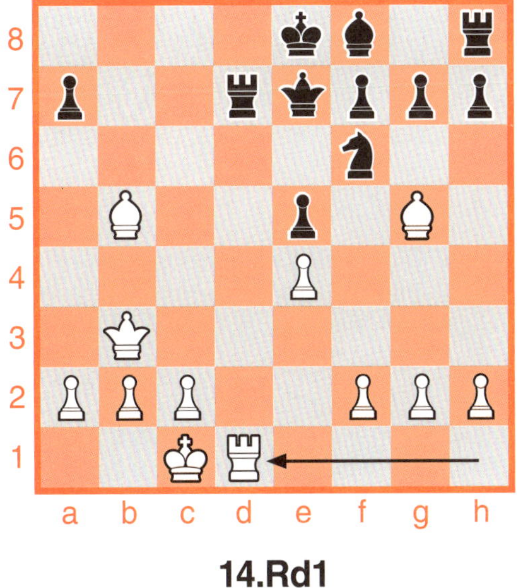

14.Rd1

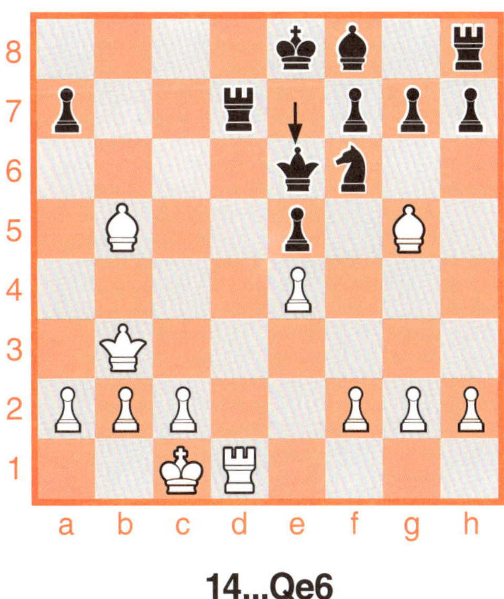

14...Qe6

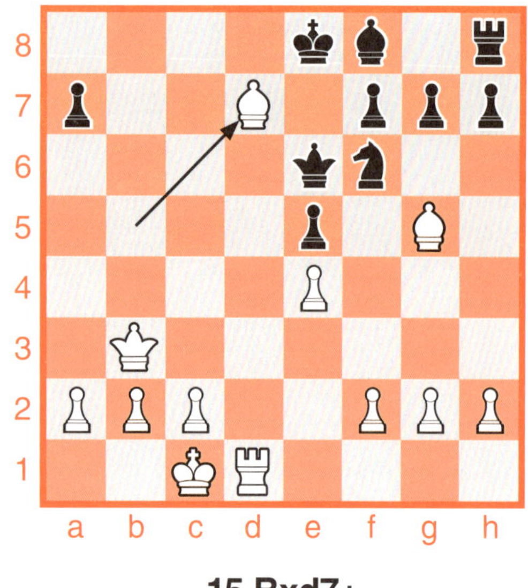

15.Bxd7+

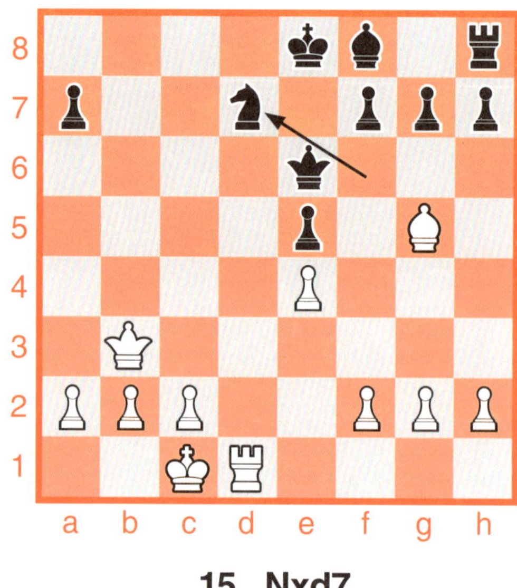

15...Nxd7

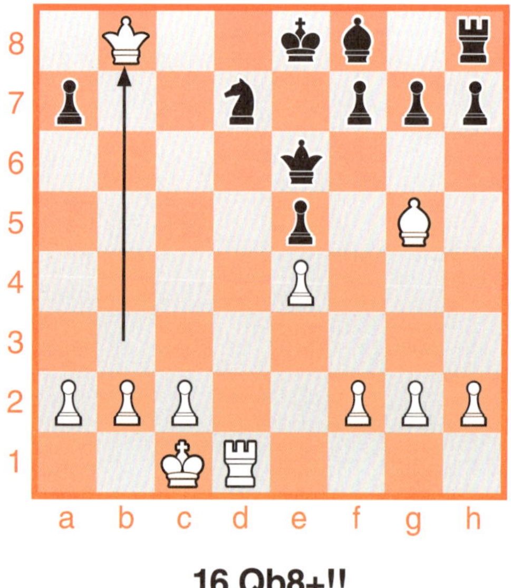

16.Qb8+!!

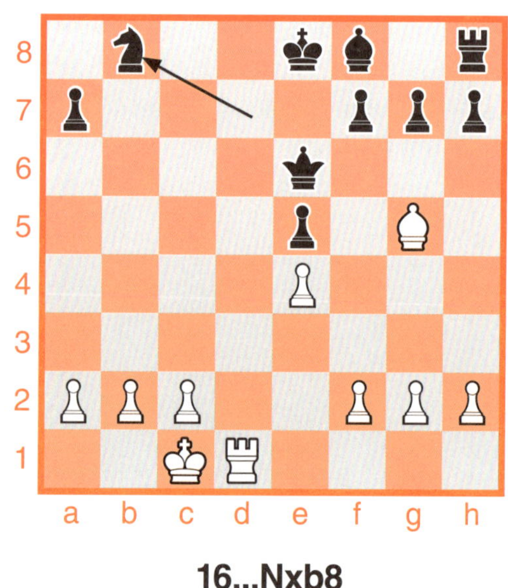

16...Nxb8

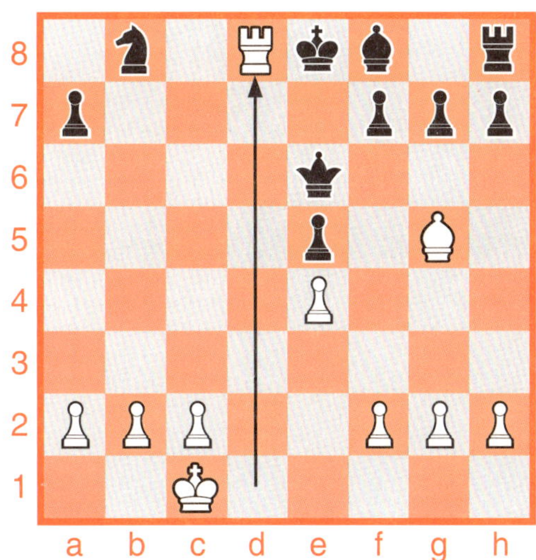

17.Rd8 메이트(또는 체크메이트)

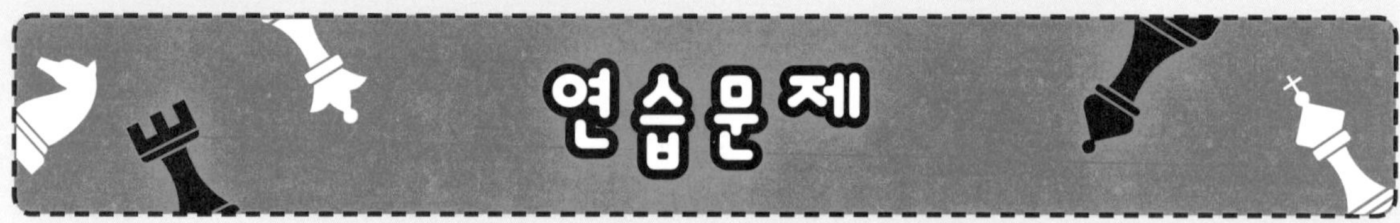

그림에서 화살표가 나타내는 움직임을 체스 언어로 기록하세요. 움직인 차례 번호를 적고, 번호 뒤에 오는 마침표도 필요한 개수만큼 함께 표시합니다(흑색 진영의 경우, 움직인 차례 번호 뒤에 3개의 마침표를 찍는다는 것을 명심하세요).

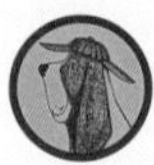 **레벨 1**

3-1 흑색 진영의 7번째 움직임

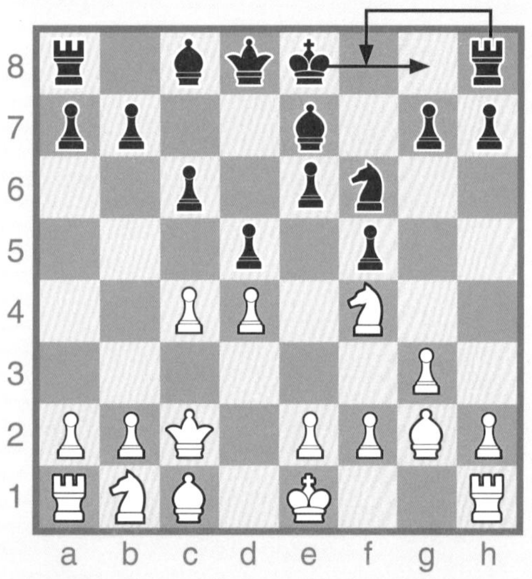

3-2 백색 진영의 12번째 움직임

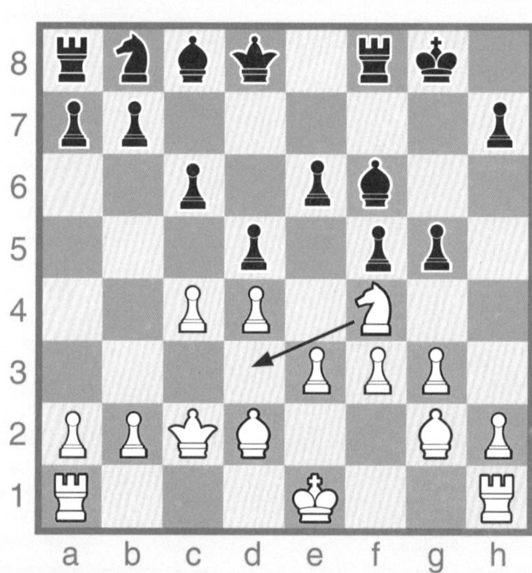

3-3 흑색 진영의 25번째 움직임

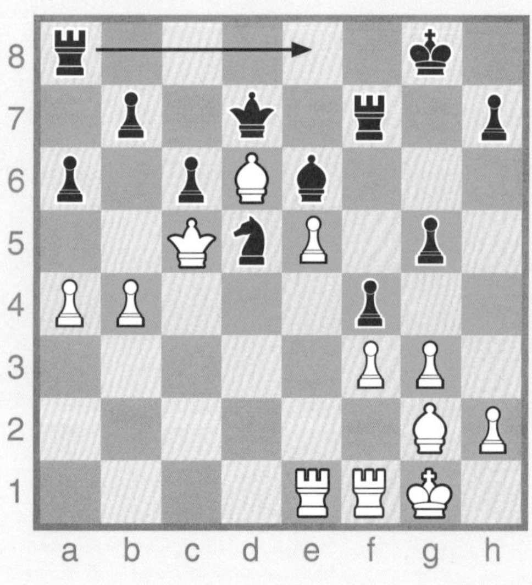

3-4 흑색 진영의 42번째 움직임

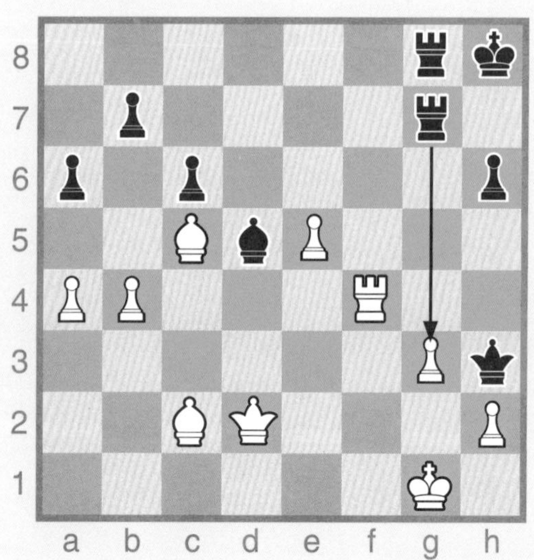

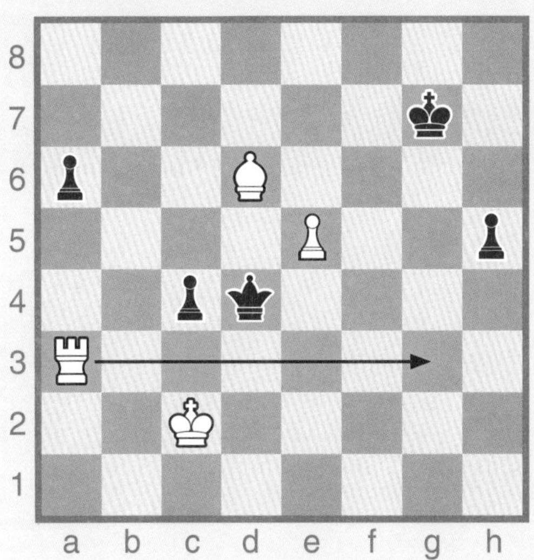

3-5 백색 진영의 65번째 움직임

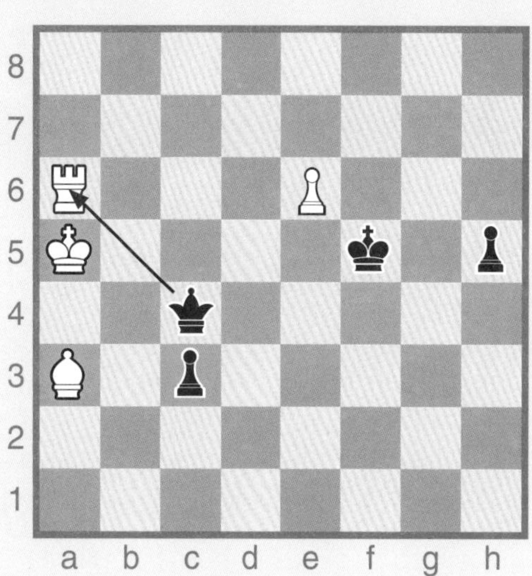

3-6 흑색 진영의 73번째 움직임

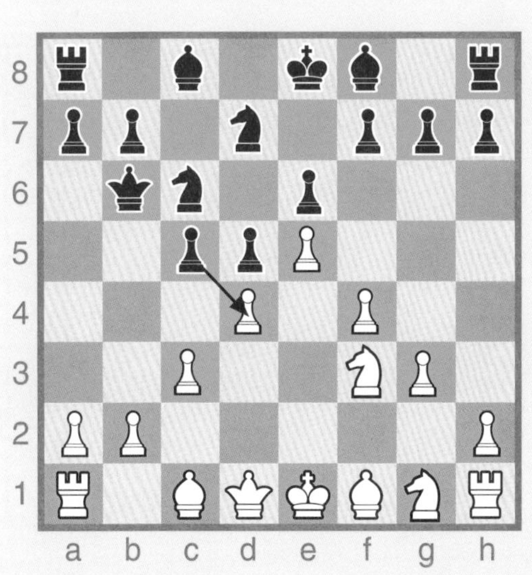

3-7 흑색 진영의 8번째 움직임

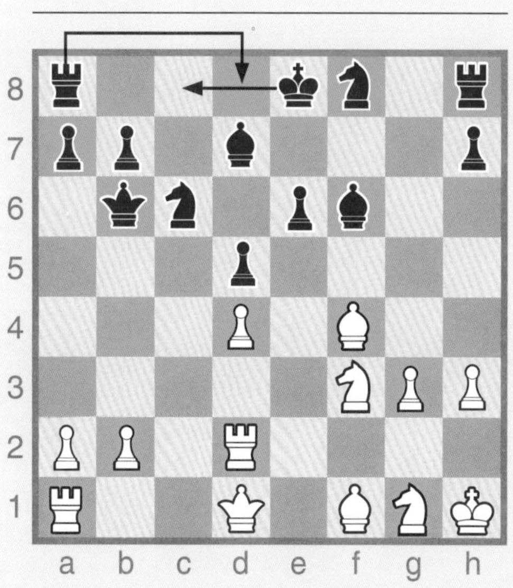

3-8 흑색 진영의 17번째 움직임

3-9 백색 진영의 27번째 움직임

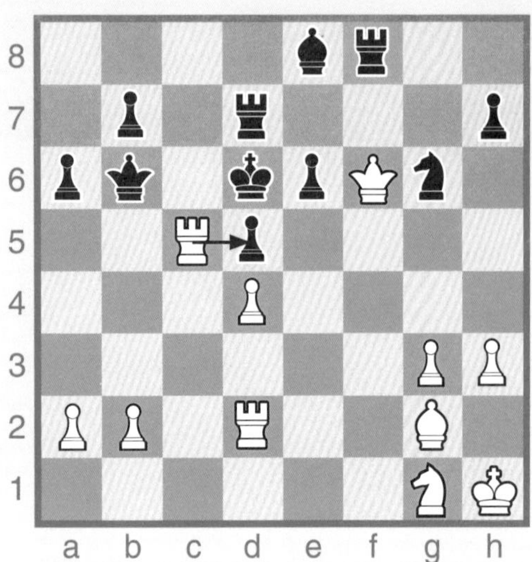

3-10 백색 진영의 39번째 움직임

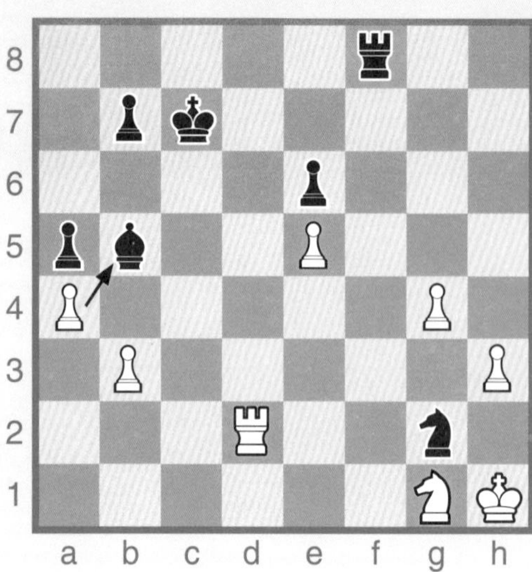

레벨 2

3-11 흑색 진영의 4번째 움직임

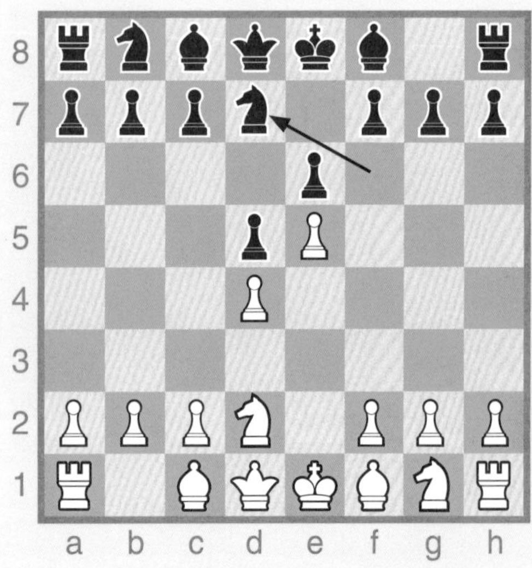

3-12 백색 진영의 7번째 움직임

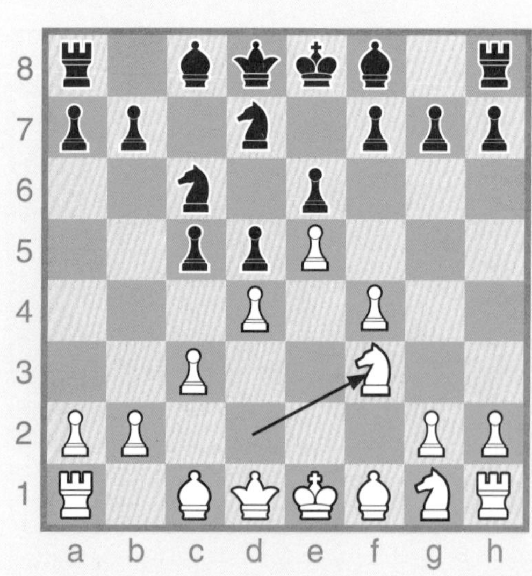

3-13 흑색 진영의 11번째 움직임

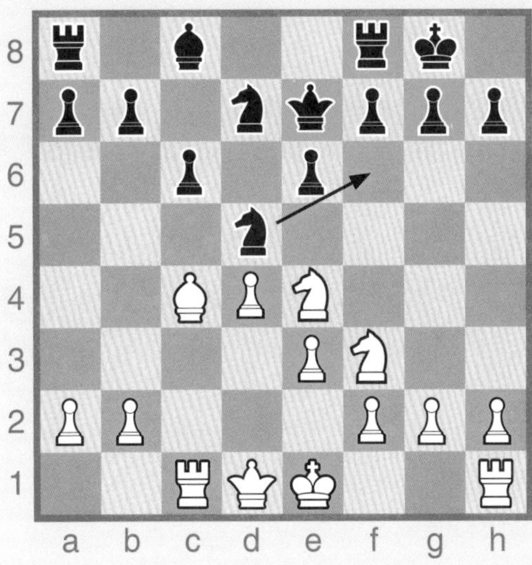

3-14 백색 진영의 15번째 움직임

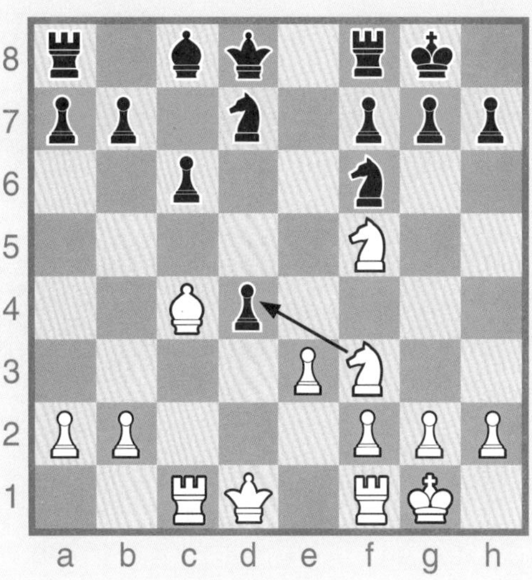

3-15 흑색 진영의 18번째 움직임

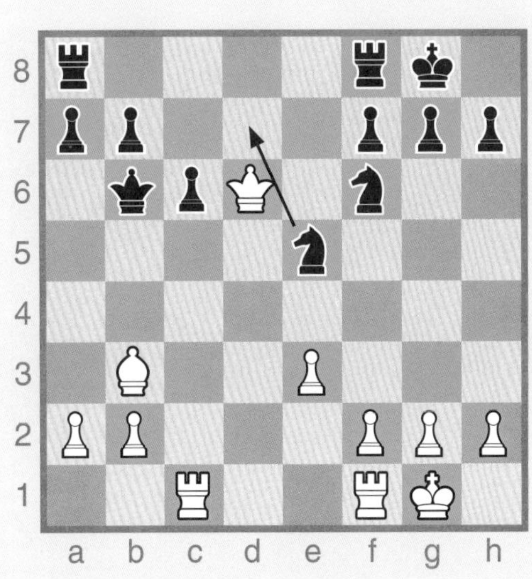

3-16 백색 진영의 19번째 움직임

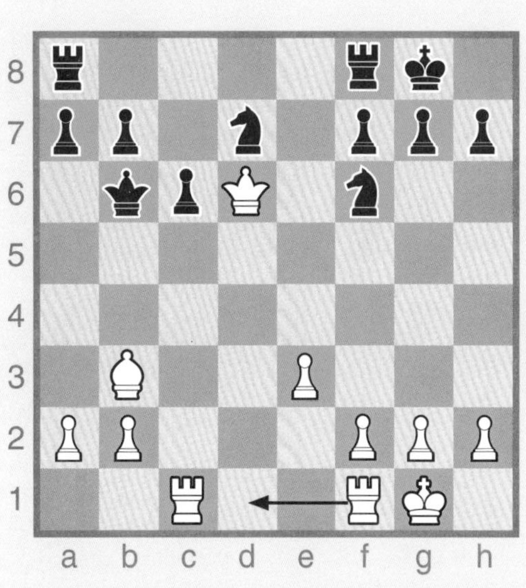

3-17 흑색 진영의 38번째 움직임

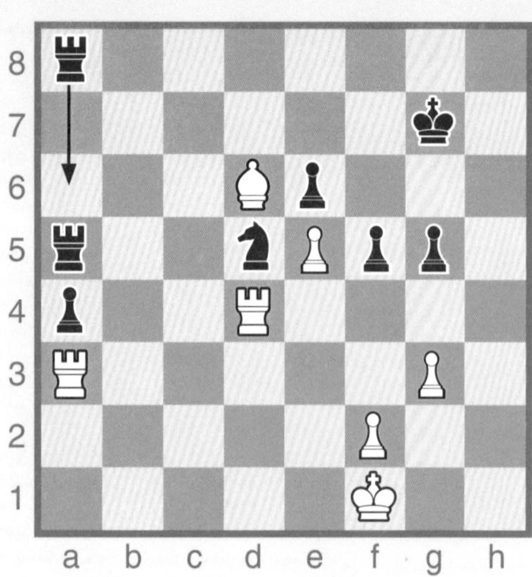

3-18 백색 진영의 48번째 움직임

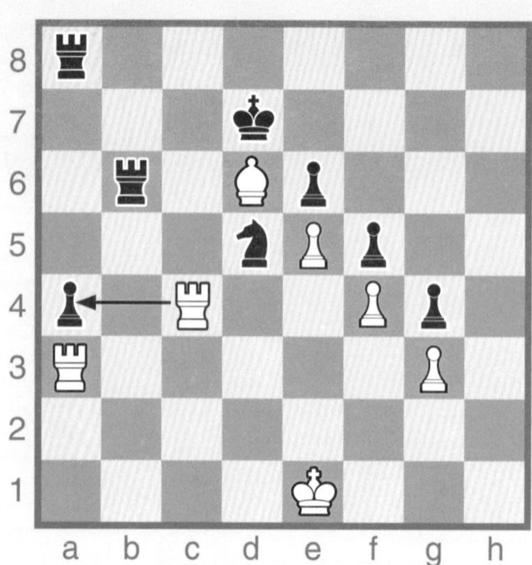

3-19 백색 진영의 51번째 움직임(퀸으로 계급 변신)

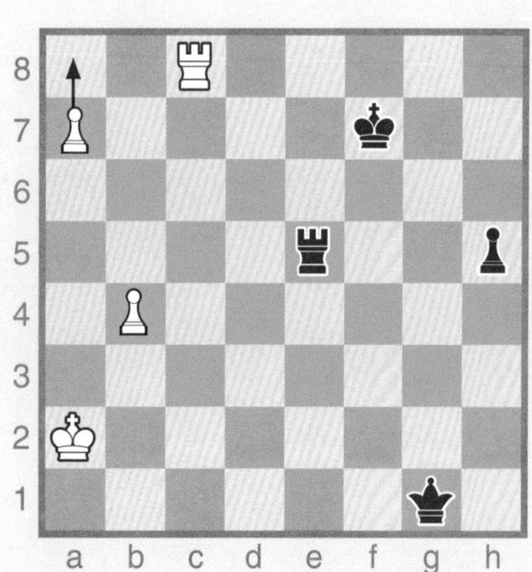

3-20 흑색 진영의 7번째 움직임(흑색 폰이 백색 킹을 체크할 수 있는 움직임)

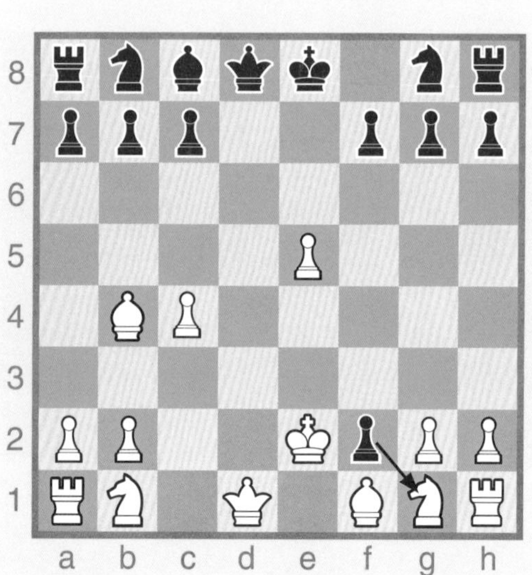

체크메이트 익히기

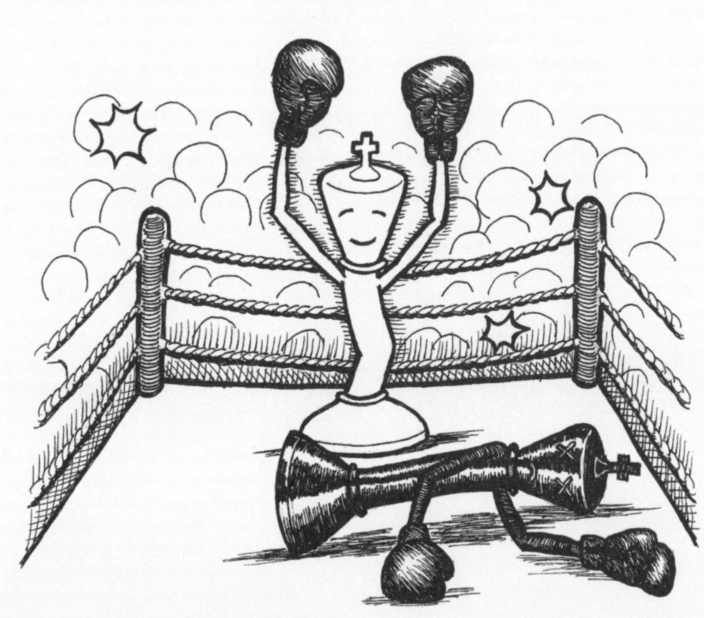

"저는 권투 훈련 캠프에서 하루에 약 4시간씩 체스를 두었습니다. 체스를 할 때는 어떤 움직임을 적용할 것인지 결정해야 해요. 권투를 할 때는 체스를 둘 때보다 생각을 덜 하게 됩니다. 반응 시간이 훨씬 더 빠르기 때문이죠. 그런데 어떤 사람들은 제가 링에서 생각을 너무 많이 한다며 저를 체스 권투선수라고 부릅니다."

— 레녹스 루이스, 세계 권투 헤비급 챔피언

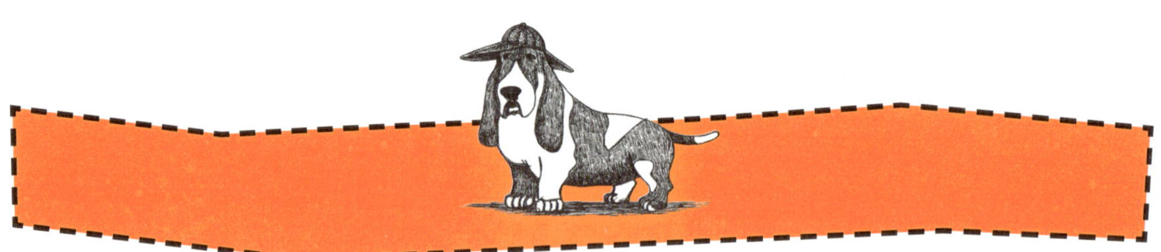

체크메이트의 예

　체스 게임의 최종 목적은 적군 킹의 항복을 받아 내는 것입니다. 이것을 체크메이트라고 하죠. 킹의 항복을 받아 내기 위해서는 킹을 공격해 체크를 피할 수 없는, 다시 말해 더 이상 도망갈 칸이 없거나, 공격하는 체스 말을 잡을 수 없거나, 킹과 공격자 사이를 킹의 부하가 끼어들 수 없는 상황으로 몰고 가야 합니다.

　체크메이트와 비슷한 상황을 스테일메이트라고 하는데, 체크 상황은 아니지만 움직이면 체크당하기 때문에 이러지도 저러지도 못하는 상태를 말합니다.

　체스 규칙에 따르면, 자신의 차례가 왔을 때는 반드시 체스 말을 움직여야 해요. 이때 킹이 체크당할 수 있는, 그래서 잡힐 위험이 있는 칸으로는 움직일 수 없습니다.

▶ 백색 진영의 마지막 움직임이 **Qf7**이라고 해 봅시다. 이제 흑색 진영이 움직일 차례입니다.

흑색 진영은 킹을 **g7**이나 **h7**로 이동할 수 없습니다. 백색 퀸이나 킹이 흑색 킹을 체크할 수 있기 때문이죠.

마찬가지로 **g8**로도 이동할 수 없어요. 백색 퀸이 공격할 수 있기 때문입니다. 흑색 킹은 체크당할 수 있는 위치로 움직일 수 없기 때문에 더 이상 갈 곳이 없는 상태입니다. 흑색 진영은 백색 진영의 공격을 받아 이러지도 저러지도 못하는 상황(스테일메이트)에 놓이게 되었습니다.

이때 흑색 진영은 상대에게 무승부를 요구할 수 있어요. 여기서 무승부는 서로 비겼다는 뜻입니다.

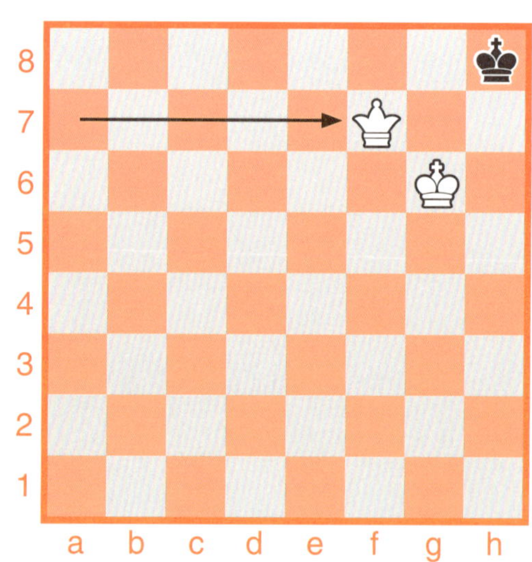

백색 진영은 **Qf7** 대신 흑색 킹을 체크메이트할 수 있는 4개의 움직임 중 하나를 선택할 수 있었습니다. 바로 **Qa8**과 **Qb8**, **Qg7**, **Qh7**입니다.

Qa8과 **Qb8**은 백색 퀸이 흑색 킹을 공격하는 동시에 g8을 통제할 수 있기 때문에 체크메이트할 수 있습니다. 이때 백색 킹은 g7과 h7을 통제하고 있죠.

Qg7과 **Qh7** 역시 백색 퀸이 흑색 킹을 공격하는 동시에 킹이 도망갈 수 있는 g8을 통제하기 때문에 체크메이트할 수 있습니다. 백색 퀸이 흑색 킹을 공격하는 동안 백색 킹이 퀸을 보호합니다. 여기서 기억해야 할 점은 스테일메이트는 킹만 더 이상 어느 칸으로도 움직일 수 없으면 되는 것이 아니라, 같은 편의 다른 어떤 체스 말도 움직일 수 없는 상황이어야 한다는 것입니다.

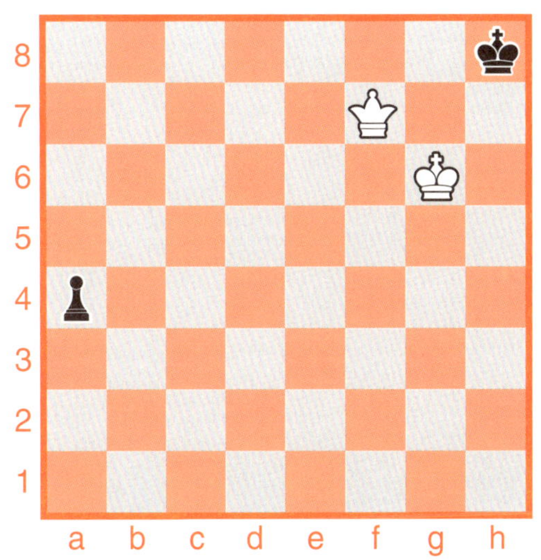

◀ 앞에서 살펴본 예를 다시 이용해 보겠습니다. 여기에 흑색 폰을 **a4**에 추가합니다.
흑색 진영의 입장에서는 불행하게도 폰이 움직일 수 있는 위치에 있습니다. 그렇기 때문에 흑색 진영은 무승부를 요구하지 못하고 게임을 계속 진행해야 하죠.

두 킹은 절대로 바로 옆 칸에 나란히 이웃할 수 없습니다. 이는 두 진영 중 한쪽이 자신의 킹을 체크 상황에 놓이게 만들기 때문에 체크 규칙에 어긋납니다. 각각의 킹을 양(+)극을 가진 자석이라고 생각해 보세요. 두 양극을 서로 마주하게 한 다음 가까이 가져가면 무슨 일이 일어날까요? 서로를 밀어내려고 하겠죠? 체스에서 두 킹 사이의 관계도 이와 같다고 생각하면 됩니다. 체크메이트의 몇 가지 예를 좀 더 살펴보겠습니다.

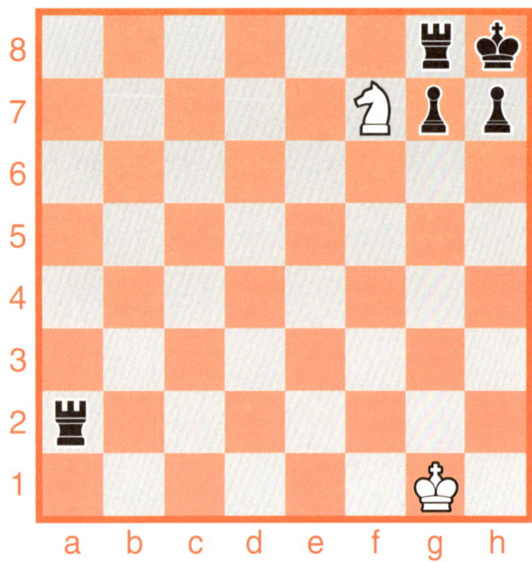

▲ 백색 나이트가 흑색 룩과 폰에 둘러싸인 킹을 체크메이트합니다.

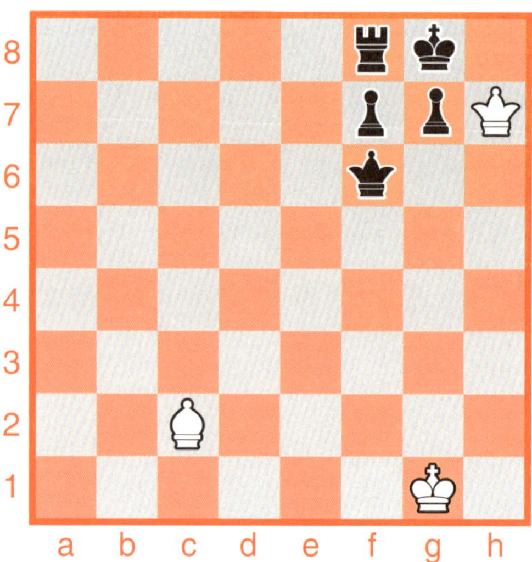

▲ 백색 퀸이 흑색 킹을 체크메이트하고, **h8**을 통제합니다. 이때 백색 비숍이 퀸을 보호합니다.

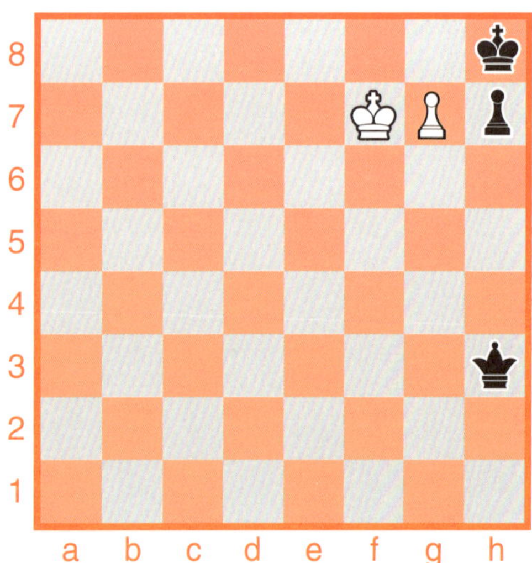

▲ 백색 폰이 흑색 킹을 체크메이트합니다. 그리고 백색 킹이 이 폰을 보호하는 동시에 **g8**을 통제하면서 흑색 킹이 도망가지 못하게 하고 있어요.

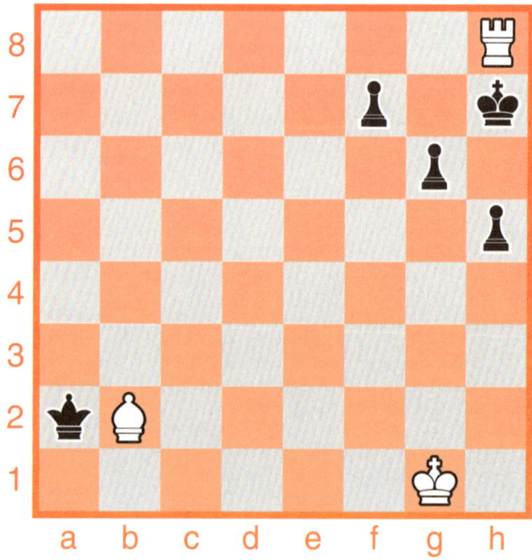

▲ 백색 룩이 흑색 킹을 체크메이트하고, **g8**과 **h6**을 통제하면서 킹이 도망가지 못하게 합니다. 백색 비숍은 룩을 보호하면서 **g7**을 통제하고 있습니다.

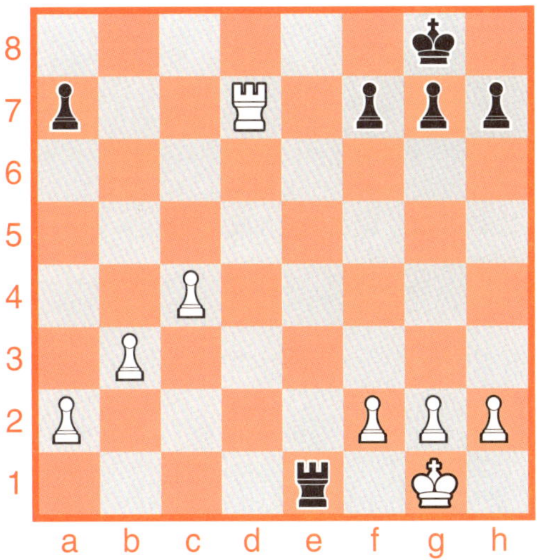

▲ 흑색 룩이 백색 킹을 체크메이트하고, **f1**과 **h1**을 통제합니다.

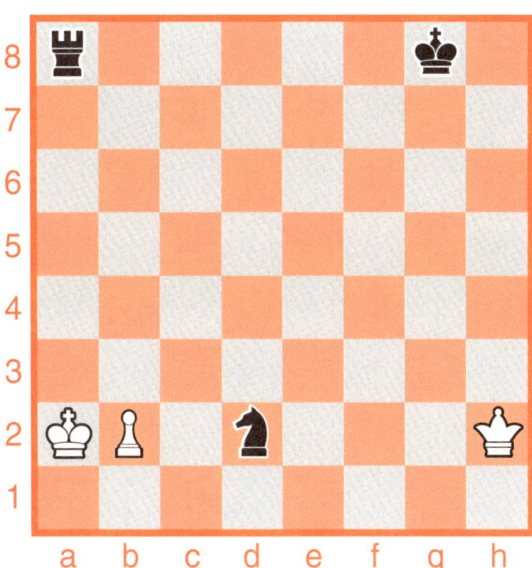

▲ 흑색 룩이 백색 킹을 체크메이트하고, 킹이 **a1**과 **a3**으로 도망가지 못하게 합니다. 흑색 나이트가 킹이 도망갈 수 있는 **b1**과 **b3**을 통제하고 있어요.

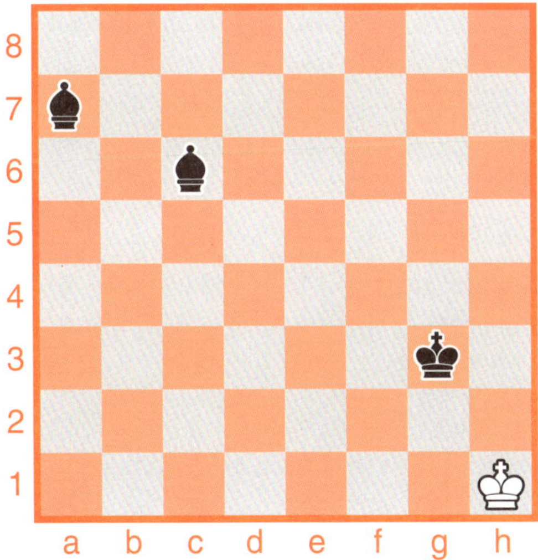

▲ 흑색 진영의 밝은색 칸에 있는 비숍이 백색 킹을 체크메이트합니다. 어두운색 칸에 있는 비숍이 **g1**을 통제하고 있으며, 백색 킹이 **g2**와 **h2**를 공격할 수 있습니다.

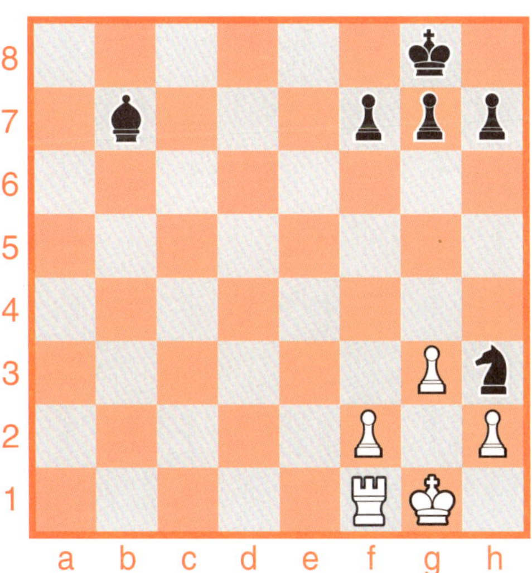

▲ 흑색 나이트가 백색 킹을 체크메이트합니다. 흑색 비숍은 **g2**와 **h1**을 통제합니다.

'킹과 퀸' 대 '킹'의 싸움

　킹과 퀸이 적군의 킹과 싸우는 경우가 가장 기본적인 체크메이트 상황입니다. 이때 퀸은 폰의 계급이 바뀐 경우가 대부분입니다.

　적군의 킹을 체크메이트하기 위해서는 킹이 체크 상황에 있어야 하며, 킹이 도망칠 수 있는 칸들도 모두 통제되어야 합니다. 체스판에서 킹이 어디에 있을 때 체크메이트하기 가장 쉬울까요? 중앙일까요? 아니면 가장자리나 모퉁이? 다음 그림들을 살펴봅시다.

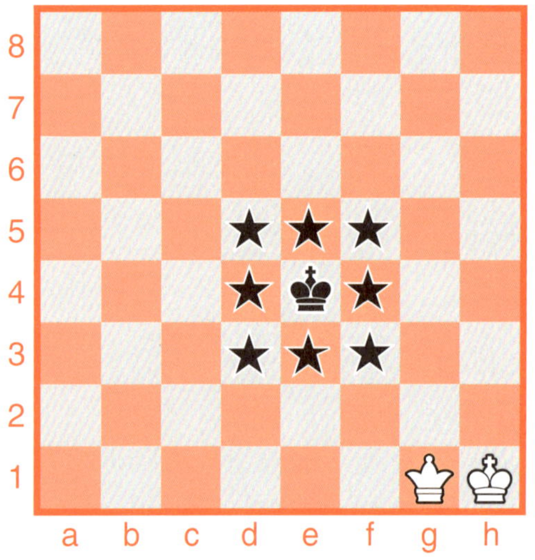

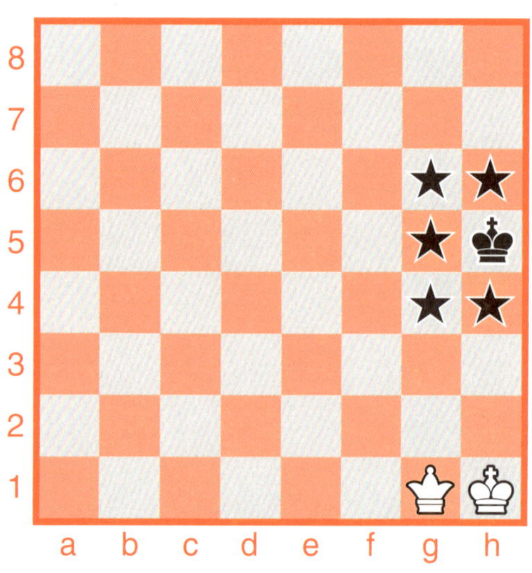

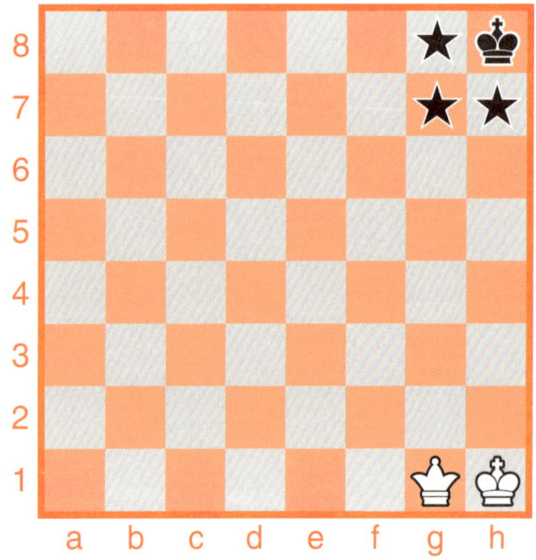

◀ 1번째 그림에서 흑색 킹이 도망갈 수 있는 칸은 별이 표시된 8곳입니다. 흑색 킹을 체크메이트하기 위해서 백색 진영은 이 8칸에 **e4**까지 더해 총 9칸을 공격해야 하죠.

흑색 킹이 체스판 가장자리에 놓여 있는 2번째 그림의 경우, 백색 진영은 별이 표시된 5칸에 **h5**를 더한 총 6칸만 공격하면 됩니다.

흑색 킹이 모퉁이에 놓여 있는 마지막 3번째 그림의 경우, 백색 진영은 별이 표시된 3칸에 **h8**을 포함해 총 4칸만 공격하면 됩니다.

흑색 킹이 가장자리나 모퉁이에 놓여 있는 경우, 킹을 좀 더 쉽게 체크메이트할 수 있습니다. 그러므로 백색 진영은 자신의 킹과 퀸을 이용해 흑색 킹을 가장자리나 모퉁이로 몰아가야 합니다.

그러기 위해서 백색 진영은 자신의 킹과 퀸으로 적군의 킹 주변을 에워싸면서 '상자'에 넣는 식의 전술을 펼칩니다. 그런 다음 상자의 크기를 줄여 가는 것이죠. 이 방법에 성공하려면 퀸이 잡히지 않게 하는 것과 실제로 체크메이트되기 전까지는 적군의 킹이 움직일 수 있는 칸을 남겨 두는 것이 중요합니다. 무승부가 되지 않도록 말입니다.

아래 그림에서 화살표로 표시된 부분이 상자의 가장자리(퀸이 이동할 수 있는 칸들)입니다.

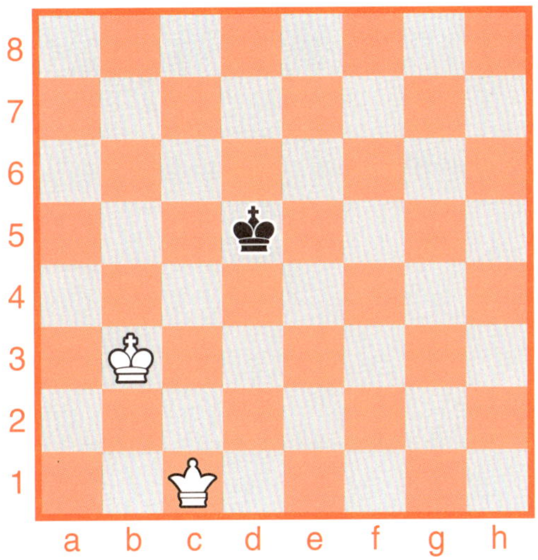
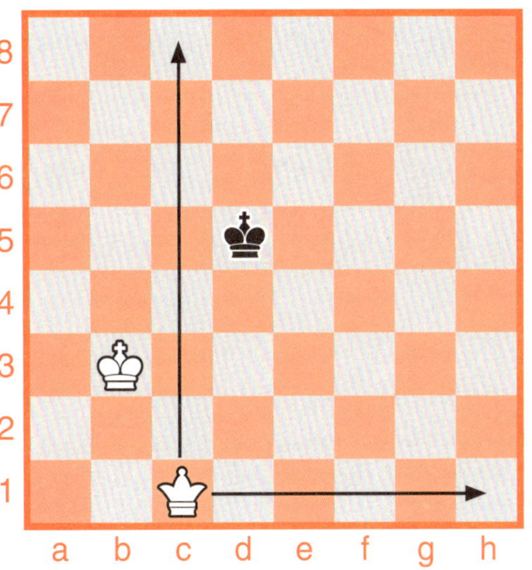

▶ 백색 진영이 **1.Qc4+**하면서 상자 크기를 줄이고 있습니다. 상자의 선을 새롭게 설정하고 **1.Qf4**하는 것도 또 다른 방법이 될 수 있습니다.
백색 진영의 목표는 흑색 킹을 가능한 한 빨리 체크메이트하는 것입니다.

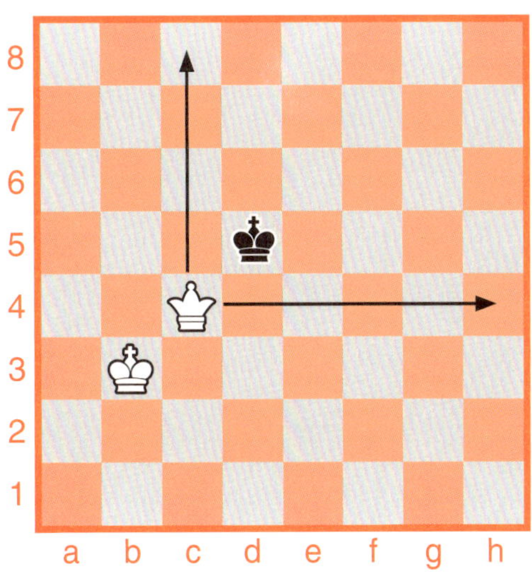

흑색 킹은 체스판 중앙을 벗어나고 싶어 하지 않기 때문에 1...Ke5할 것입니다. 이제 흑색 킹을 모퉁이에 있는 h8로 몰아붙여 볼까요? 물론 여기서 소개하는 방법 외에 다른 방법이 얼마든지 있을 수 있다는 것을 잊지 마세요.

2.Kc3 Kf5 3.Qd4 상자를 줄여 갑니다.

3...Ke6 4.Kd3 Kf5 5.Qe4+ Kf6 6.Ke3 Kg5 7.Kf3 Kf6 8.Kf4 Kf7 9.Qe5 Kg6 10.Qf5+ Kg7 11.Qe6 Kf8 적군의 킹이 체스판 가장자리로 밀려나면서 꼼짝 못하게 하는 것이 1번째 목표입니다. 그다음에 체크메이트를 완성할 수 있도록 백색 킹을 전진시킵니다. 백색 진영이 계속 공격합니다.

12.Qd7 Kg8 13.Kg5 Kf8 14.Kg6 Kg8 15.Qd8 메이트 퀸은 15Qc8과 15.Qe8, 15.Qg7해도 모두 체크메이트할 수 있습니다.

킹과 룩 또한 이와 같은 움직임으로 홀로 남은 적군의 킹을 체크메이트할 수 있어요. 이렇게 상자를 줄여 가는 동안 킹은 적군의 킹으로부터 룩을 보호해야 할지도 모릅니다. 룩이 상자의 선을 결정합니다. 킹과 룩으로 체크메이트하는 방식은 킹과 퀸으로 체크메이트하는 방식과 다르지 않아요. 상자를 줄이고 적군의 킹을 체스판 가장자리에 몰아넣은 다음 킹을 체크메이트하면 됩니다.

퀸과 룩의 합동 공격

퀸과 룩이 힘을 합쳐 적군의 킹을 공격하는 방법 또한 알아 두어야 할 중요한 공격 형태입니다. 퀸과 룩이 살아 있는 경우, 킹은 체크메이트하기 위해 굳이 움직이지 않아도 괜찮습니다. 퀸과 룩만으로도 체크메이트를 위한 그물망을 좁혀 가기에 충분하기 때문이죠. 2개의 퀸이나 2개의 룩이 있는 경우도 비슷한 방식으로 체크메이트합니다. 퀸과 룩을 번갈아 움직이면서 상자를 줄여 갑니다.

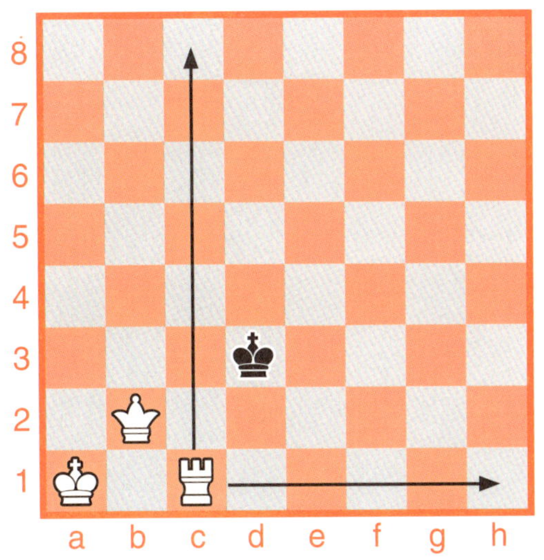

◀ 1.Rc3+ Kd4 2.Qb4+ Kd5 3.Rc5+ Kd6 4.Qb6+ Kd7 5.Rc7+ Kd8 6.Qb8 메이트

백색 진영은 자신의 퀸이나 룩을 잃을 수도 있었어요. 하지만 둘 중 하나를 잃었다고 해도 앞에서 설명한 방식대로 상자를 줄여 나가면서 흑색 킹을 체크메이트하기에 충분한 체스 말이 여전히 남아 있습니다.

상자의 크기를 줄여 가는 움직임을 고기를 잡듯이 적군의 킹을 향해 그물을 던지는 것과 비슷하다고 생각하면 이해하기 쉬울 거예요. 그물을 던진 다음 빠져나가지 못하도록 그물을 단단히 잡아당겨 잡는 것이죠. 킹이 공격을 받아 체크메이트를 피할 길이 없는 상황을 메이팅 네트라고 합니다. 네트(그물)는 킹이 있는 칸을 포함해 그 주변의 칸들을 단단히 에워싸면서 킹이 아무데도 도망가지 못하게 만듭니다.

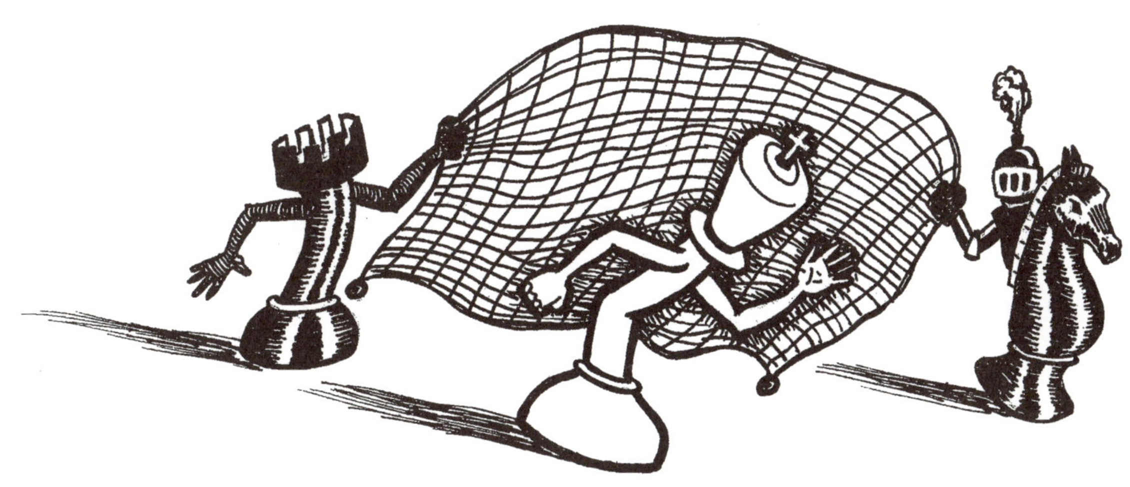

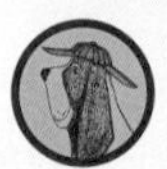

레벨 1

4-1 흑색 킹을 둘러싼 상자를 줄이기 위해 백색 퀸이 할 수 있는 가장 좋은 움직임은 무엇입니까?

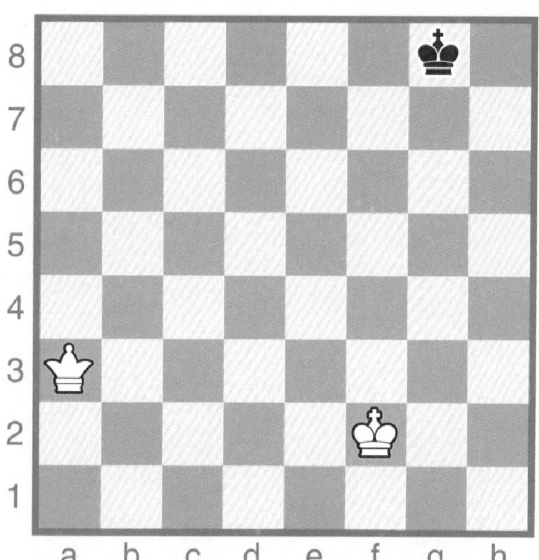

4-2 백색 킹을 둘러싼 상자를 줄이기 위해 흑색 퀸이 할 수 있는 가장 좋은 움직임은 무엇입니까?

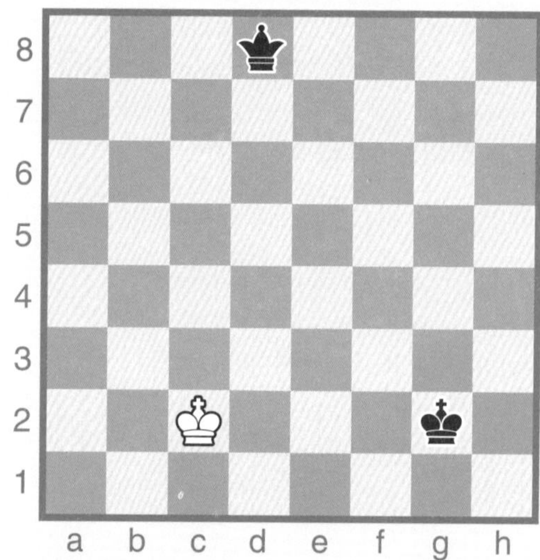

4-3 흑색 킹을 둘러싼 상자를 줄이기 위해 백색 룩이 할 수 있는 가장 좋은 움직임은 무엇입니까?

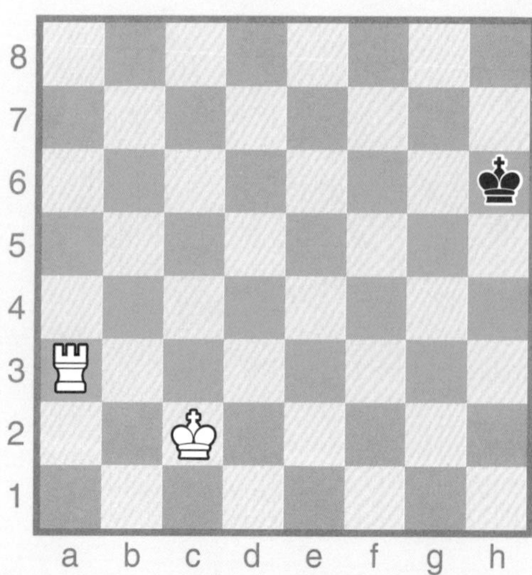

4-4 백색 킹을 둘러싼 상자를 줄이기 위해 흑색 룩이 할 수 있는 가장 좋은 움직임은 무엇입니까?

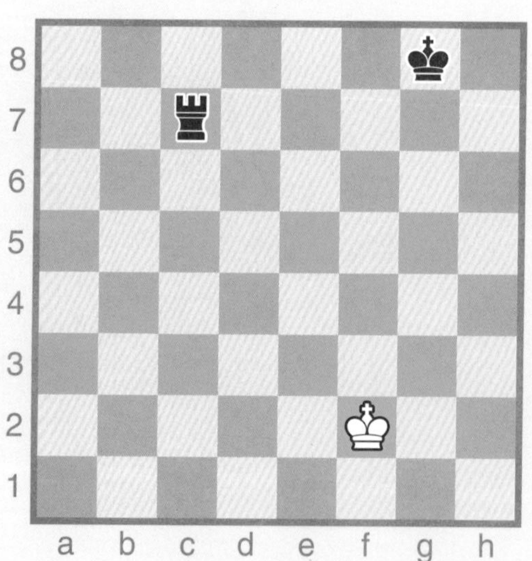

4-5 Qb8+나 Qb7+ 중 더 좋은 백색
퀸의 움직임은 무엇입니까?

4-6 Ra2+나 Rb2, Rg1+ 중 가장 좋은
백색 룩의 움직임은 무엇입니까? 또 가장
나쁜 움직임은 무엇입니까? 그 이유는 무엇
입니까?

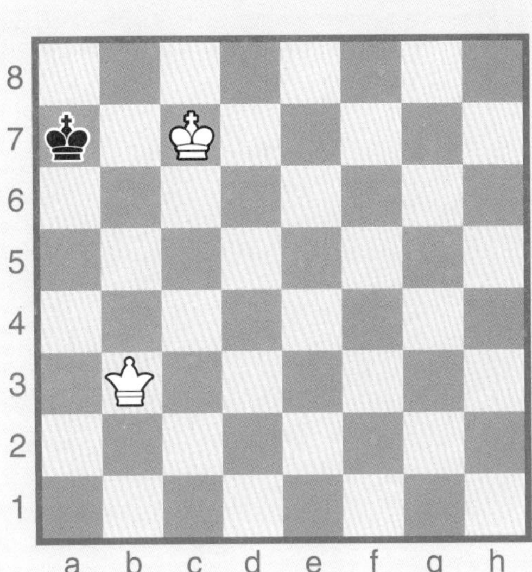

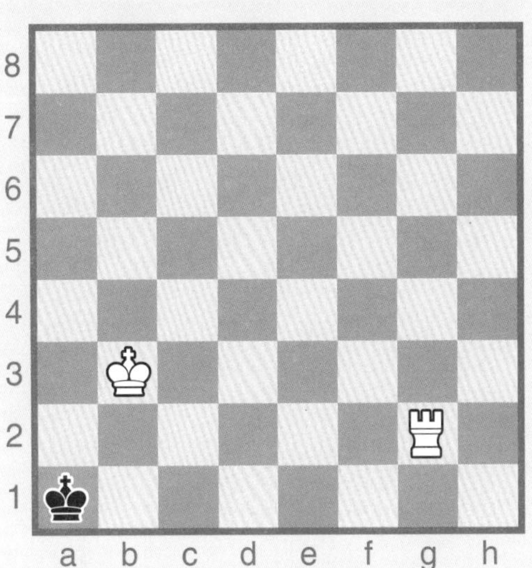

4-7 백색 진영의 입장에서 가장 좋은
룩의 움직임은 무엇입니까?

4-8 백색 진영의 입장에서 가장 좋은
룩의 움직임은 무엇입니까?

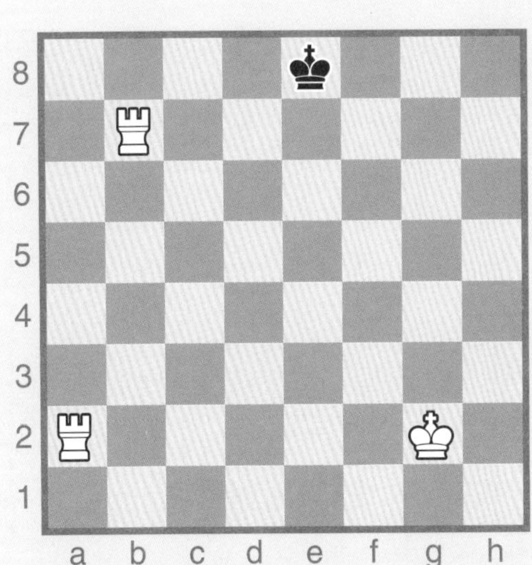

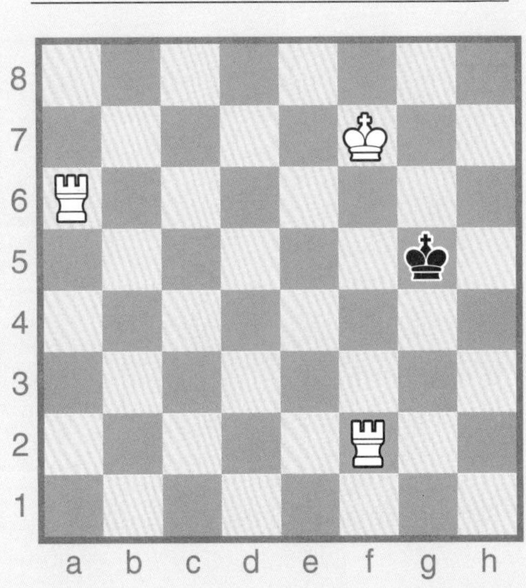

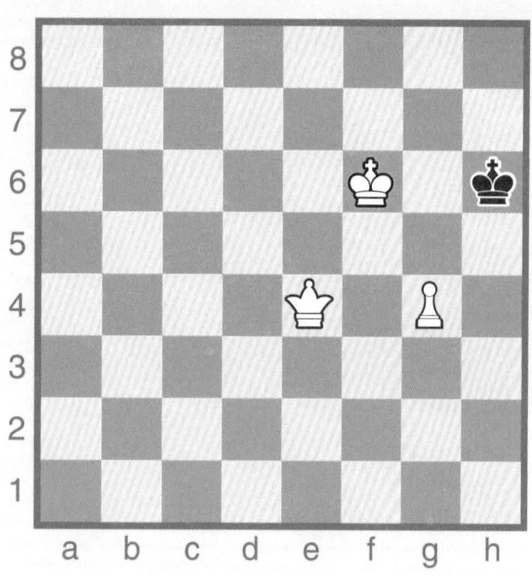

4-9 흑색 킹을 체크메이트할 수 있는 백색 진영의 움직임은 무엇입니까?

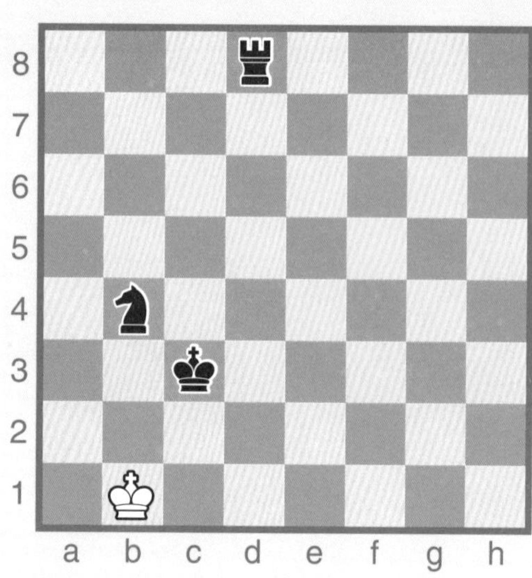

4-10 백색 킹을 체크메이트할 수 있는 흑색 진영의 움직임은 무엇입니까?

레벨 2

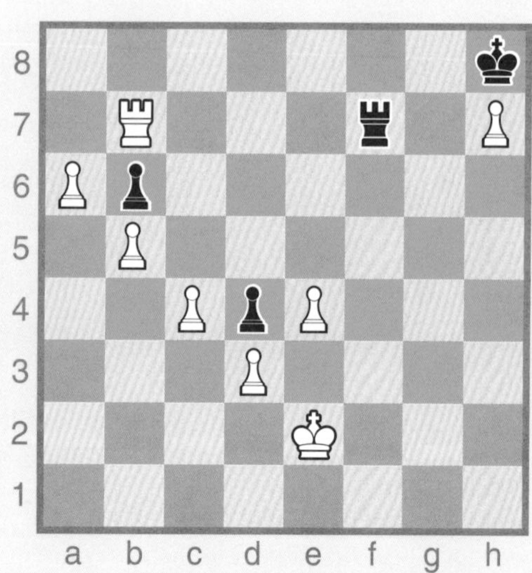

4-11 백색이 움직일 차례입니다. 43.Rxf7은 좋은 움직임입니까? 그 이유는 무엇입니까?

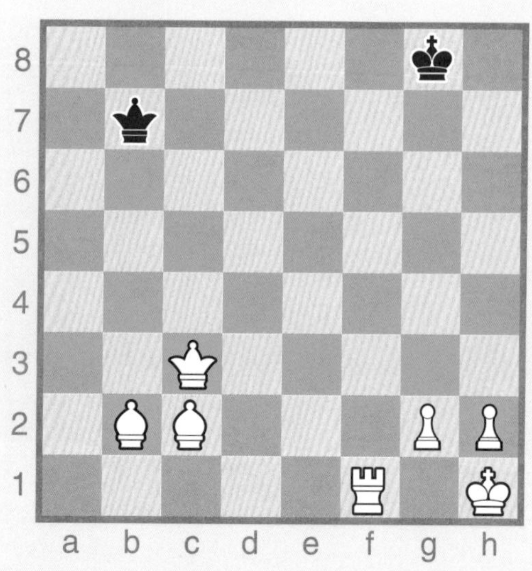

4-12 흑색 진영에서 할 수 있는 가장 좋은 움직임은 무엇입니까? 그 이유는 무엇입니까?

4-13

흑색 진영이 백색 킹을 체크메이트할 수 있는 움직임은 몇 개입니까? 그 움직임은 무엇입니까?

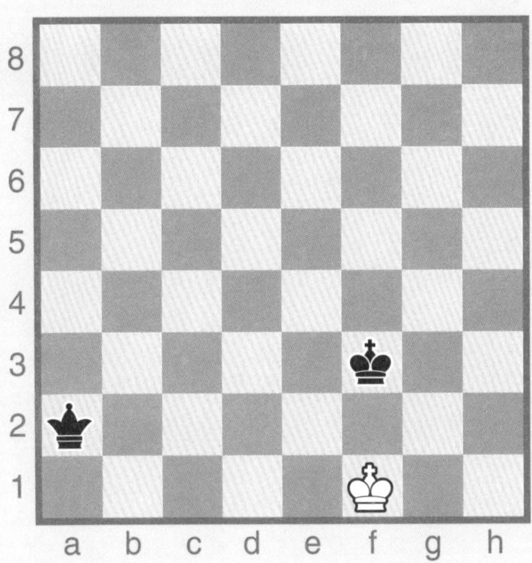

4-14

백색 진영이 흑색 킹을 체크메이트할 수 있는 움직임은 몇 개입니까? 그 움직임은 무엇입니까?

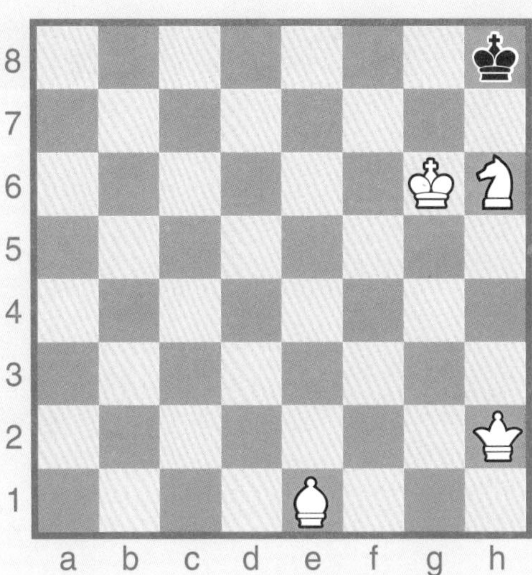

4-15

흑색 진영이 백색 킹을 체크메이트할 수 있는 움직임은 몇 개입니까? 그 움직임은 무엇입니까?

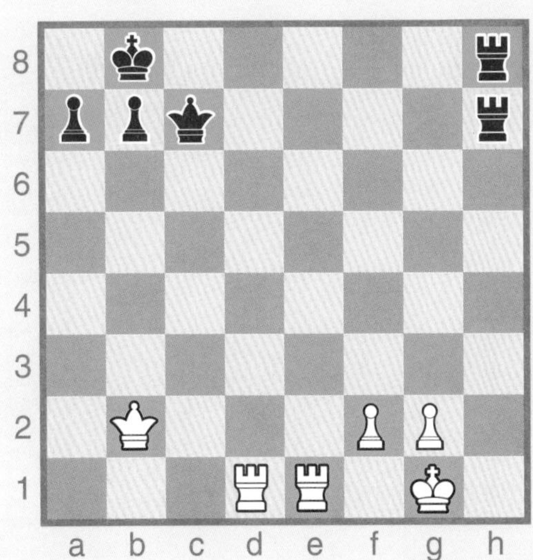

4-16

백색 진영이 흑색 킹을 체크메이트할 수 있는 움직임은 몇 개입니까? 그 움직임은 무엇입니까?

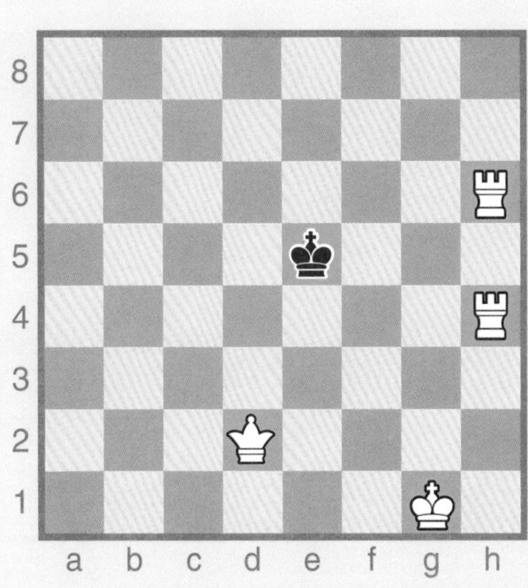

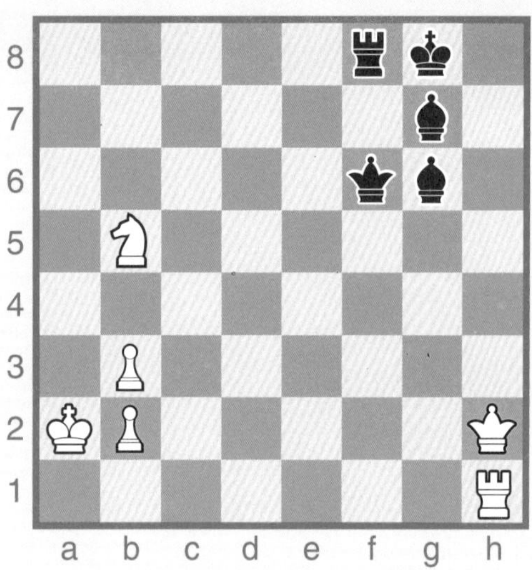

4-17 흑색 진영이 백색 킹을 체크메이트할 수 있는 움직임은 몇 개입니까? 그 움직임은 무엇입니까?

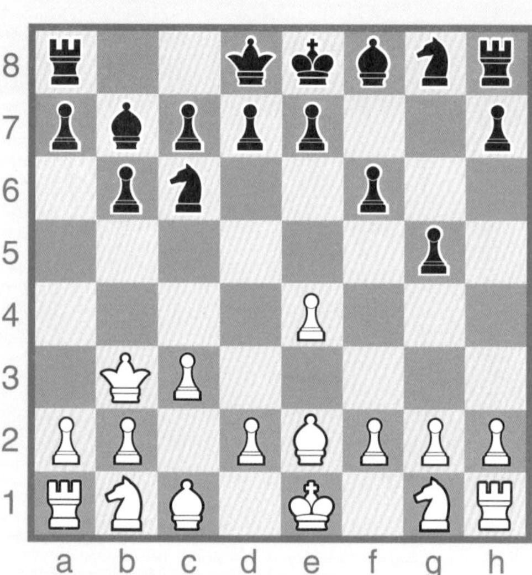

4-18 백색 진영이 흑색 킹을 체크메이트할 수 있는 움직임은 몇 개입니까? 그 움직임은 무엇입니까?

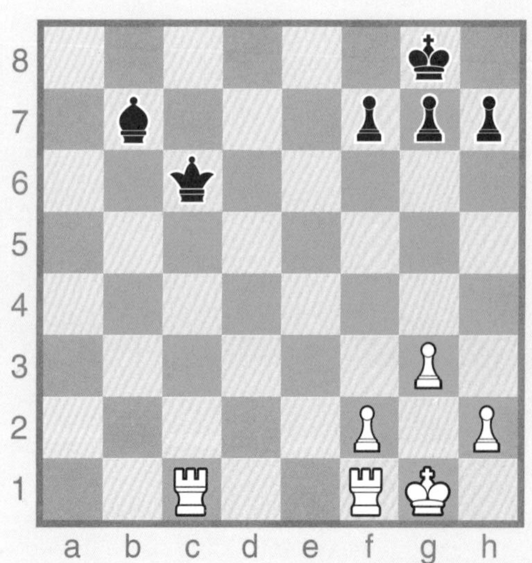

4-19 흑색 진영이 백색 킹을 체크메이트할 수 있는 움직임은 몇 개입니까? 그 움직임은 무엇입니까?

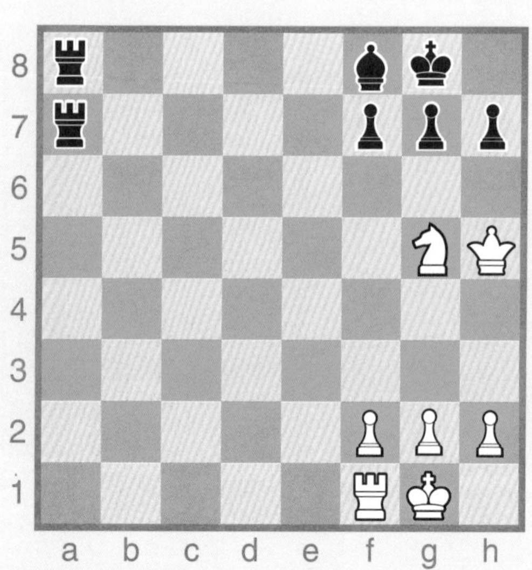

4-20 백색 진영이 흑색 킹을 체크메이트할 수 있는 움직임은 몇 개입니까? 그 움직임은 무엇입니까?

84

기본 전술 파악하기

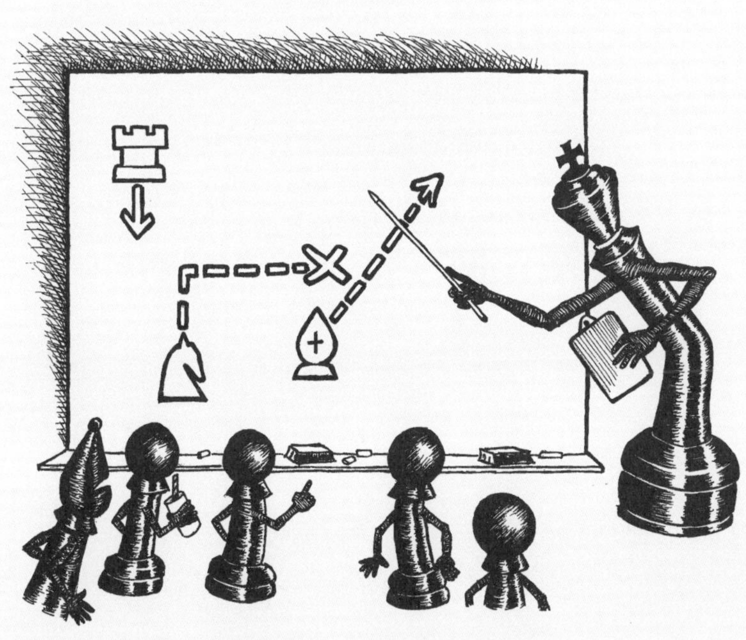

"야구 게임에서 투수와 타자 사이의 관계는 체스 게임의 양쪽 선수의 관계와 같다. 앞으로 전개될 일을 내다보거나 상대를 함정에 빠뜨리기 위해 다음 움직임을 예상하고 공을 던져야 한다는 점에서 말이다."

– 브래드 릿지, 전 메이저리그 투수

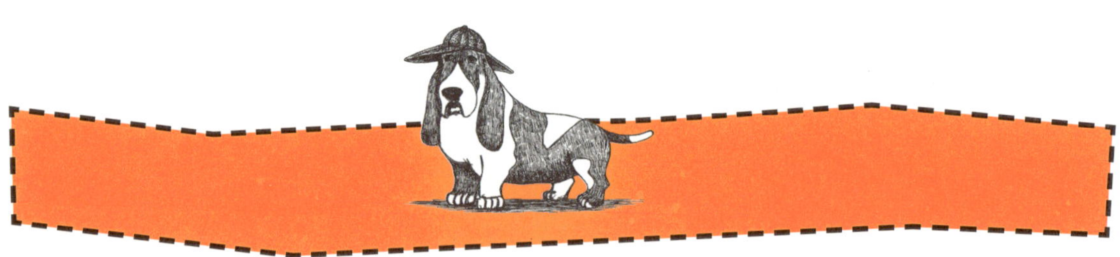

상황에 맞춰 사용하는 기본 전술 7가지

전술은 전투에 대처하기 위한 방법으로, 적군에게 즉각적인 위협과 공격을 가하는 것입니다. 전술에는 다양한 방법이 있는데, 체스에서 사용하는 기본 전술은 다음과 같아요.

- 핀
- 스큐어
- 포크
- 디스커버드 체크
- 디스커버드 공격
- 이중 체크
- 이중 공격

이 중 가장 자주 쓰는 전술이 핀과 포크입니다. 각 진영은 게임에서 유리한 위치를 차지하기 위해 이런 여러 가지 전술들을 일부 또는 모두 포함하는 연속적인 움직임을 만들어 낼 수 있습니다. 이 연속적인 움직임은 굉장히 복잡하고 다양한 형태로 이루어질 수 있어요.

이번 수업에서 제공되는 예시에서 전술을 사용하는 체스 말은 별표가 그려진 칸 어느 곳에서도 똑같은 전술을 사용할 수 있습니다.

① 핀 – 고정 전술

핀은 장거리 이동이 가능한 체스 말(퀸이나 룩, 비숍)이 자기보다 가치가 높은 체스 말을 보호하고 있는 적군의 체스 말을 공격하는 상황을 말합니다. 만약 핀 전술에 걸린 체스 말이 움직이면 그 뒤에 숨어 있던 말이 공격받게 됩니다. 주변에서 흔히 볼 수 있는 핀을 생각해 보세요. 금속으로 만들어진 직선 모양의 가늘고 길며 끝이 뾰족한 물건으로 여러 겹의 옷을 찔러 고정할 수 있죠? 이와 같이 핀 전술은 적군의 체스 말을 핀으로 고정한 듯 옴짝달싹 못하게 만드는 것입니다.

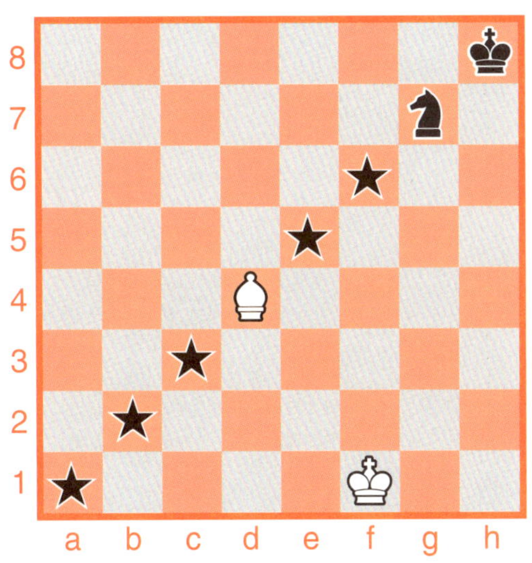

◀ 백색 비숍의 공격으로 흑색 나이트는 킹에 고정되어 어디로도 움직이지 못합니다. 이 그림에서 가치가 더 낮은 체스 말(나이트)이 가치가 더 높은 체스 말(킹) 앞에 놓여 있습니다. 먼저 킹이 **g8**이나 **h7**로 이동해 핀을 풀어 주어야만 나이트가 활발하게 움직일 수 있어요.

체스 말이 킹에 고정되어 있는 경우를 '절대 핀'이라고 합니다. 킹에 고정된 체스 말이 움직이면 킹이 체크 상황에 놓이기 때문에 절대로 움직일 수 없기 때문이죠.

룩이 핀 전술을 사용하고 있는 예를 살펴봅시다.

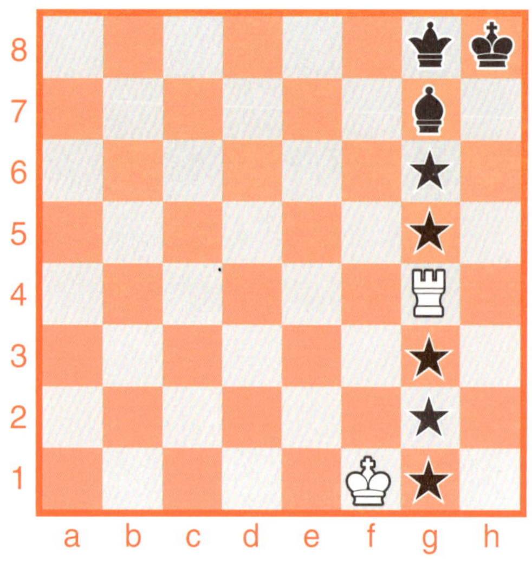

▲ 흑색 비숍이 움직이면 백색 룩이 퀸을 잡을 것입니다. 비숍은 퀸에 고정되어 있습니다.

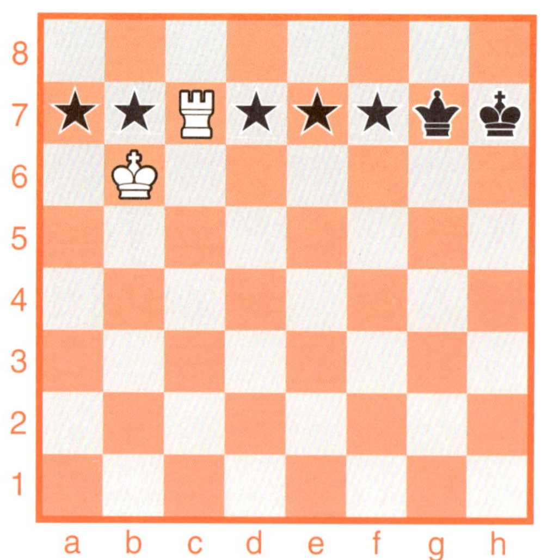

▲ 백색 룩은 자신을 흑색 퀸과 교환할 수 있습니다. 퀸은 '절대 핀'에 걸려 있습니다.

퀸은 룩과 비숍의 능력이 하나로 합쳐져 강력한 힘을 발휘할 수 있기 때문에 랭크나 파일, 대각선 어느 방향으로도 핀 전술을 펼칠 수 있습니다. 다음 그림에서도 백색 퀸은 별이 표시된 칸 어디에서나 핀 전술을 사용할 수 있어요.

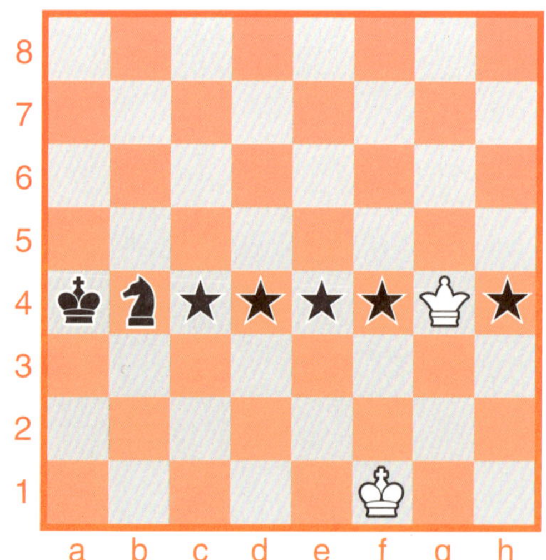

▲ 백색 퀸이 나이트를 흑색 킹에 고정했습니다.

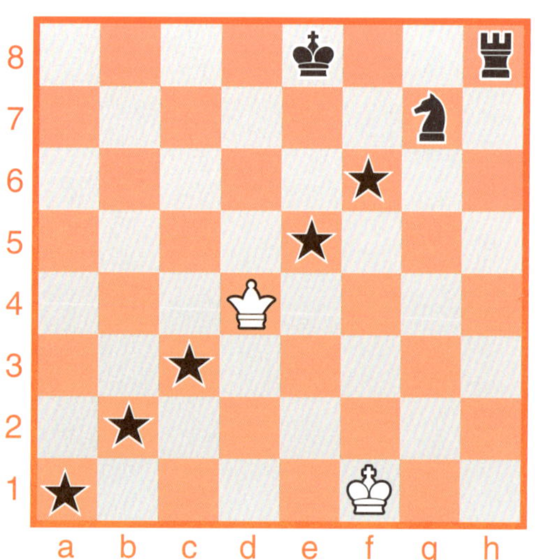

▲ 백색 퀸이 나이트를 룩에 고정했습니다.

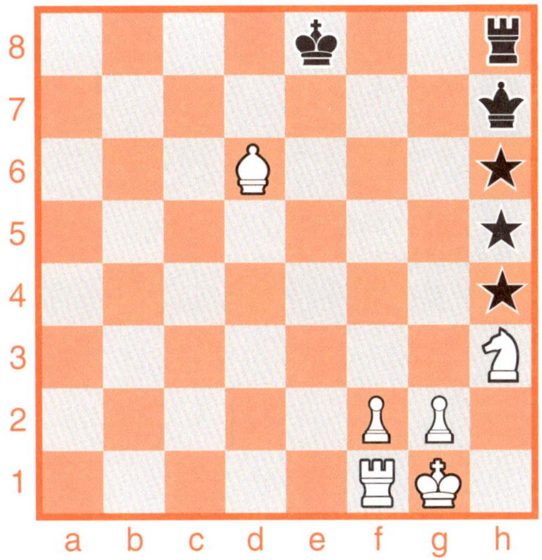

◀ 백색 나이트는 **h1**에 고정되었습니다. 나이트가 **f4**
나 **g5**로 움직인다면 흑색 진영이 **...Qh1** 메이트할 것
입니다.

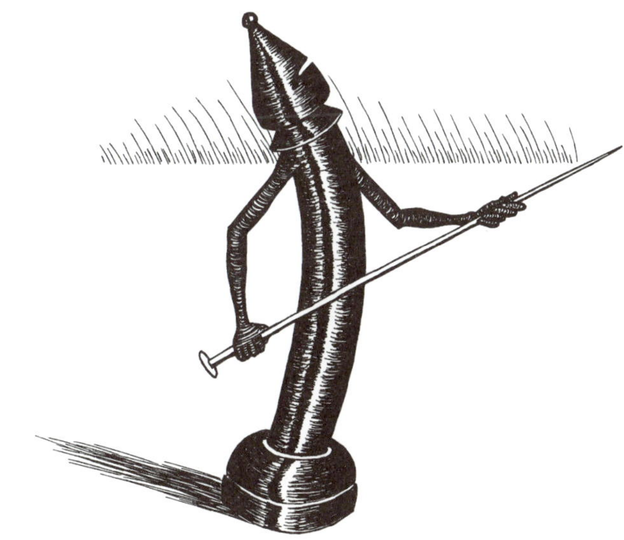

스큐어 전술은 가치가 더 높은 체스 말이 더 낮은 체스 말 앞에 있다는 것만 빼면 모든 면에서 핀 전술과 같습니다. 꼬챙이는 핀보다 더 굵고 길며, 이것저것을 꽂을 수 있죠. 스큐어 전술은 엑스선 전술이라고도 하며, 핀보다는 자주 사용하지 않습니다. 뒤에 숨어 있던 가치가 낮은 체스 말은 앞에 있던 가치가 높은 체스 말이 안전한 장소로 이동하고 나면 결국 잡히고 마는 것이 일반적이죠.

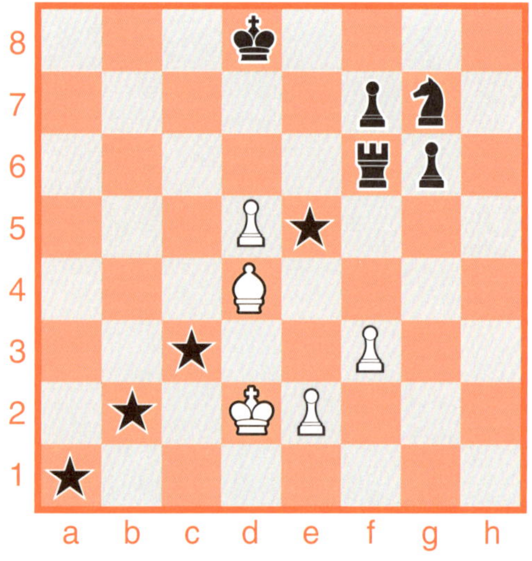

▲ 백색 비숍이 흑색 룩을 나이트에 꽂았습니다. 룩이 이동하면 비숍이 나이트를 잡을 수 있습니다.

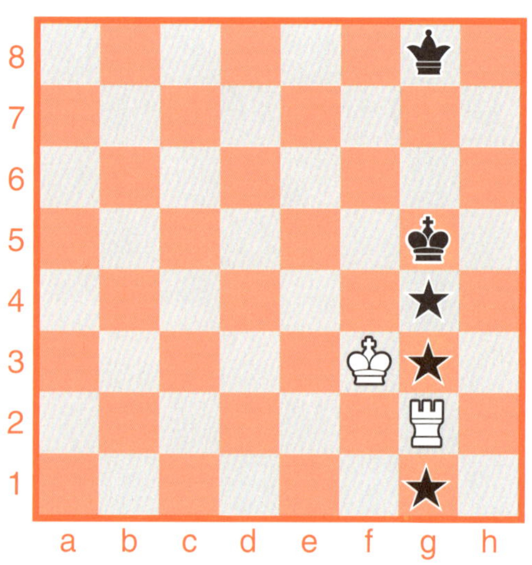

▲ 백색 룩이 흑색 킹을 퀸에 꽂았습니다. 킹이 움직이면 룩이 퀸을 잡을 수 있습니다.

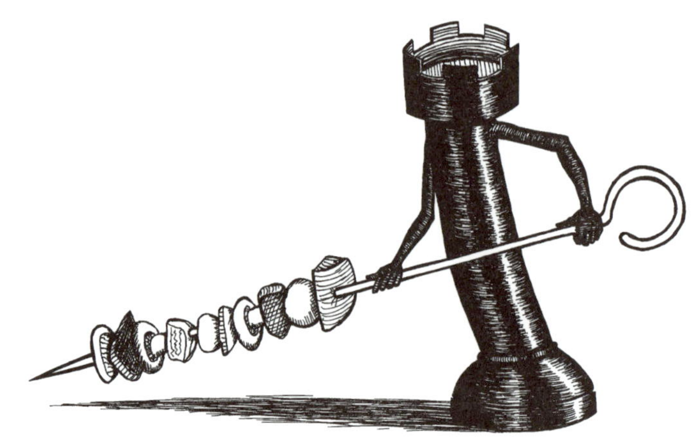

③ 포크 – 찍기 전술

포크 전술은 1개의 체스 말이 2개 이상의 적군 체스 말을 공격하는 것입니다. 이것은 마치 밥반찬으로 나온 콩을 포크로 찍어 먹는 것과 같아요. 포크로 콩을 찍으면 1번에 콩 여러 개를 찍을 수 있죠. 체스 말은 1번에 1개만 움직일 수 있기 때문에 적군은 어느 것을 살릴지 진지하게 고민해야 합니다.

모든 체스 말은 포크 전술을 펼칠 수 있어요. 다음 그림은 백색 진영이 2개의 흑색 체스 말을 포크로 찍는 예입니다. 별이 표시된 칸들은 백색 체스 말이 흑색 체스 말을 포크로 찍을 수 있는 위치를 나타냅니다.

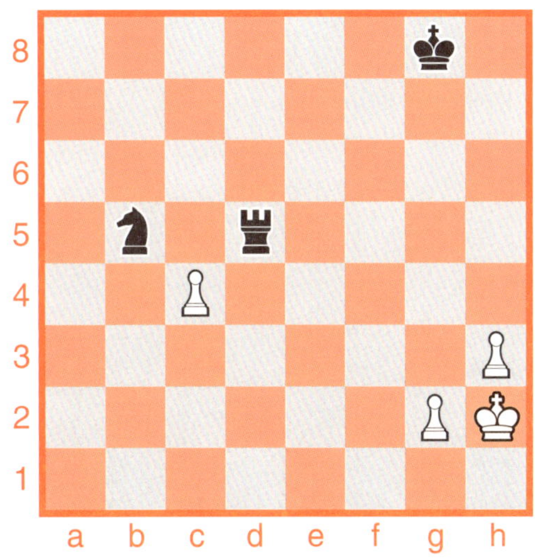

▲ c4에 있는 폰이 흑색 나이트와 룩을 포크로 찍었습니다. 흑색 진영은 룩을 살리기 위해 다른 칸으로 이동해야 해요. 그러면 백색 폰이 나이트를 잡을 수 있습니다.

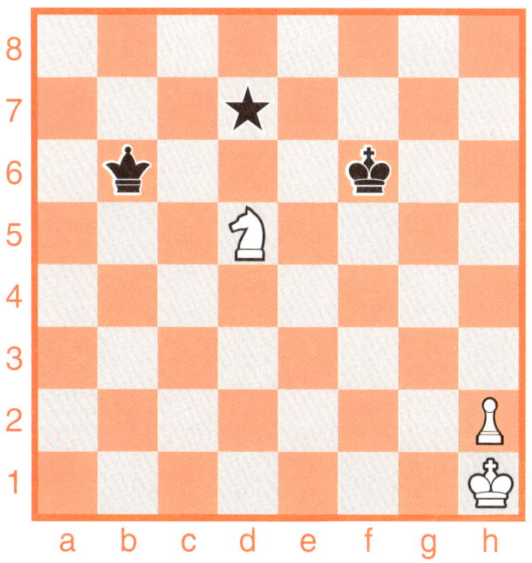

▲ 백색 나이트가 흑색 킹과 퀸을 찍었습니다. 킹은 다른 칸으로 이동해야 하고, 나이트는 퀸을 잡습니다.

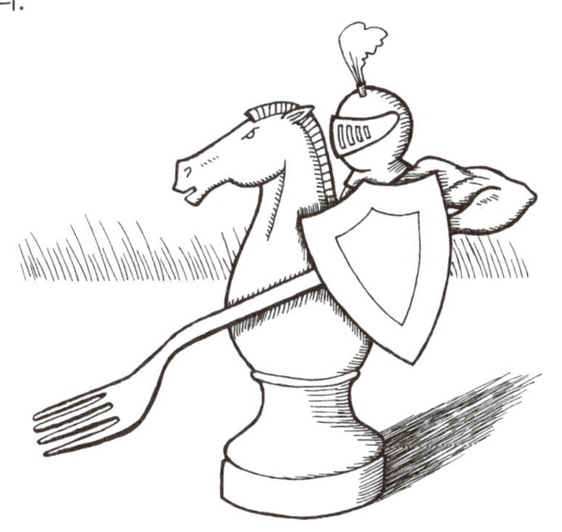

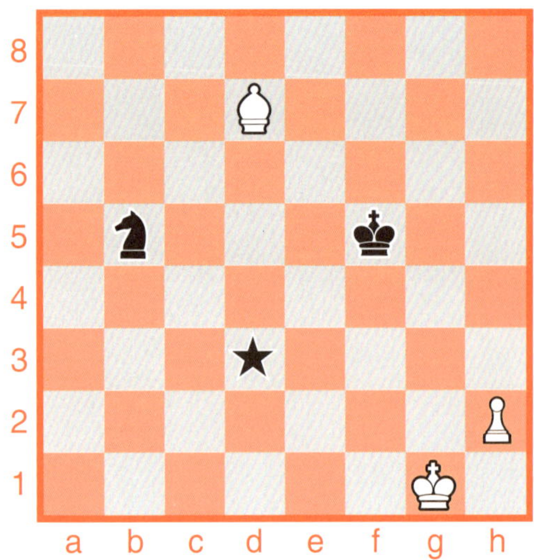

▲ 백색 비숍이 흑색 킹과 나이트를 찍었습니다. 킹은 다른 칸으로 이동해야 하고, 비숍은 나이트를 잡습니다.

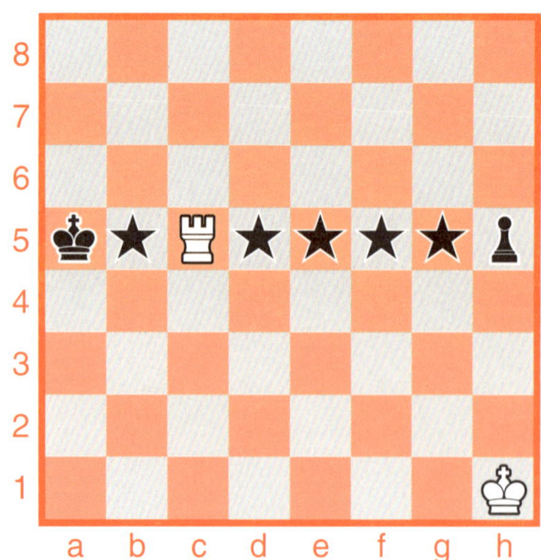

▲ 백색 룩이 흑색 나이트와 폰을 찍었습니다. 킹은 다른 칸으로 이동해야 하고, 룩이 폰을 잡습니다. 만약 룩이 **b5**에 있었다면 킹이 잡을 수 있었을 것입니다.

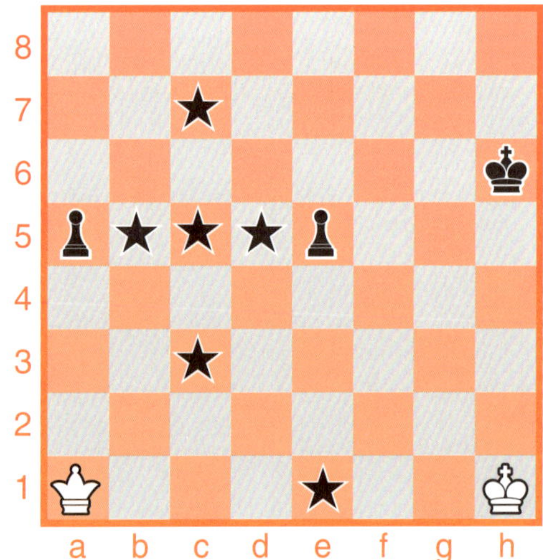

▲ 백색 퀸이 흑색 폰 2개를 찍었습니다. 폰 2개 중 하나는 백색 진영의 차례가 왔을 때 퀸에게 잡힐 것입니다.

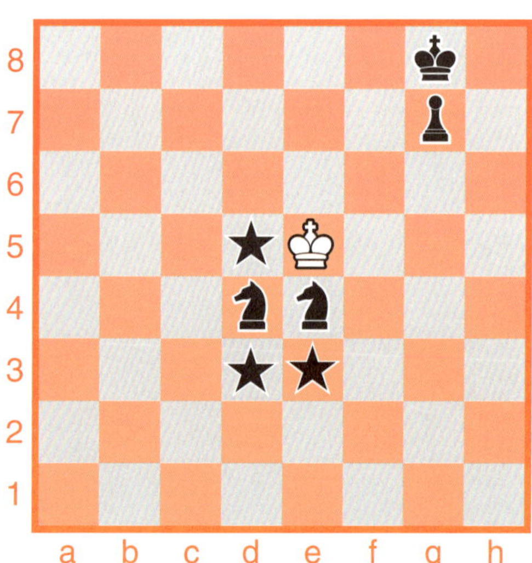

▲ 백색 킹이 흑색 나이트 2개를 찍었습니다. 나이트 2개 중 하나는 백색 진영의 차례가 왔을 때 킹에게 잡힐 것입니다.

④ 디스커버드 체크 – 숨은 체크

디스커버드 체크는 공격선상에 있는 자기편 체스 말을 다른 칸으로 이동하면서 그 뒤에 숨어 있던 장거리 체스 말(퀸과 룩, 비숍) 중 하나로 적군의 킹을 체크하는 것입니다. 이것은 마치 아기들과 까꿍놀이를 하는 것과 같아요. 눈앞을 가리고 있던 손을 치우면 앞에 있는 사람을 볼 수 있겠죠?

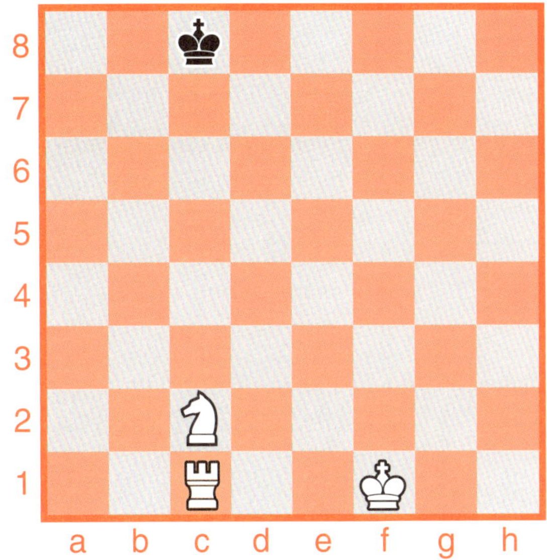

◀ 백색 나이트를 움직이면 뒤에 있던 룩이 흑색 킹을 디스커버드 체크할 수 있습니다.

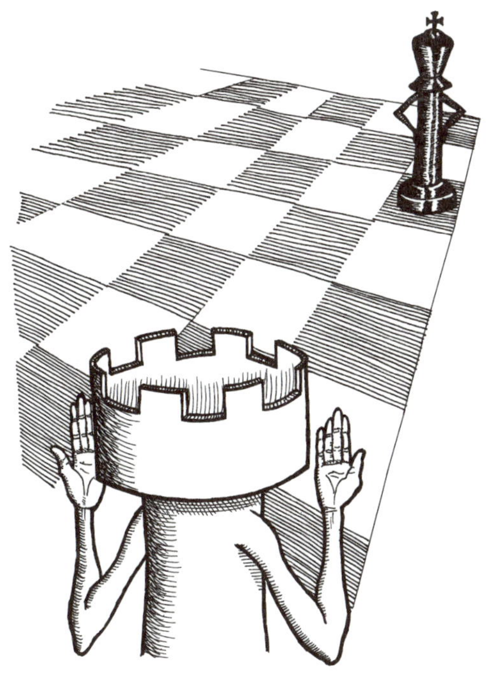

⑤ 디스커버드 공격 – 숨은 공격

디스커버드 공격은 공격받는 대상이 적
군의 킹이 아니라는 것만 빼면 디스커버드
체크와 같습니다.

▶ 백색 진영에서 비숍을 움직이면 백색 퀸으로 흑색
나이트를 디스커버드 공격할 수 있습니다.

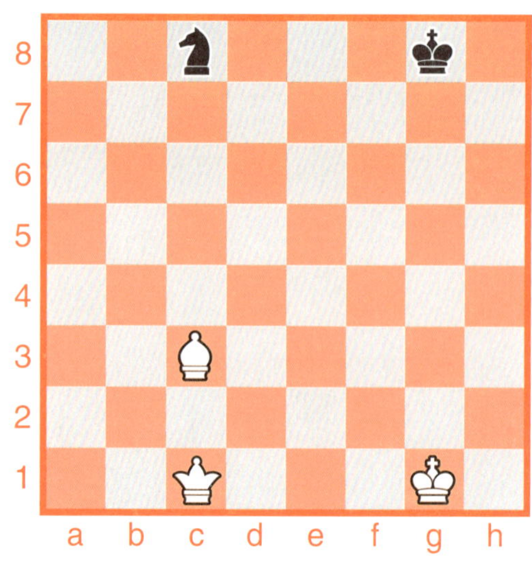

⑥ 이중 체크

이중 체크는 체스 말을 움직여 적군의 킹을 체크하는 동시에, 움직인 체스 말 뒤에 있
던 장거리 체스 말의 앞길을 열어 주어 킹을 체크할 수 있는 전술입니다. 2개의 체스 말
이 동시에 킹을 공격한다고 생각하면 돼요. 이 전술은 공격하는 2개의 체스 말을 1번에
잡거나, 움직이는 방향을 가로막을 수 없기
때문에 킹을 궁지로 몰아넣기 쉽습니다.

▶ 백색 진영에서 나이트를 **c5**나 **d6**으로 이동할 경우,
흑색 킹은 백색 나이트와 퀸의 공격을 받아 이중 체크
상황에 놓이게 됩니다.

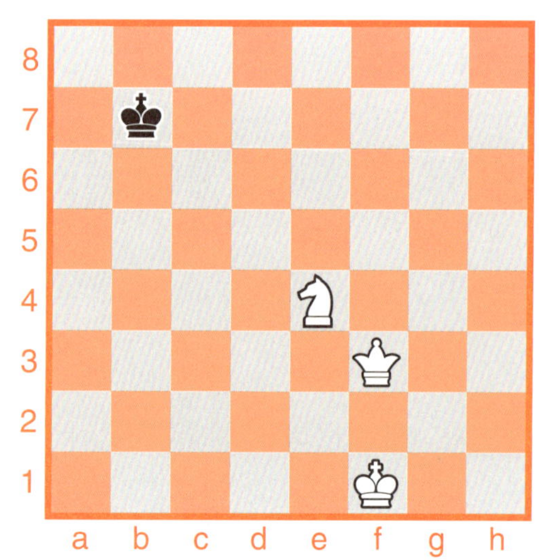

⑦ 이중 공격

　이중 공격은 공격받는 대상이 킹이 아닌 다른 체스 말이라는 것만 빼면 이중 체크와 같은 전술입니다.

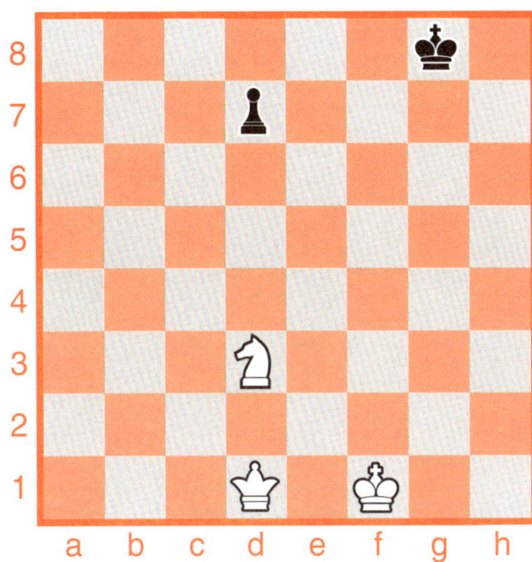

◀ 백색 진영에서 Nc5나 Ne5한다면 흑색 폰은 백색 나이트와 퀸에 의해 이중으로 공격을 받게 됩니다.

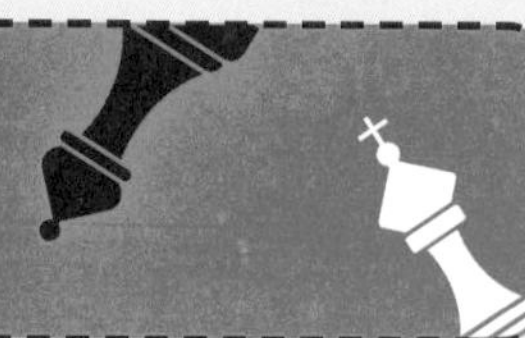

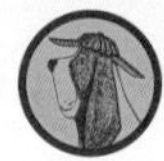 **레벨 1**

5-1 백색 진영에서 흑색 퀸을 잡을 수 있는 핀 전술은 무엇입니까?

1.________________________

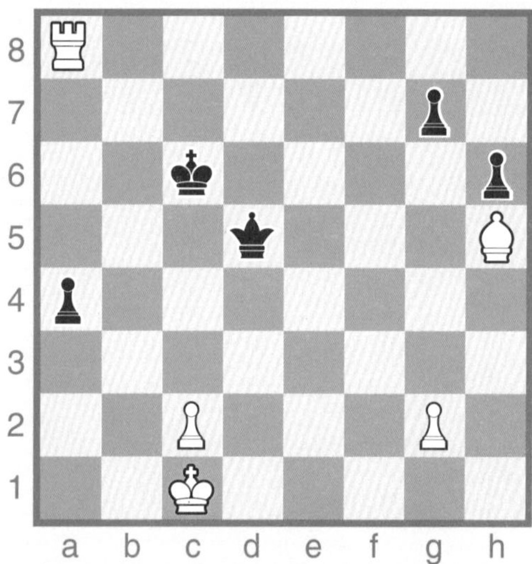

5-2 백색 진영에서 흑색 퀸을 잡을 수 있는 스큐어 전술은 무엇입니까?

1.________________________

5-3 흑색 진영에서 포크 전술로 백색 킹과 퀸을 찍을 수 있는 움직임은 무엇입니까?

1...________________________

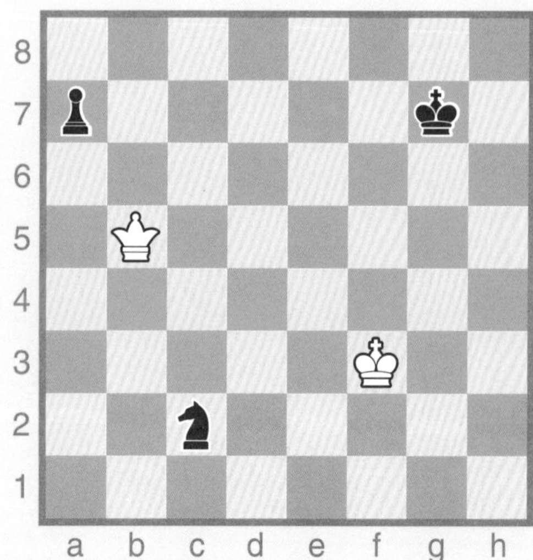

5-4 흑색 진영에서 스큐어 전술로 백색 퀸을 잡을 수 있는 가장 좋은 움직임은 무엇입니까?

1...________________________

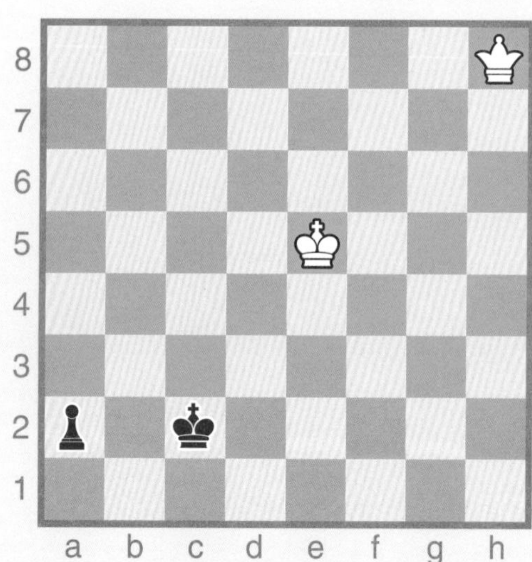

5-5 백색 진영에서 포크 전술로 백색 킹과 나이트를 찍을 수 있는 움직임은 무엇입니까?

1._______________________

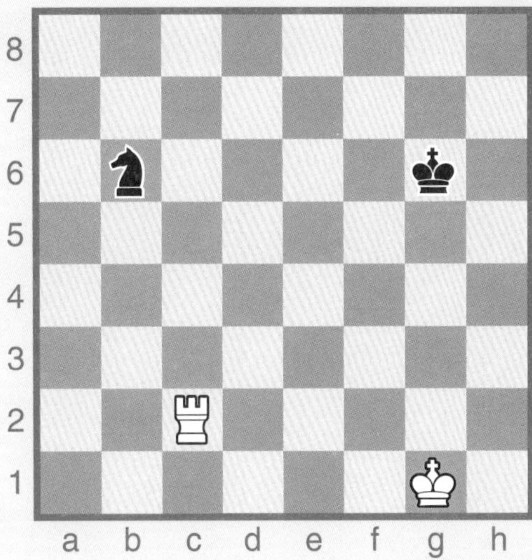

5-6 백색 진영에서 핀 전술로 룩을 킹에 고정할 수 있는 움직임은 무엇입니까?

1._______________________

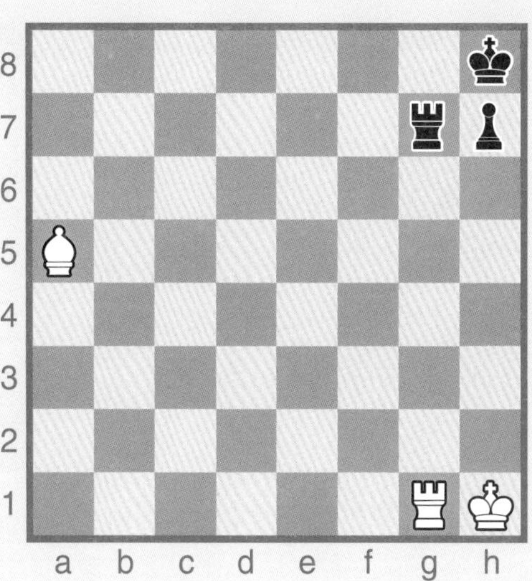

5-7 흑색 진영에서 포크 전술로 백색 체스 말을 찍을 수 있는 움직임을 모두 찾아보세요.

1...__________ 1...__________ 1...__________

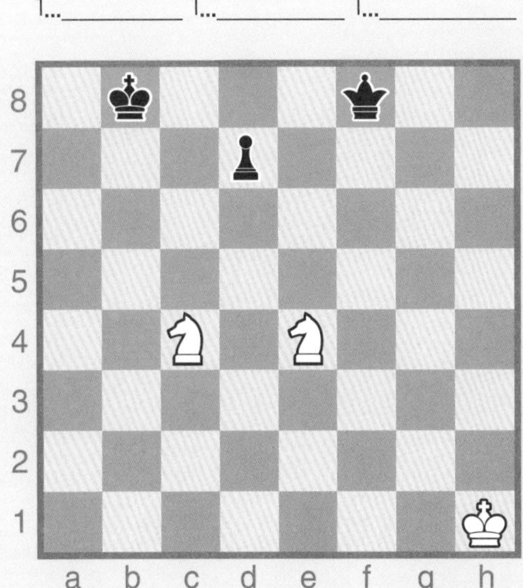

5-8 흑색 진영에서 스큐어 전술을 펼 수 있는 움직임은 무엇입니까?

1..._______________________

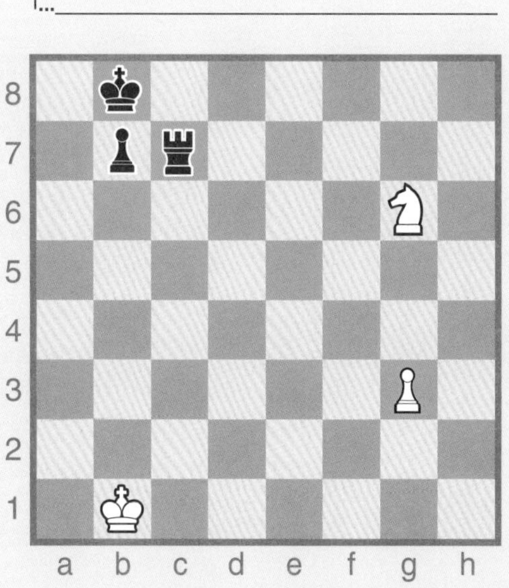

5-9 백색 진영에서 포크 전술로 흑색 킹과 퀸을 찍을 수 있는 움직임은 무엇입니까?

1.________________________________

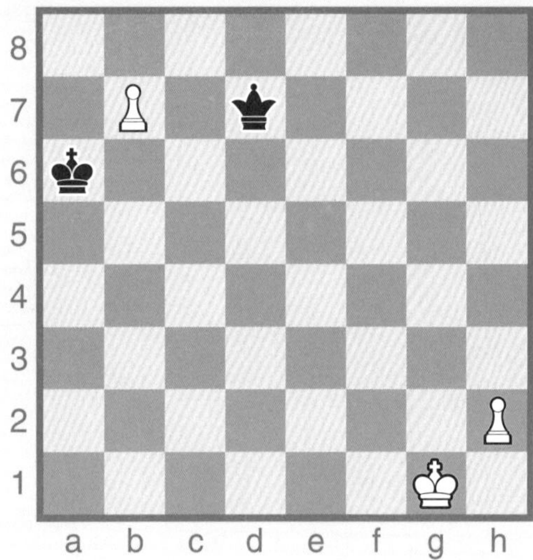

5-10 백색 진영에서 핀 전술로 흑색 비숍을 킹에 고정할 수 있는 움직임을 모두 찾아보세요.

1.______________ 1.______________

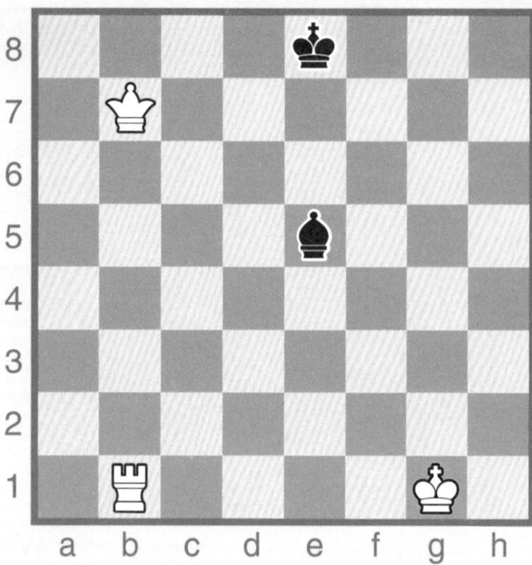

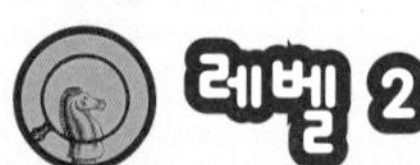

5-11 백색 진영에서 폰으로 포크 전술을 사용해 적군을 찍을 수 있는 움직임은 무엇입니까?

1.________________________________

5-12 흑색 나이트를 잡을 수 있는 움직임은 무엇입니까?

1.________________________________

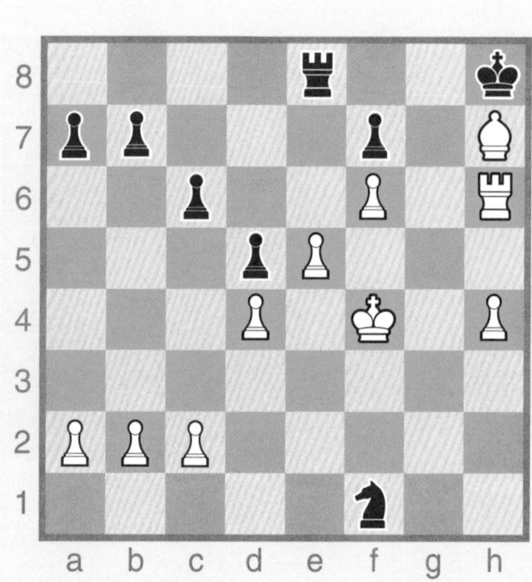

5-13 백색 진영의 입장에서 적군을 잡기에 가장 좋은 움직임은 무엇입니까?

1.______________________

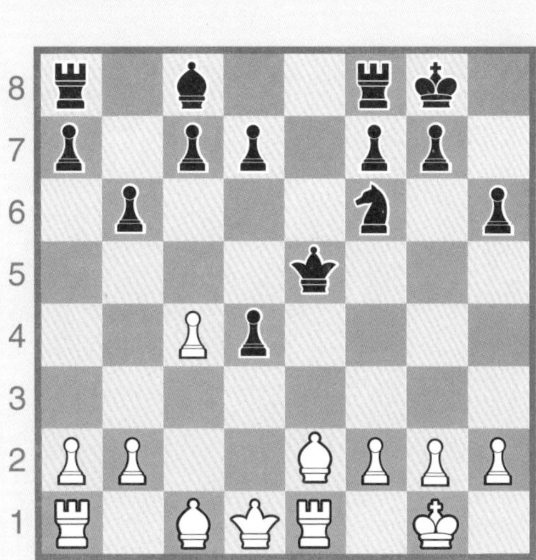

5-14 흑색 진영 차례입니다. 가장 좋은 움직임은 무엇입니까?

1...______________________

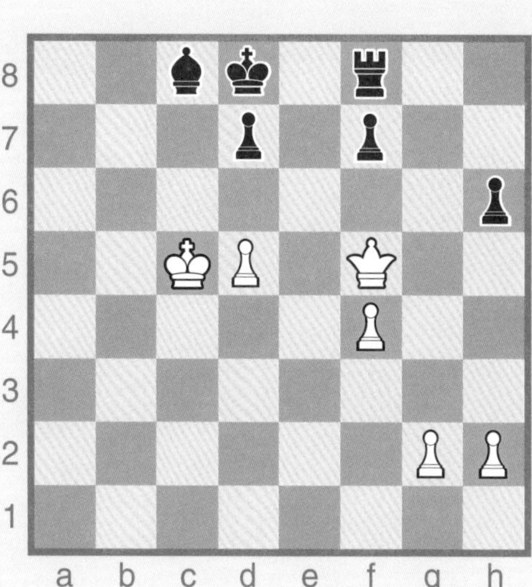

5-15 백색 진영은 룩이 하나 적고, 폰이 하나 많습니다. 백색 진영의 입장에서 가장 좋은 움직임은 무엇입니까?

1.______________________

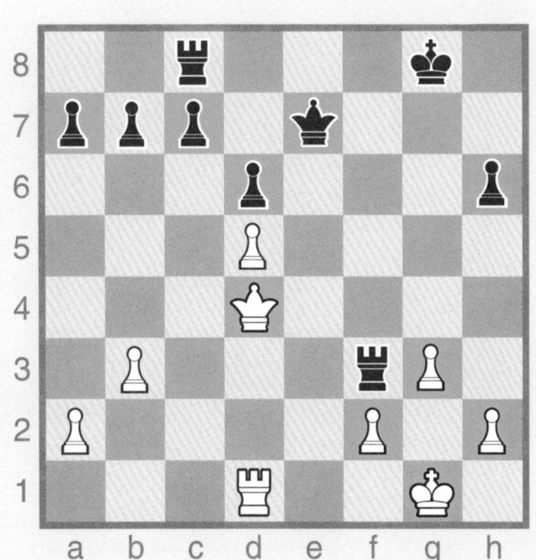

5-16 흑색 나이트는 킹에 고정되어 움직일 수 없습니다. 백색 진영은 어떻게 움직여야 합니까?

1.______________________

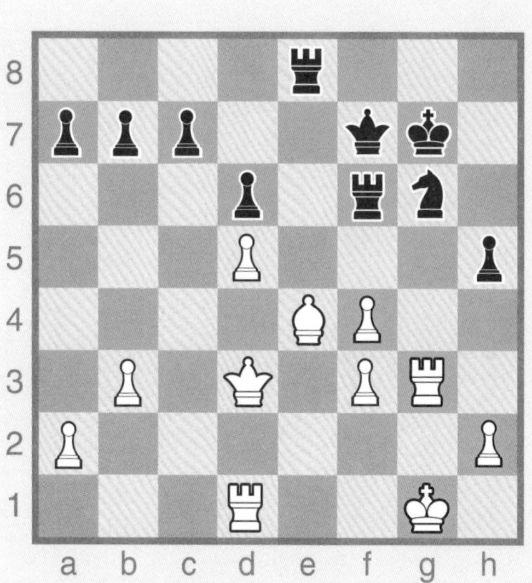

5-17
흑색 진영이 ...Qf2 메이트하면서 백색 킹을 위협할 수 있습니다. 백색 진영이 병력을 잃지 않거나 체크메이트 당하지 않을 수 있는 유일한 움직임은 무엇입니까?

1.________________________________

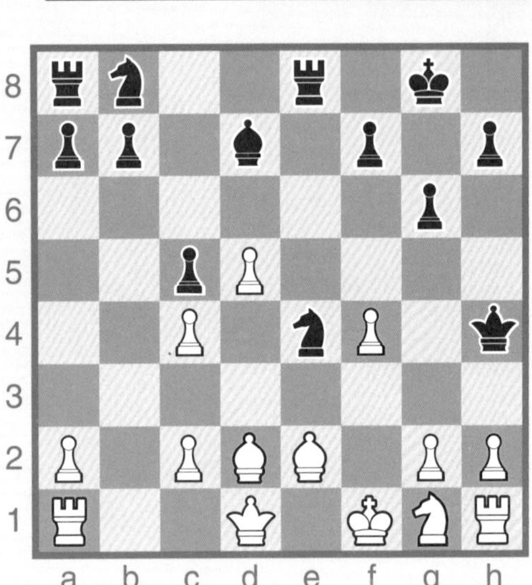

5-18
백색 폰이 흑색 나이트를 잡을 수 있습니다. 이것은 좋은 움직임입니까? 그 이유는 무엇입니까?

1.________________________________

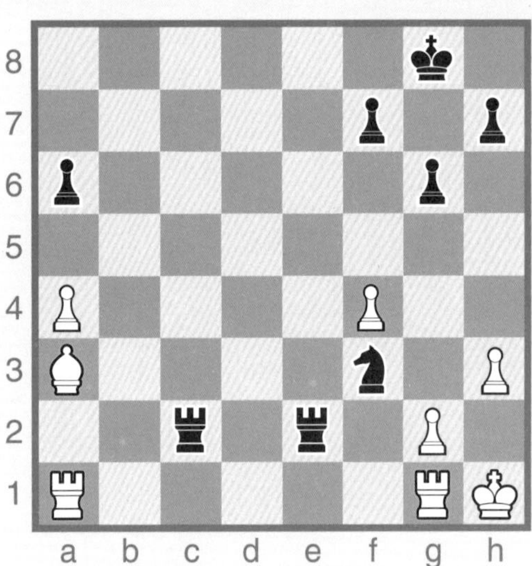

5-19
d7에 있는 흑색 비숍이 퀸에 고정되어 있습니다. 흑색 진영이 비숍을 구할 수 있는 방법은 무엇입니까?

1...________________________________

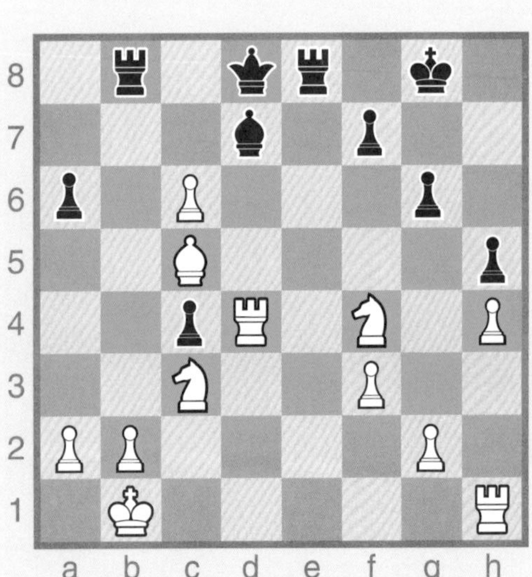

5-20
백색 진영 차례입니다. 가치가 더 낮은 체스 말의 희생으로 흑색 퀸을 잡을 수 있는 움직임은 무엇입니까?

1.________________________________

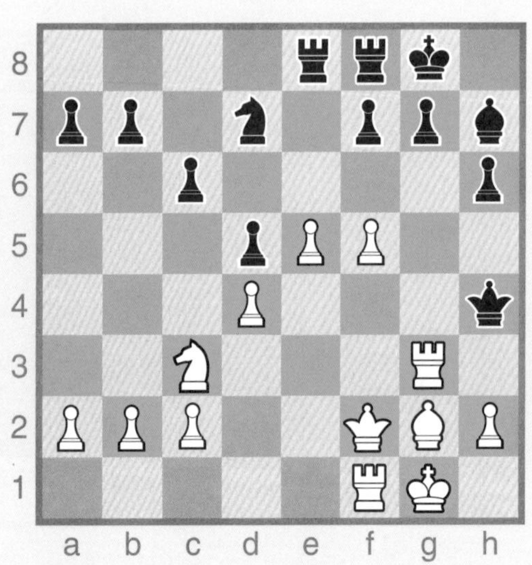

무승부가 되는 경우

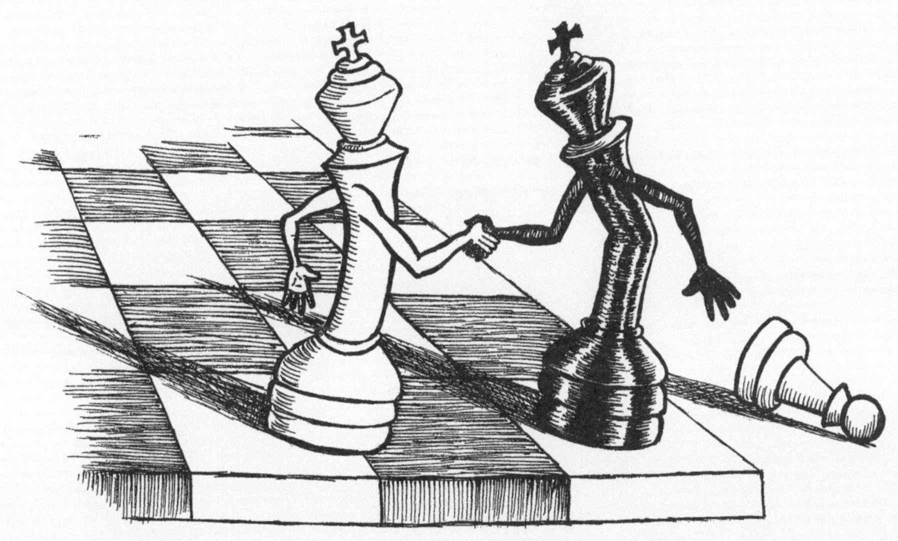

"체스는 깨달음을 얻기 위한 좋은 방법이며, 활발한 두뇌 활동을 가능하게 하고,
자아를 다스리게 해 준다. 체스는 정신을 훈련하는 체육관과 같다."
– 피에르 아벨라르(1079~1142), 철학자 · 신학자

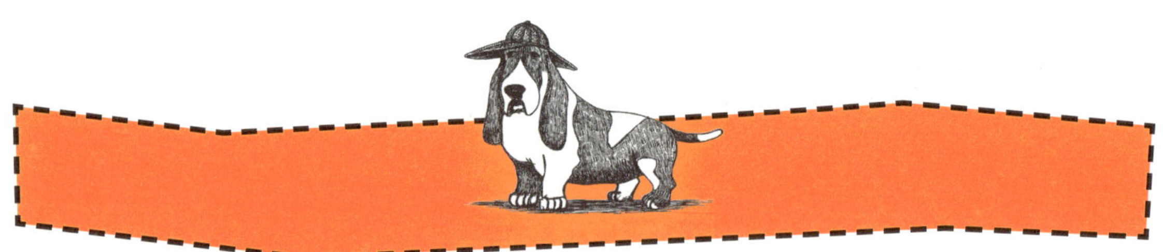

언제 무승부가 될까요?

이기는 편도 지는 편도 없이 게임이 끝나는 경우를 무승부라고 부릅니다. 운동경기에서 0 대 0이나 1 대 1 같이 서로 점수가 같은 상태에서 게임이 끝났을 때와 같다고 생각하면 돼요. 체스 게임에서도 다음과 같은 상황이 발생하면 무승부가 될 수 있습니다.

- 체크메이트할 수 있는 체스 말이 모자랄 때

- 움직일 수 있는 체스 말이 없을 때

- 같은 상황이 3번 반복될 때

- 50수 동안 잡힌 체스 말이 없을 때

- 무승부를 제안해 양쪽이 합의했을 때

- 시간을 다 써 버렸을 때

체스 토너먼트에서 승리한 선수는 1점을 얻고, 패배한 선수는 0점을 얻습니다. 무승부로 끝났을 경우에는 양 선수 모두 0.5점을 얻습니다.

❶ 체크메이트할 수 있는 체스 말이 모자랄 때

양쪽 선수 모두 체스판 위에 적군의 킹을 항복(체크메이트)시킬 수 있는 체스 말이 충분히 남아 있지 않은 상황을 말합니다. 게임의 후반부인 엔드게임에서 체스판 위에 킹만 남아 있는 경우가 체스 말 부족으로 인한 무승부의 예입니다. '킹과 나이트' 대 '킹'이나 '킹과 비숍' 대 '킹' 또한 체스 말 부족으로 인한 무승부로 게임이 끝나게 됩니다.

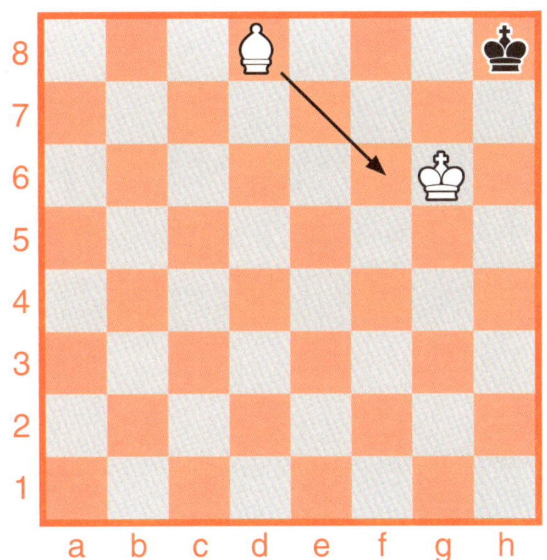

◀ 킹과 비숍만으로는 체크메이트하기 힘들다는 것을 보여 주는 예입니다.

이 그림에서 백색 킹은 흑색 킹에 다가갈 수 있는 가장 가까운 곳에 있고, **g7**과 **h7**을 통제하고 있습니다.

백색 비숍이 **f6**으로 이동하면서 흑색 킹을 체크할 수 있어요. 하지만 백색 진영이 **g8**을 통제하지 못하고 있는 것이 보이나요? 흑색 킹은 그 칸으로 피신할 수 있습니다.

이런 이유로 백색 진영이 비숍과 킹만으로 흑색 진영의 항복을 받아 내는 일은 불가능하죠. 게임은 체크메이트할 수 있는 체스 말 부족으로 결국 무승부로 끝나게 됩니다.

킹과 폰이 남은 경우는 체스 말이 부족해 무승부가 되는 경우에 포함되지 않아요. 폰이 퀸으로 계급 변신을 할 수 있는 가능성이 있기 때문이죠. 퀸은 체크메이트하기에 충분한 힘을 가진 체스 말입니다('4교시 – 체크메이트 익히기'를 참고하세요).

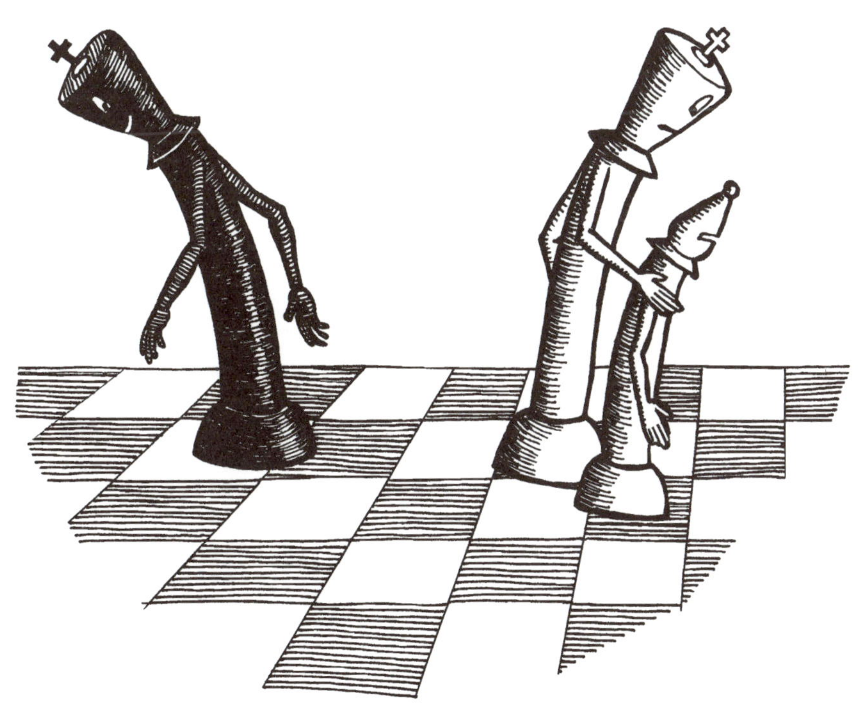

❷ 움직일 수 있는 체스 말이 없을 때

각 진영은 차례대로 번갈아 가며 체스 말을 움직여야 합니다. 그런데 만약 자신의 차례가 돌아왔는데 움직일 수 있는 체스 말이 하나도 없다면 어떻게 될까요? 이런 경우를 체스 용어로 스테일메이트라고 하며, 그 게임은 무승부로 끝납니다.

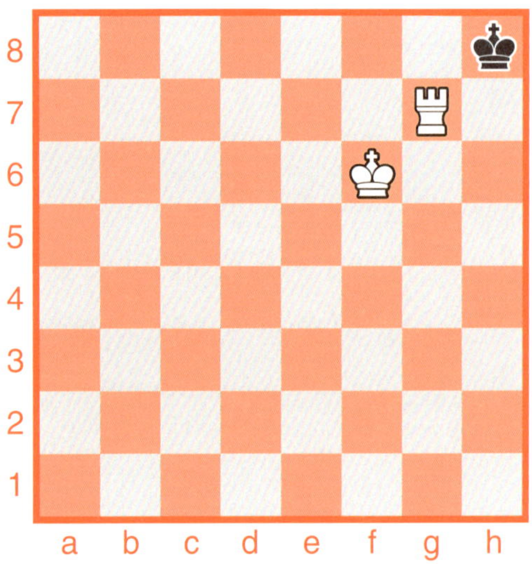

◀ 백색 진영은 게임을 승리로 끝내려고 합니다. 백색 진영의 마지막 움직임이 **Rg7**이었다고 가정해 봅시다. 다음은 흑색 진영의 차례입니다. 어디로 움직일 수 있을까요?

킹은 체크당할 수 있는 칸으로 이동할 수 없기 때문에 이동 가능한 모든 움직임(**...Kg8**, **...Kxg7**, **...Kh7**)이 막혀 있습니다.

이처럼 흑색 진영이 움직일 차례인데 어디로도 움직일 수 없을 때, 이 게임은 스테일메이트로 인한 무승부로 처리됩니다.

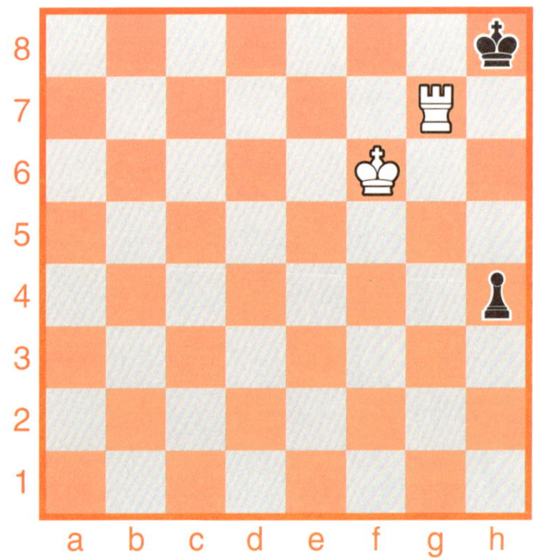

◀ 위와 동일한 상황에서 흑색 진영에 폰(h4)이 하나 더 있을 경우, 흑색 진영은 자신의 차례가 왔을 때 무승부를 요구할 수 없습니다. 폰이 **h3**으로 이동할 수 있기 때문이죠.

같은 자리에 놓이는 상황이 3번 반복되는 경우, 그 게임은 3회 반복 무승부 규칙을 적용받아 무승부로 처리됩니다. 3번 놓이는 상황이 꼭 연속적으로 이어져야 하는 것은 아니지만, 보통은 그렇게 되는 경우가 많죠. 3회 반복 무승부 규칙이 있는 이유는 같은 상황이 끊임없이 되풀이되면서 게임이 영원히 끝나지 않는 것을 막기 위한 것입니다.

3회 반복 무승부 중 가장 흔하게 볼 수 있는 것이 체크가 계속 반복되는 상황입니다. 이런 상황은 일반적으로 게임에서 지고 있는 선수가 계속 왔다 갔다 하며 적군의 킹을 체크하는 방법을 찾았을 때 가능합니다. 또 킹은 이런 상황을 끝내 버릴 다른 방법이 없어야 하죠.

▶ 흑색 진영의 체스 말 개수가 백색 진영보다 월등히 많기 때문에 쉽게 게임을 승리로 이끌 수 있어 보입니다. 백색 퀸으로 b5에 있는 흑색 퀸을 잡는 것도 나쁜 움직임은 아니에요. 하지만 지금은 퀸 1개로 게임을 계속하기에는 병력이 턱없이 부족한 상황입니다.
백색 진영은 흑색 퀸을 잡는 대신 **1.Qg6+**할 수도 있습니다. 그러면 흑색 진영은 **1...Kh8**할 수밖에 없겠죠. 다음으로 백색 진영에서 **2.Qh6+**하고 이어서 **2...Kg8 3.Qg6+**(같은 위치에 2번 놓였습니다) **3...Kh8 4.Qh6+ Kg8 5.Qg6+**합니다(같은 위치에 3번 놓였습니다). 같은 모양이 3번 반복됐기 때문에 백색 진영은 3회 반복 무승부 규칙을 적용해 무승부를 요구할 수 있습니다.

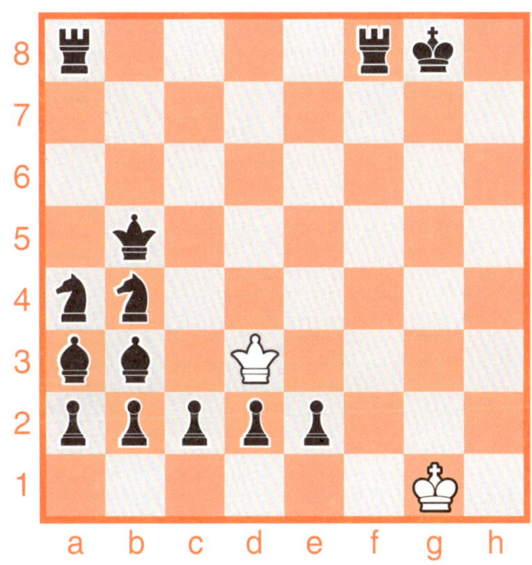

체스 말을 움직일 때마다 체스판을 사진으로 찍는다고 상상해 보세요. 그런 다음 머릿속의 사진들을 1장씩 비교해 보면 같은 모양이 반복되었는지 확인할 수 있습니다. 같은 사진이 3장 있으면 3회 반복 무승부에 의한 무승부를 요구할 수 있습니다.

④ 50수 동안 잡힌 체스 말이 없을 때

  50수(양 선수가 1번씩 번갈아 체스 말을 움직였을 때 1수가 됩니다)를 두었는데 잡힌 체스 말이 하나도 없고, 폰들 중 어느 것 하나도 움직인 적이 없다면 그 게임은 무승부가 됩니다. 체스 말이 잡혔거나 폰이 움직였다면 그 시점부터 다시 50수를 세기 시작합니다.

  체스 고수의 경우, 평균 40~50수 만에 게임을 끝냅니다. 실제로 체스 게임에서 50수 무승부로 게임이 끝나는 경우는 거의 보기 힘들어요. 일반적으로 게임의 후반부에 가서야 50수를 셀 수 있는 상황이 만들어지기 때문이죠. 50수 무승부는 초보자들의 게임에서 주로 볼 수 있습니다. 이기고 있는 선수가 적군의 킹을 어떻게 체크메이트해야 할지 모를 때 종종 발생하죠.

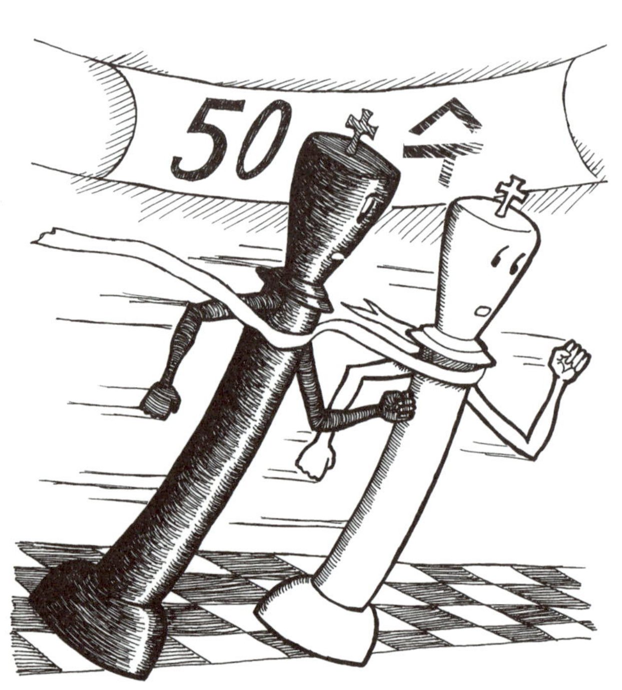

5 무승부를 제안해 양쪽이 합의했을 때

　선수들은 누구나 상대 선수에게 무승부를 제안할 수 있습니다. 자신의 차례를 두고 난 뒤 상대방의 체스 시계가 움직이기 전에 무승부를 제안하는 것이 올바른 체스 예절입니다. 무승부 제안은 한 움직임에 1번밖에 할 수 없습니다. 상대방은 무승부 제안을 받아들일 수도 있고, 반대로 거절하고 게임을 계속할 수도 있어요. 상대방이 제안을 받아들여 무승부가 되는 것을 합의 무승부라고 하며, 상대방이 게임을 계속하기로 결정하면 그 무승부 제안은 날아가 버리는 것입니다.

　무승부를 계속 제안해 상대방을 귀찮게 하는 행동은 좋은 스포츠맨 정신이라고 할 수 없습니다. 제안을 거절한 상대방은 대개 유리한 위치에 있거나, 게임을 이기고 싶은 마음이 있기 때문이죠. 체스 말을 움직일 때마다 무승부를 제안하는 것은 엄마에게 과자를 달라고 조르고 또 조르는 것과 같습니다. 엄마가 안 된다고 말했는데도 말이죠. 계속 조르면 엄마가 화를 내겠죠? 안 된다고 했는데 계속 조르는 것보다는 시간을 두고 기다리는 것이 더 좋은 생각입니다. 그리고 다시 물어보는 거예요. "엄마, 오늘 진짜 예뻐요. 과자 먹어도 되죠?"

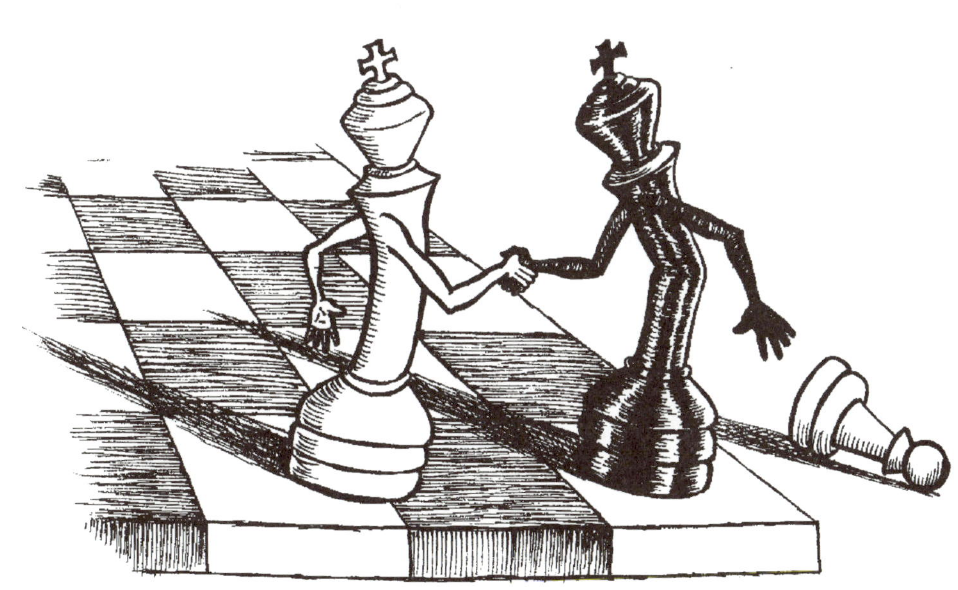

⑥ 시간을 다 써 버렸을 때

체스 시계는 하나의 몸통에 2개의 시계가 달려 있는 기계입니다. 각각의 시계 위에는 단추가 달려 있어요. 시계는 1번에 하나씩만 작동됩니다. 선수들은 체스 말을 움직인 뒤 자신의 시계 위에 달린 단추를 누릅니다. 그러면 자신의 시계는 멈추고 상대방의 시계가 움직이기 시작하죠. 체스 말을 움직일 때 사용한 손으로 단추를 누르는 것이 올바른 체스 예절입니다.

전자시계는 좀 더 나중에 발명된 시계로, 초를 거꾸로 세면서 게임이 끝날 때까지 얼마나 남았는지 알려 줍니다. 시계가 0:00:00이 되면 시간이 다 된 것이죠. 전자시계에는 토너먼트를 할 때 유용하게 활용할 수 있는 시간을 늦추는 기능이 있습니다.

아날로그시계에는 작은 깃발이 달려 있는데, 큰바늘이 정각을 가리키기 몇 분 전에 이 깃발을 들어 올리도록 만들어졌습니다. 게임이 끝나는 시간은 6시로 맞추어 놓는 것이 좋습니다. 30분짜리 게임(G/30)인 경우 시계를 5시 30분에 맞추어 놓고, 60분짜리 게임(G/60)인 경우 5시에 맞추어 놓고 게임을 시작하는 식이죠.

6시 정각이 되면 깃발이 아래로 떨어지면서 선수에게 주어진 시간이 끝났음을 알려 줍니다. 토너먼트에서는 게임을 하고 있는 선수에게만 시간을 다 써 버려 깃발이 떨어졌음을 알리고 승리를 주장할 수 있는 자격이 주어집니다. 심판조차도 깃발이 떨어졌다고 선수들에게 알릴 수 없어요.

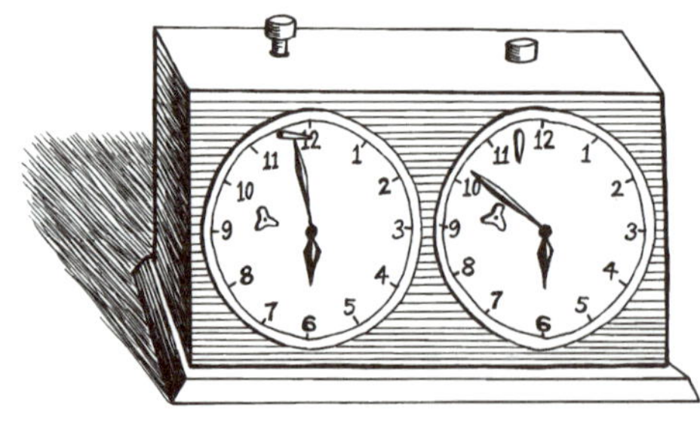

◀ 이 아날로그 체스 시계를 보면, 현재 왼쪽 시계를 사용하는 선수가 둘 차례라는 것을 알 수 있습니다. 시계 위의 단추가 위로 올라가 있기 때문이죠. 그리고 이 선수의 깃발이 큰바늘에 의해 들어 올려져 있습니다. 약 2분 뒤, 정각 6시가 되면 깃발은 밑으로 떨어질 것입니다. 오른쪽에 있는 선수의 시계는 약 8분 정도가 남아 있군요.
왼쪽 선수는 체스 말을 움직인 뒤에 시계의 버튼을 누를 것입니다. 그러면 이 선수의 시계가 멈추고, 오른쪽에 있는 시계가 움직이기 시작할 거예요. 왼쪽 선수의 시계 단추를 누르면 오른쪽 선수의 시계 단추가 위로 튀어 올라옵니다.

　체스 토너먼트에서는 게임 시간을 정해 줍니다. 선수들은 시간 안에 체스 말을 움직여 적군의 항복을 받아 내야 합니다. 어린이 토너먼트의 경우는 선수마다 한 게임에 30분씩 주어지거나 총 게임 시간이 한 시간인 경우가 일반적이에요. 만약 상대편 선수가 주어진 시간을 다 썼을 때 자신에게 체크메이트하기에 충분한 체스 말이 남아 있다면 승리를 주장할 수 있습니다.

　체스 말을 움직일 때마다 원하는 만큼 시간을 사용할 수 있습니다. 하지만 시간을 다 써 버리지는 마세요. 스스로 속도를 조절할 수 있어야 합니다. 너무 빨리 움직이면 실수할 가능성이 높아지죠. 또 너무 천천히 움직이면 좋은 선택을 할 가능성은 높아질지 모르지만 시간을 다 써 버려 게임에서 질 수도 있다는 사실을 명심하세요.

　체스 게임에서 시간을 활용하는 것은 학교에서 시험을 보는 것과 비슷합니다. 1번 문제에 시간을 다 써 버린다면 그 문제의 답은 맞힐 수 있을지 모르지만 시험 성적은 좋지 않을 거예요. 나머지 문제를 풀지 못하면 아무리 1번 문제를 잘 풀어도 성적이 좋을 수 없겠죠? 하지만 모든 문제에 너무 빠르게 답을 하다 보면 잘못된 답을 적거나 꼼꼼하게 풀지 못하는 경우가 생깁니다. 그래서 학생이든 체스 선수든 시간의 균형을 잡는 법을 배워야 해요.

두 깃발이 모두 내려간 경우

　양쪽 체스 선수의 깃발이 모두 내려갔다면 두 선수 모두 시간을 다 써 버린 것입니다. 이 경우 역시 무승부가 됩니다. 선수들 중 한 사람이라도 시간이 다 되었다는 것을 알아차린 경우에만 말이죠. 이런 상황은 두 선수 모두 시간이 부족할 때 주로 일어나는데, 선수들의 관심이 체스를 두는 것에만 집중되면서 1번째 선수가 시간을 다 써 버렸다는 것을 모르고 지나치기 때문입니다.

깃발이 내려갔지만 체크메이트할 수 있는 체스 말이 부족한 경우

　상대 선수가 시간을 다 써 버려 승리를 주장하고 싶으나 체크메이트할 수 있는 체스 말이 없을 때, 선수는 승리가 아닌 무승부만을 요구할 수 있습니다. 체스 말 부족으로 게임에서 이기는 것이 불가능하기 때문이죠. 다만 폰은 체크메이트에 필요한 퀸으로 계급 변신을 할 수 있기 때문에 폰이 1개라도 살아 있으면 승리를 주장할 수 있습니다.

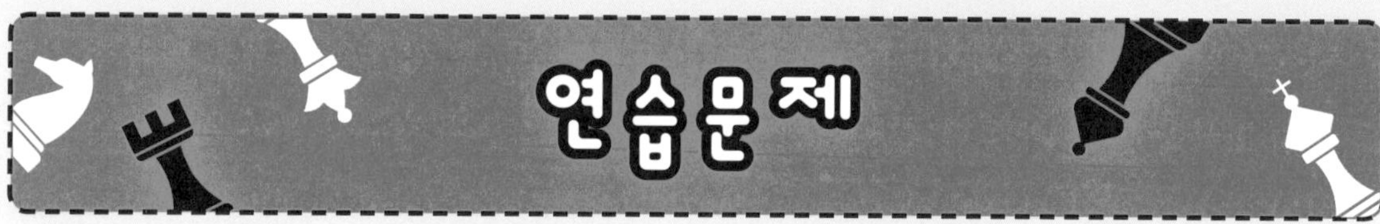

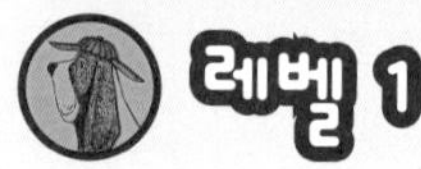

6-1 백색 진영의 입장에서 1.Qe3이나 1.Qd6, 1.Qb8+ 중 가장 좋은 움직임은 무엇입니까? 그 이유는 무엇입니까?

6-2 흑색 진영의 입장에서 1...Kc3이나 1...Bc3, 1...Rb5 중 가장 좋은 움직임은 무엇입니까? 그 이유는 무엇입니까?

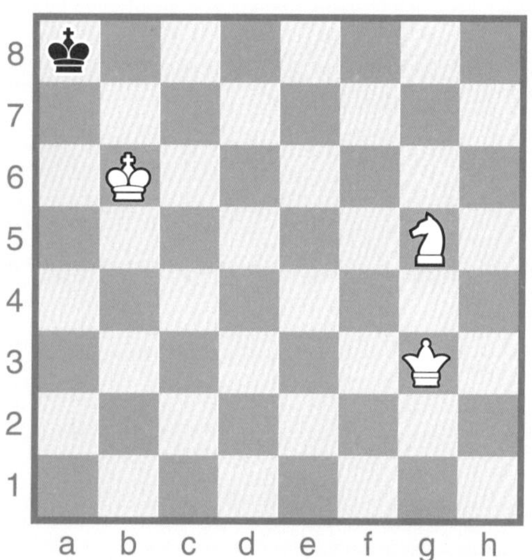

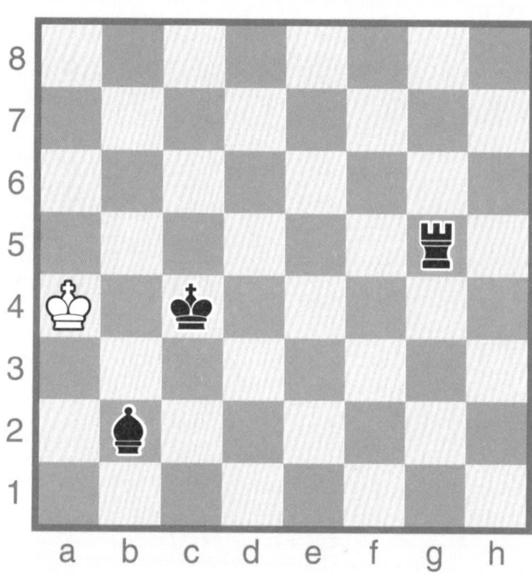

6-3 흑색 진영의 입장에서 1...Re6+나 1...Ra6, 1...Rxf2 중 가장 좋은 움직임은 무엇입니까? 그 이유는 무엇입니까?

6-4 백색 진영의 입장에서 1.Nb5+나 1.Nxc6, 1.Nxe6 중 가장 좋은 움직임은 무엇입니까? 그 이유는 무엇입니까?

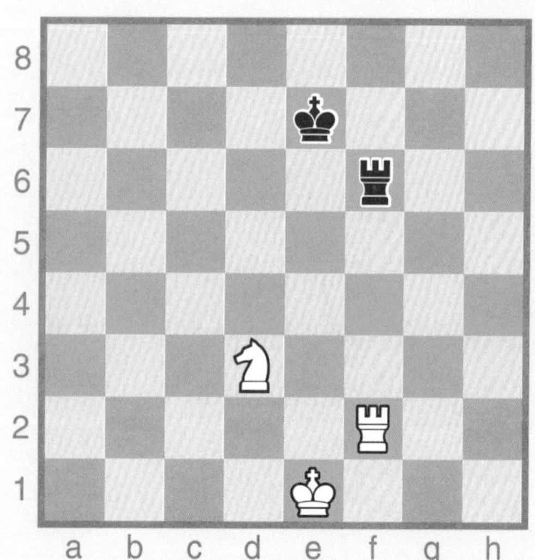

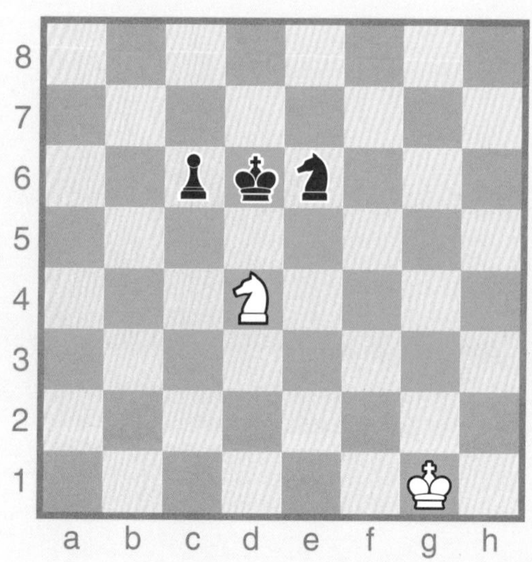

6-5 백색 진영의 입장에서 **1.Be8**이나 **1.Bd6, 1.Ka6** 중 가장 좋은 움직임은 무엇입니까? 그 이유는 무엇입니까?

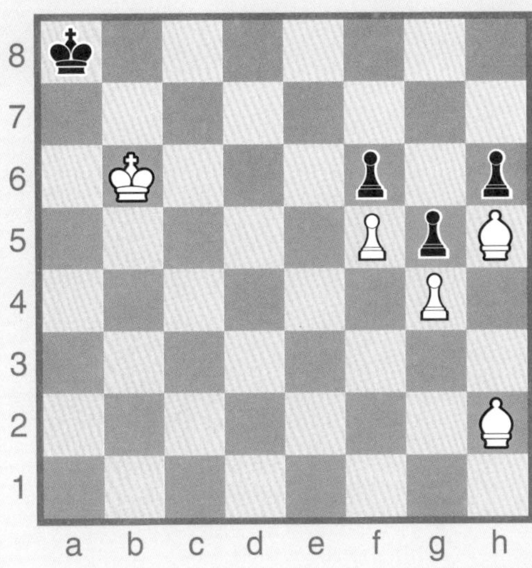

6-6 백색 진영의 입장에서 **1.Bc4+**나 **1.Bxg2, 1.Bxf7** 중 가장 좋은 움직임은 무엇입니까? 그 이유는 무엇입니까?

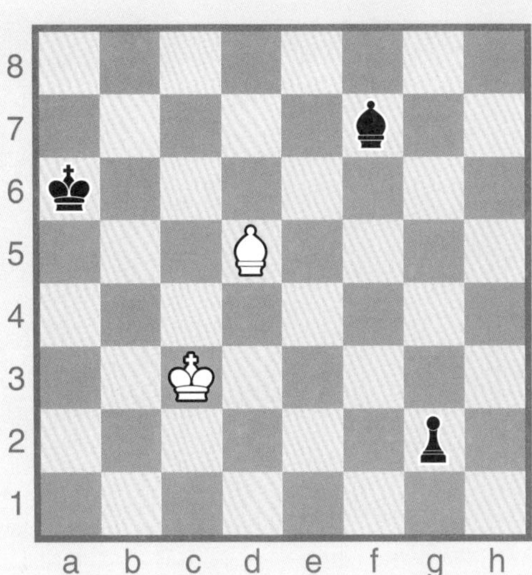

6-7 흑색 진영의 입장에서 **1...Rh2+**나 **1...Ra1, 1...Rd5** 중 가장 좋은 움직임은 무엇입니까? 그 이유는 무엇입니까?

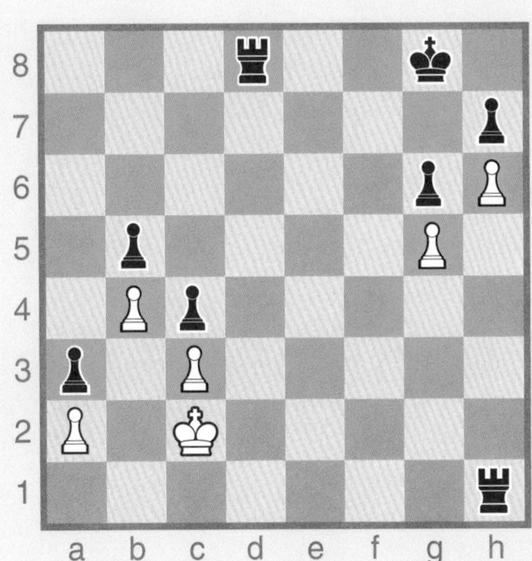

6-8 백색 진영의 입장에서 **1.Rxb2**나 **1.Ra3, 1.Kc4** 중 가장 좋은 움직임은 무엇입니까? 그 이유는 무엇입니까?

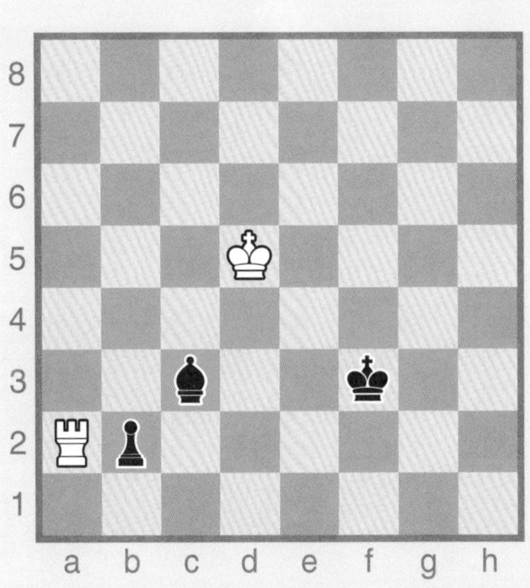

6-9 백색 진영의 입장에서 **1.Nf4+**나 **1.Nxf2**, **1.Kxh7** 중 가장 좋은 움직임은 무엇입니까? 그 이유는 무엇입니까?

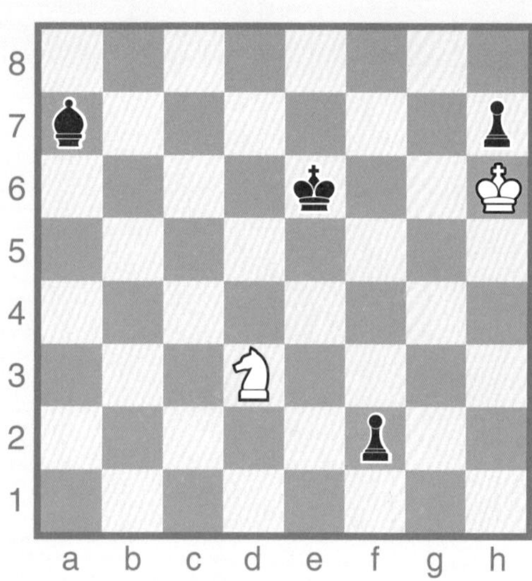

6-10 백색 진영의 입장에서 **1.h5**와 **1.Kxc7** 중 가장 좋은 움직임은 무엇입니까? 그 이유는 무엇입니까?

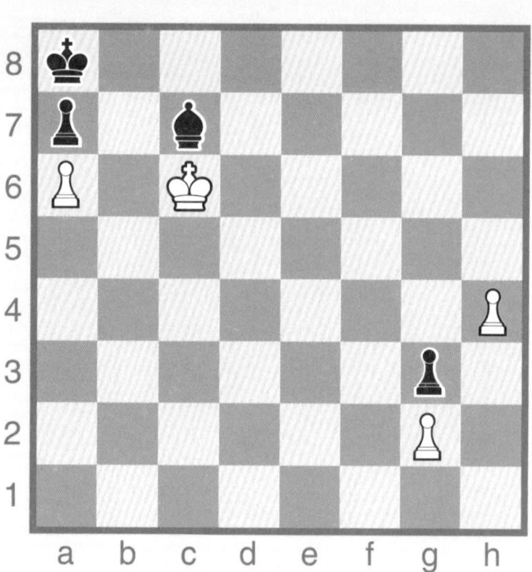

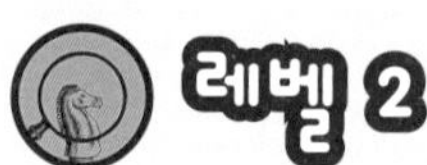

6-11 흑색 진영에서 할 수 있는 가장 좋은 움직임은 무엇입니까?

1...___________

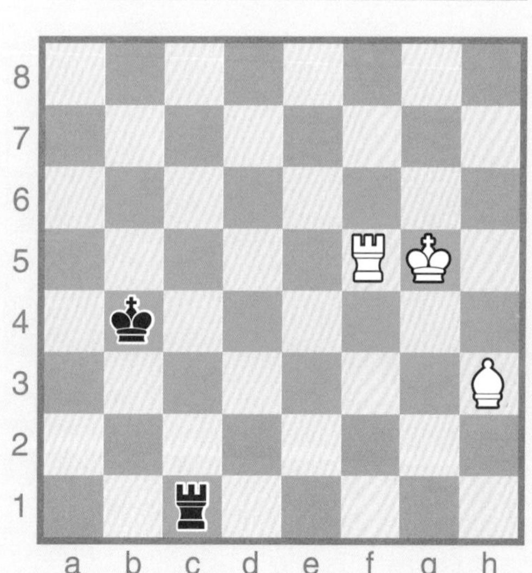

6-12 백색 진영에서 할 수 있는 가장 좋은 움직임은 무엇입니까?

1.___________

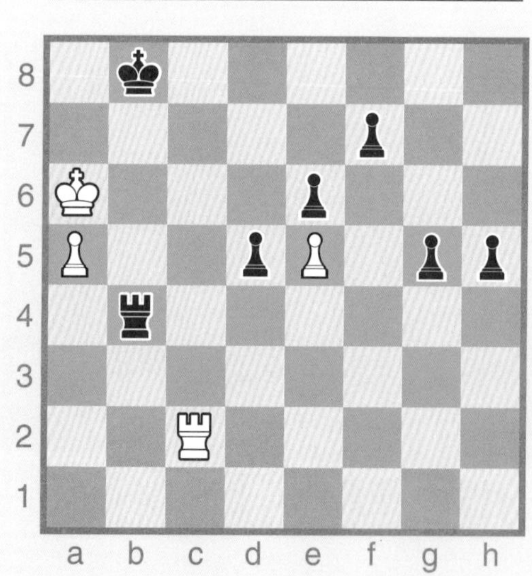

6-13 백색 진영에서 할 수 있는 가장 좋은 움직임은 무엇입니까?

1.____________________________

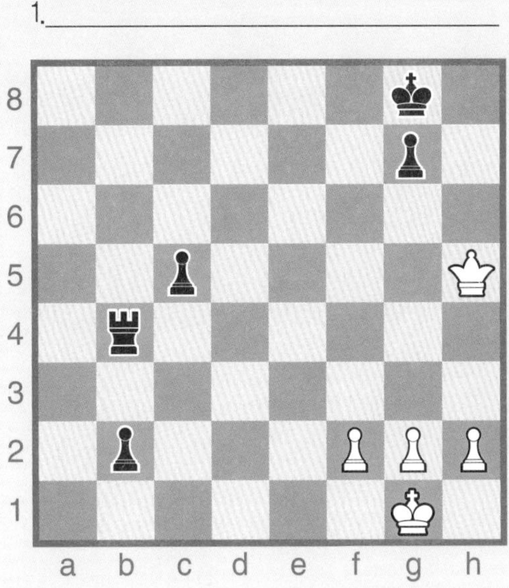

6-14 흑색 진영에서 할 수 있는 가장 좋은 움직임은 무엇입니까?

1...____________________________

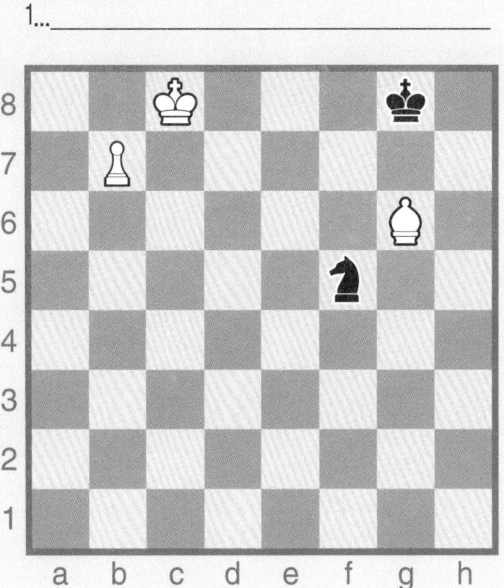

6-15 백색 진영에서 Kh2한 다음 흑색 진영 선수에게 무승부를 제안했습니다. 흑색 진영 선수는 이를 받아들여야 할까요? 그 이유는 무엇입니까?

____

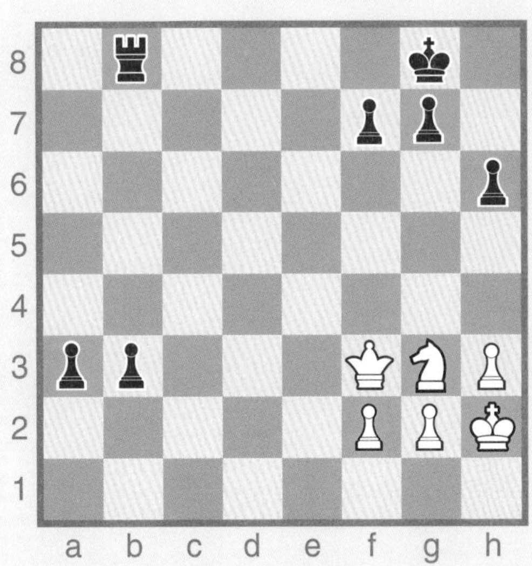

6-16 백색 진영에서 할 수 있는 가장 좋은 움직임은 무엇입니까?

1.____________________________

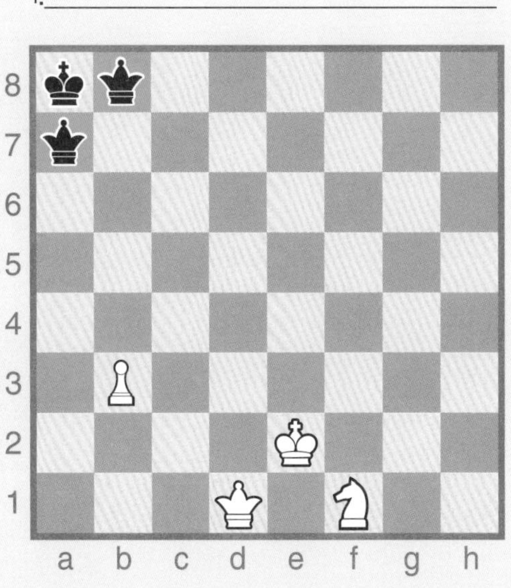

6-17 흑색 진영에서 할 수 있는 가장 좋은 움직임은 무엇입니까?

1...＿＿＿＿＿＿＿＿＿＿＿＿＿

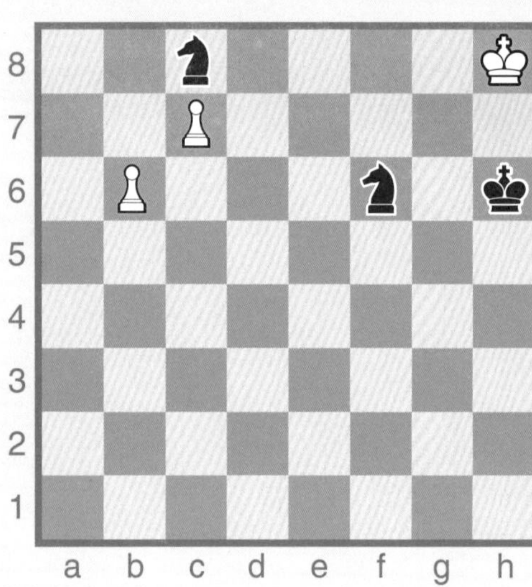

6-18 흑색 진영에서 할 수 있는 가장 좋은 움직임은 무엇입니까?

1...＿＿＿＿＿＿＿＿＿＿＿＿＿

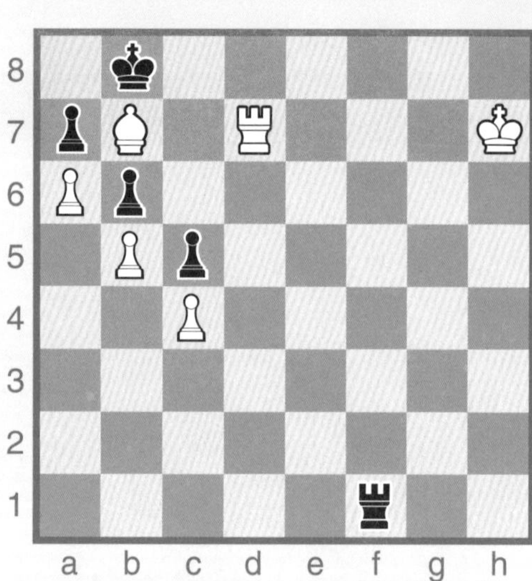

6-19 백색 진영에서 할 수 있는 가장 좋은 움직임은 무엇입니까?

1.＿＿＿＿＿＿＿＿＿＿＿＿＿

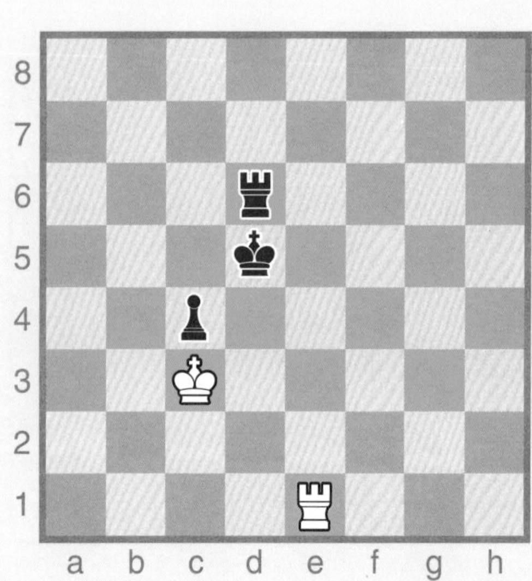

6-20 흑색 진영에서 ...Qxa2한 다음 무승부를 제안했습니다. 백색 진영 선수는 받아들여야 할까요?

＿＿＿＿＿＿＿＿＿＿＿＿＿

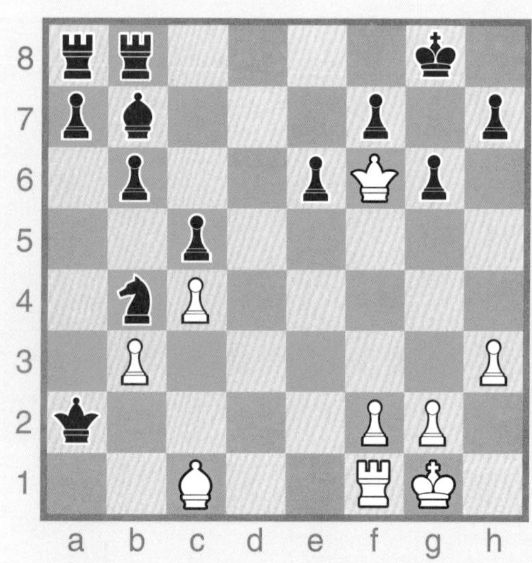

7교시

공짜 체스 말

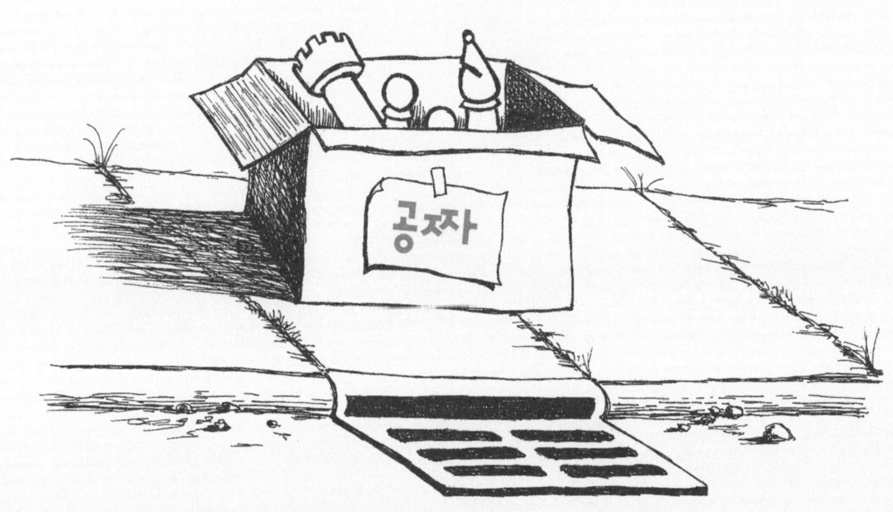

"게임에서 이겼을 때 승리감에 도취되거나, 상대방을 조롱하거나,

너무 기뻐하는 모습을 보여서는 안 된다."

– 벤저민 프랭클린(1706~1790), 정치가 · 철학가 · 경제학자

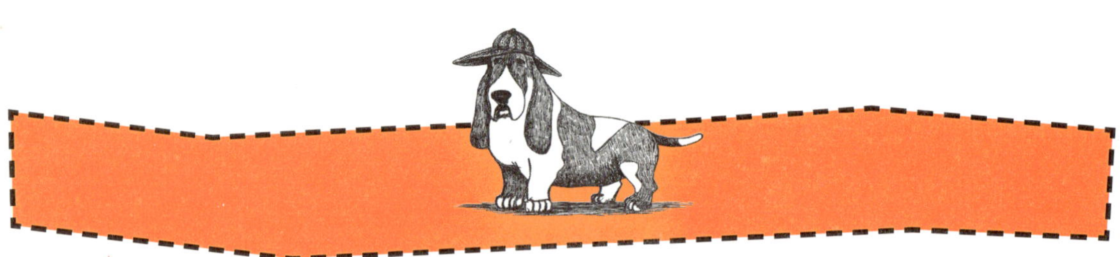

상대가 쉽게 가져가 버리는 공짜 체스 말

어린 선수들이 가장 흔히 저지르는 실수 중 하나가 체스 말을 여기저기 널어놓아 적군이 쉽게 공격할 수 있는 기회를 만들어 주거나, 체스 말이 잡힐 수 있는 위치에 놓는 것입니다. 물론 적군의 체스 말을 공격할 수 있는 기회를 엿보는 것은 중요하죠. 그런데 어린 선수들은 대부분 자신의 계획에만 집중하느라 상대방이 어떤 위협을 가하고 있는지 충분히 생각하지 않는 경향이 있습니다. 항상 상대방이 무엇을 하려고 하는 건지 신경 쓰세요. 체스 게임을 할 때는 자신의 체스 말이 소중하듯이 적군의 체스 말 또한 소중하다는 사실을 기억해야 합니다.

체스에서는 자신의 체스 말이 적군으로부터 몇 번 공격받을 수 있는지, 그리고 그것을 몇 번 막아 낼 수 있는지 잊지 말고 꼭 세야 합니다. 초보자 단계에서 볼 수 있는 가장 흔한 공짜 체스 말은 1번 공격받을 수 있는 체스 말을 방어해 줄 같은 편 체스 말이 없어 적군이 다음 차례에 잡아 버리는 것입니다. 쉽게 잡을 수 있는 기회를 마련해 주는 것이죠.

놀이터에 장난감을 깜빡 잊고 놓고 온다면 다른 아이가 그것을 발견해 공짜로 얻은 자기 장난감이라고 주장할 것입니다. 그렇기 때문에 항상 자기 장난감을 잘 챙겨야 하는 것입니다. 체스에서도 마찬가지입니다. 상대방이 공짜로 얻을 수 있는 체스 말을 여기저기 놓아 두어서는 안 됩니다. 횡단보도를 건너기 전에는 어떻게 해야 할까요? 사고가 나지 않게 차가 오는지 안 오는지 길 양옆을 잘 살펴야 합니다. 체스에서도 적군의 체스 말에 치이는 일이 없도록 자신의 움직임을 확인하고 또 확인하세요! 뛰어나가기 전에 언제나 주변을 잘 살피도록 합시다!

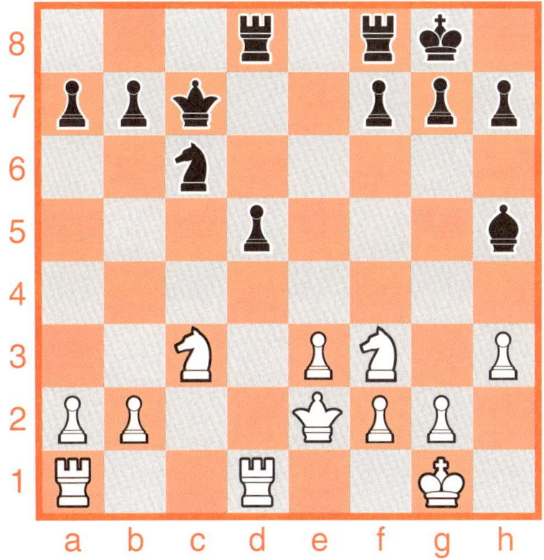

◀ 백색 진영 차례입니다. **d5**에 있는 흑색 폰이 적군으로부터 2번(**c3**에 있는 백색 나이트와 **d1**에 있는 룩) 공격받을 수 있는 것이 보이나요?

하지만 방어는 1번(**d8**에 있는 룩)밖에 할 수 없습니다. 결국 방어보다 공격할 수 있는 기회가 더 많기 때문에 백색 진영은 나이트와 룩 중 하나로 흑색 폰을 쉽게 잡을 수 있습니다. 축구에서 공격하는 사람은 2명인데 수비하는 사람은 1명뿐이라면 골을 먹게 되겠죠.

▶ 위와 같은 상황에서 **h5**에 있던 흑색 비숍을 **e6**으로 옮겨 봅시다. 이제 흑색 진영에서 **d5**에 있는 폰을 방어할 수 있는 체스 말이 2개가 되었네요.

백색 진영은 여전히 2개의 체스 말로 폰을 공격할 수 있지만, 폰을 잡을 경우 오히려 더 많은 것을 잃게 될 것입니다.

백색 진영에서 **1.Nxd5**하고 이어서 **1...Rxd5 2.Rxd5 Bxd5**한다면 백색 진영은 폰과 룩을 잡는 대신 나이트와 룩을 잃게 되기 때문이죠. 즉, 적군보다 2점을 더 잃게 됩니다.

만약 흑색 진영이 **1...Bxd5**하고 **2.Rxd5? Rxd5**한다면 흑색 진영은 폰과 비숍을 잃고 적군의 나이트와 룩을 잡을 수 있습니다. 이렇게 하면 백색 진영보다 4점을 더 얻을 수 있죠.

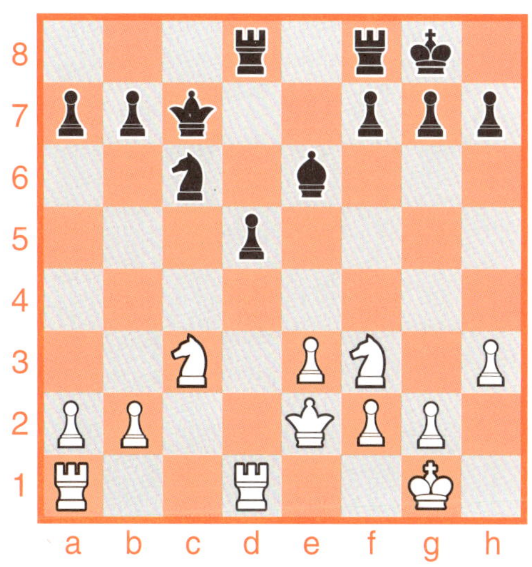

일반적으로 가장 가치가 낮은 체스 말이 먼저 잡히게 하는 것이 좋습니다. 그래야만 잡고 잡히는 상황이 끝났을 때 제일 가치가 높은 체스 말이 마지막까지 남아 있을 수 있기 때문이죠.

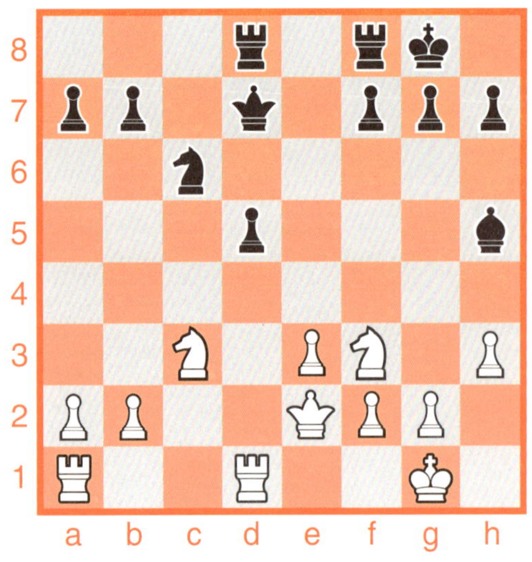

◀이제 흑색 비숍을 다시 **h5**에 놓고 그 대신 흑색 퀸을 **d7**에 옮겨 놓습니다.

이번에도 역시 흑색 폰은 2번 방어할 수 있습니다. **d7**에 있는 퀸과 **d8**에 있는 룩이 폰을 지켜 주고 있네요. 백색 진영의 공격 기회 역시 2번이며, 나이트나 룩 중 하나로 흑색 폰을 잡는 데 아무런 문제가 없습니다. 흑색 진영에서 폰을 잡은 적군의 체스 말을 잡기 위해 퀸을 먼저 움직여야 하기 때문입니다.

잡고 잡히는 움직임은 다음과 같아요. **1.Rxd5 Qxd5? 2.Nxd5 Rxd5**. 마지막에 **d5**를 차지하는 진영이 흑색이기는 하지만, 백색 나이트와 룩(총 8점)을 잡기 위해 퀸과 폰(총 10점)을 희생해야 했기 때문에 타격이 큽니다.

공짜 체스 말의 예

게임을 따라해 볼 수 있게 체스판을 준비하세요. 이 게임에서 보여 주는 몇몇 움직임은 적군이 손쉽게 챙길 수 있는 공짜 체스 말을 남겨 두기 때문에 좋은 움직임이 아닙니다.

1.e4 b5　b5에 있는 흑색 폰이 무방비 상태입니다.

2.Bxb5 a6 3.Nf3?　백색 비숍이 무방비 상태입니다.

3...axb5 4.d4 e6 5.Qe2 Ba6　흑색 비숍이 폰을 보호합니다.

6.h3 Nf6

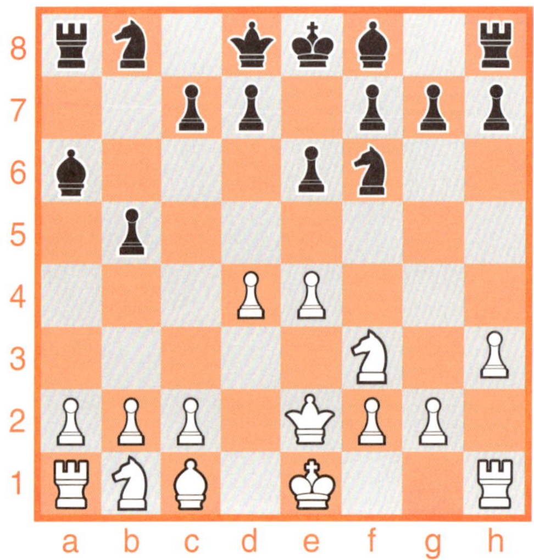

7.Qxb5?　이제는 백색 퀸이 무방비 상태입니다. 백색 진영 선수는 흑색 진영이 5...Ba6 하면서 비숍으로 폰을 보호하고 있다는 것을 생각하지 못했네요.

7...Bxb5 8.Bg5 Nxe4?　백색 폰이 무방비 상태입니다. 앗, 이럴 수가! 흑색 나이트가 퀸에 핀으로 고정되어 있다는 것을 깜빡했군요.

9.Bxd8 Kxd8　백색 비숍을 잡아야 합니다. 흑색 진영에서 퀸을 잃은 것이 조금이라도 덜 억울하려면 말이죠. 상점에서 물건을 사고 거스름돈을 받는 것과 같다고 생각하면 됩니다.

10.Nc3 Ba6?　흑색 진영에서 자신의 비숍이 공격받고 있음을 눈치 채고 피신했습니다. 그런데 나이트도 공격받고 있었네요! 10...Nxc3이나 10...Nd6, 10...Bc6, 10...Bb4했으면 체스 말을 잃지 않을 수도 있었을 것입니다.

11.Nxe4 Be7 12.0-0-0 Bb7　흑색 비숍으로 e4에 있는 나이트를 공격하면서 룩으로 a2에 있는 폰을 디스커버드 공격합니다. 백색 진영은 나이트와 폰을 모두 살리기 위해 어떻게 방어할 수 있을까요?

12.Nc3!　12.Nc5?한다면 b7에 있는 비숍을 공격할 수 있습니다. 그러나 흑색 진영에서 12...Bxc5 13.dxc5 Rxa2하면서 공짜 체스 말을 챙길 수 있습니다.

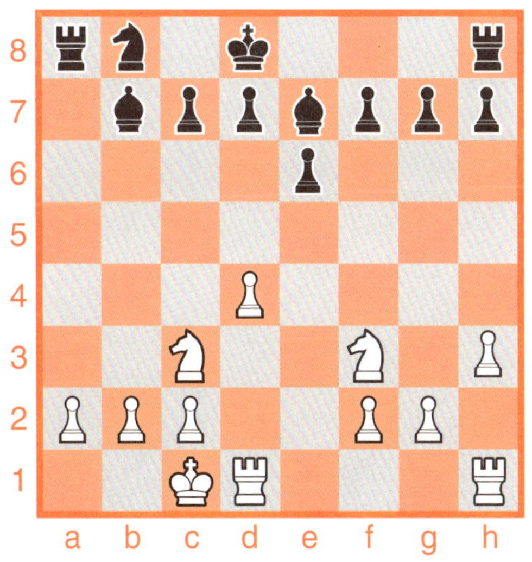

12...Bg5+?　비숍을 적군에게 내주는 꼴이 됩니다. 백색 킹을 체크할 수 있지만, 체크하는 것만으로 게임에서 이길 수는 없다는 사실을 명심하세요. 체스 말을 움직일 때는 언제나 목적이 있어야 합니다.

13.Nxg5　공짜 비숍을 잡습니다.

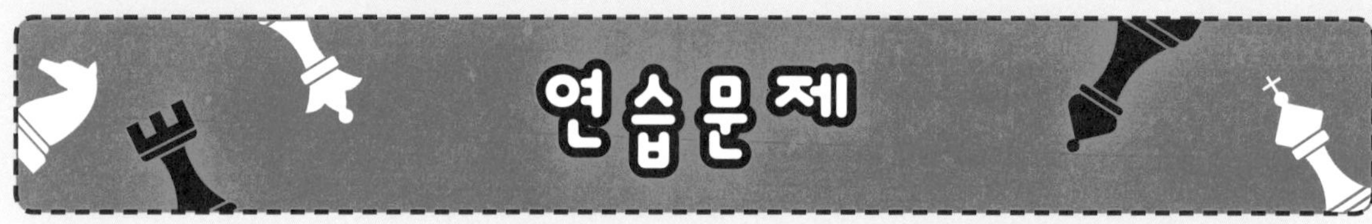

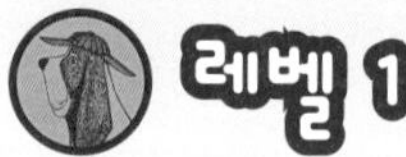

7-1 백색 진영 차례입니다. 공짜 체스 말은 무엇입니까?

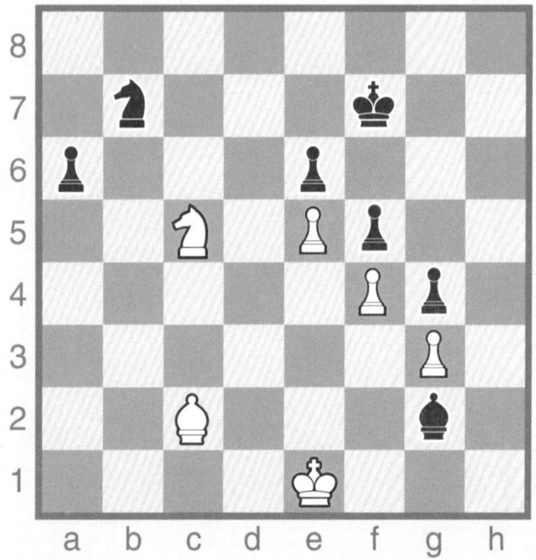

7-2 백색 진영 차례입니다. 공짜 체스 말은 무엇입니까?

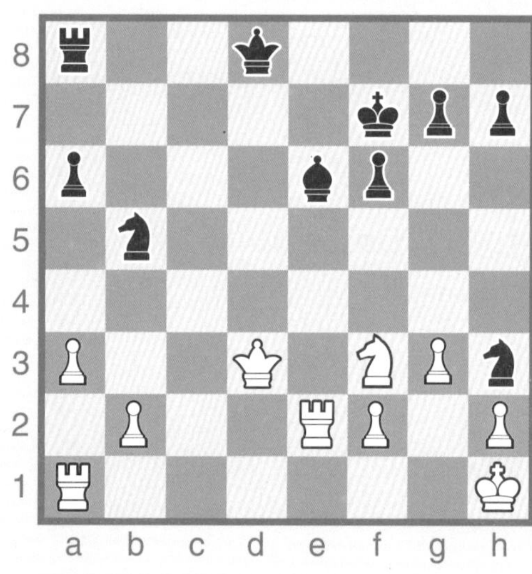

7-3 흑색 진영 차례입니다. 공짜 체스 말은 무엇입니까?

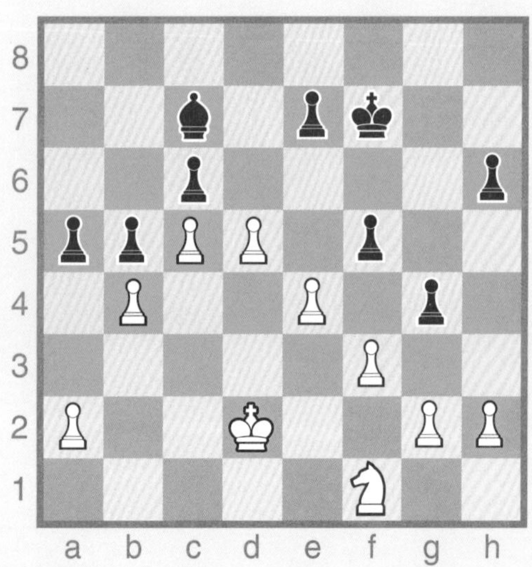

7-4 흑색 진영 차례입니다. 공짜 체스 말은 무엇입니까?

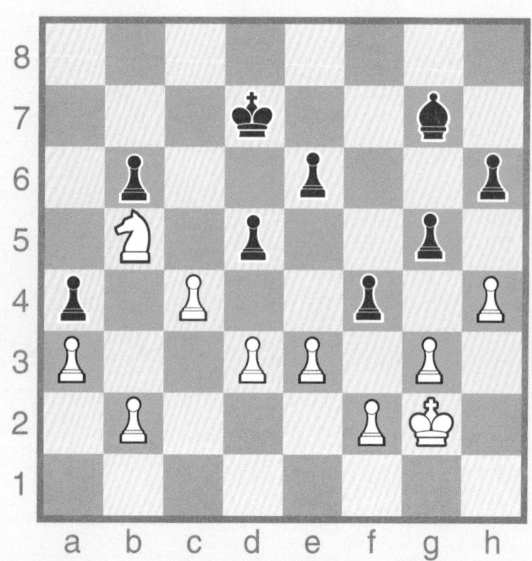

7-5 백색 진영 차례입니다. 공짜 체스 말은 무엇입니까?

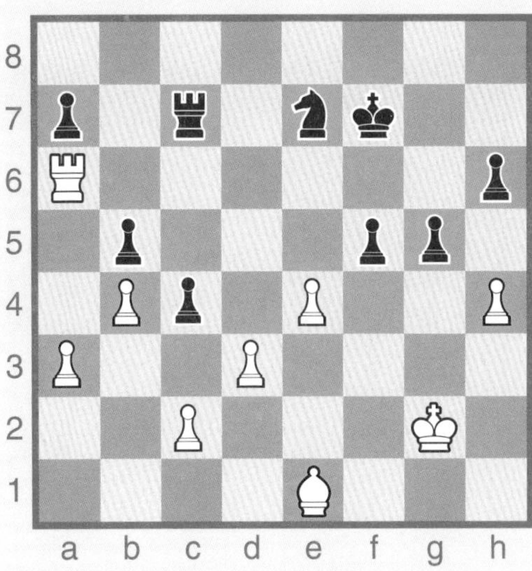

7-6 백색 진영 차례입니다. 공짜 체스 말은 무엇입니까?

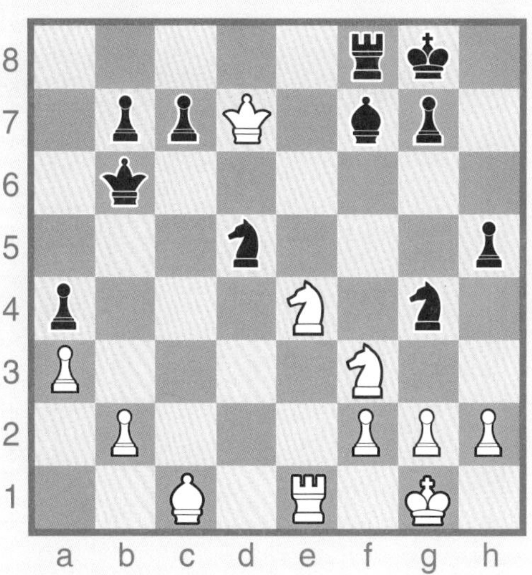

7-7 흑색 진영 차례입니다. 공짜 체스 말은 무엇입니까?

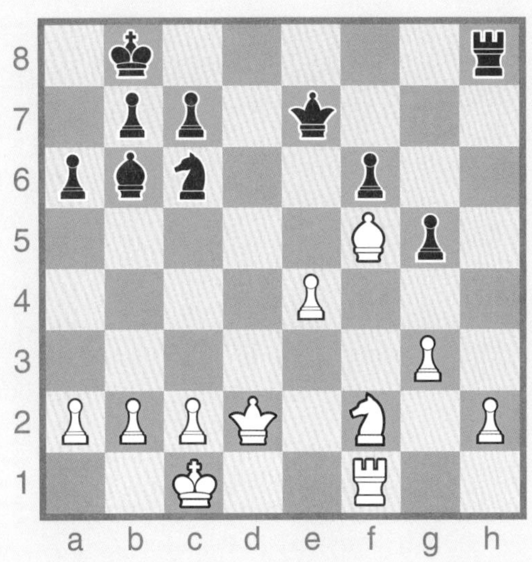

7-8 흑색 진영 차례입니다. 공짜 체스 말은 무엇입니까?

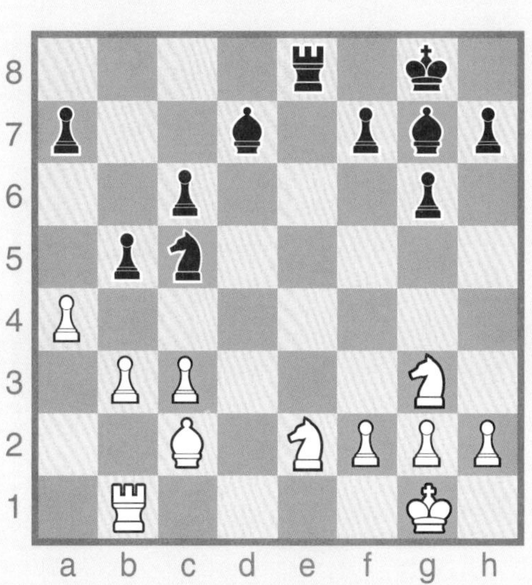

7-9 백색 진영 차례입니다. 공짜 체스 말은 무엇입니까?

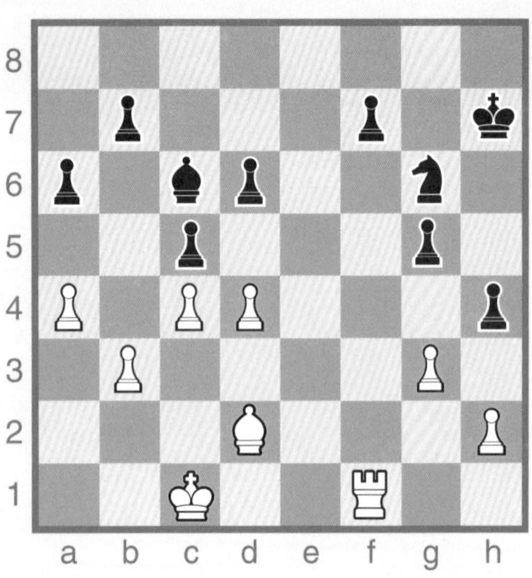

7-10 백색 진영 차례입니다. 공짜 체스 말은 무엇입니까?

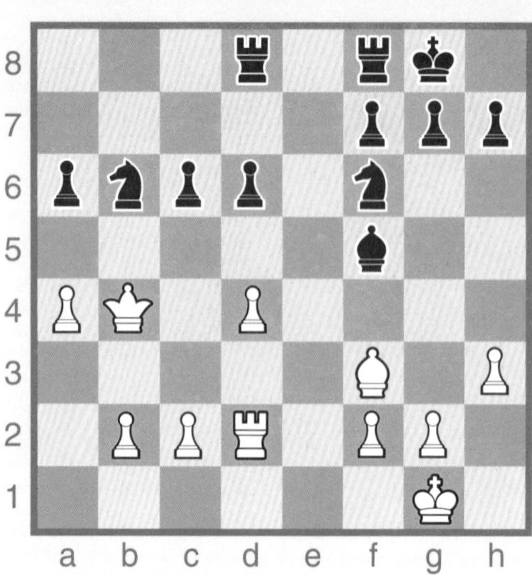

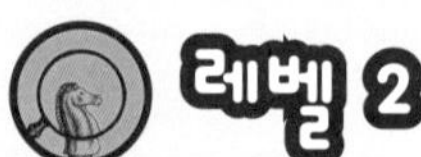 **레벨 2**

7-11 백색 진영 차례입니다. 공짜 체스 말은 무엇입니까?

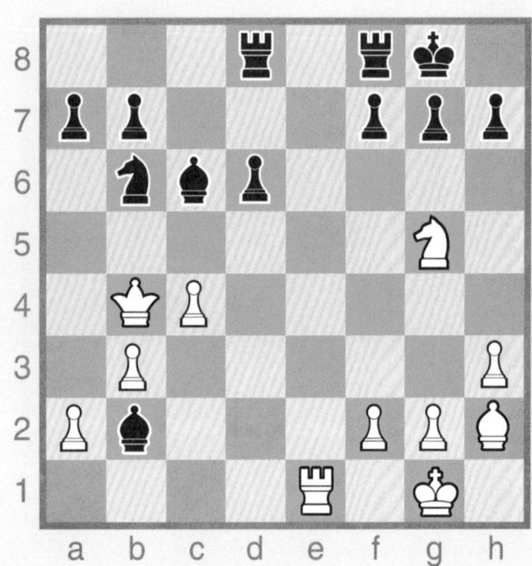

7-12 백색 진영 차례입니다. 공짜 체스 말은 무엇입니까?

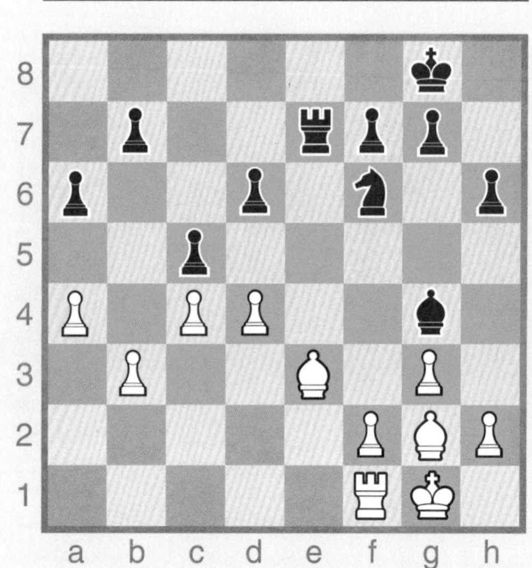

7-13 흑색 진영 차례입니다. 공짜 체스 말은 무엇입니까?

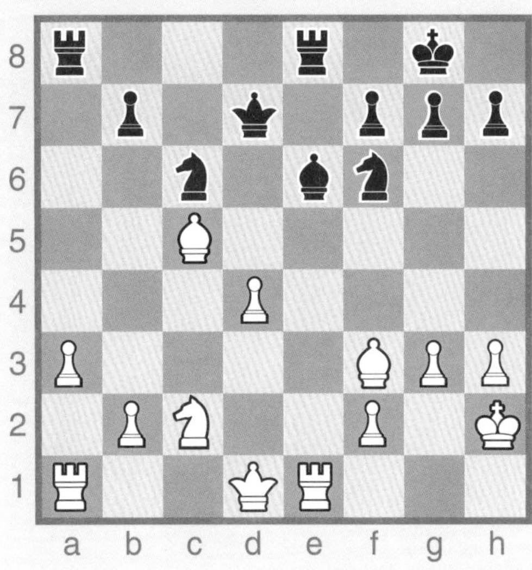

7-14 흑색 진영 차례입니다. 공짜 체스 말은 무엇입니까?

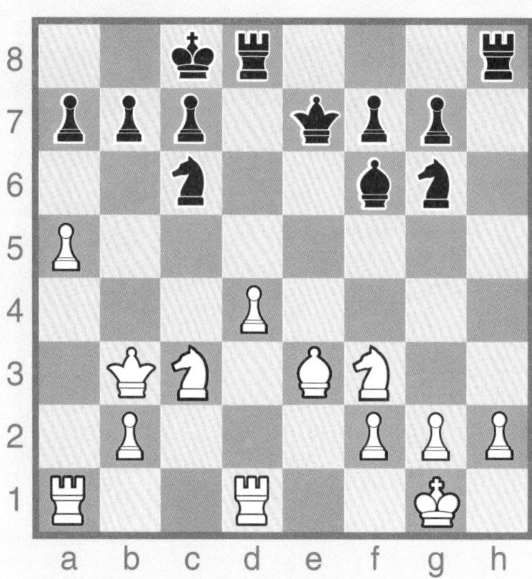

7-15 백색 진영 차례입니다. 공짜 체스 말은 무엇입니까?

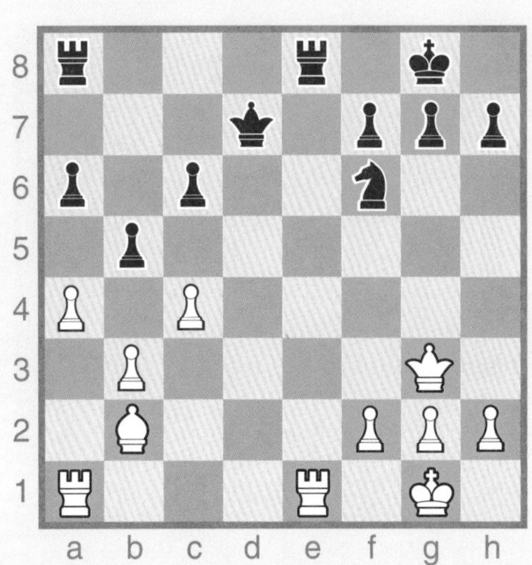

7-16 백색 진영 차례입니다. 공짜 체스 말은 무엇입니까?

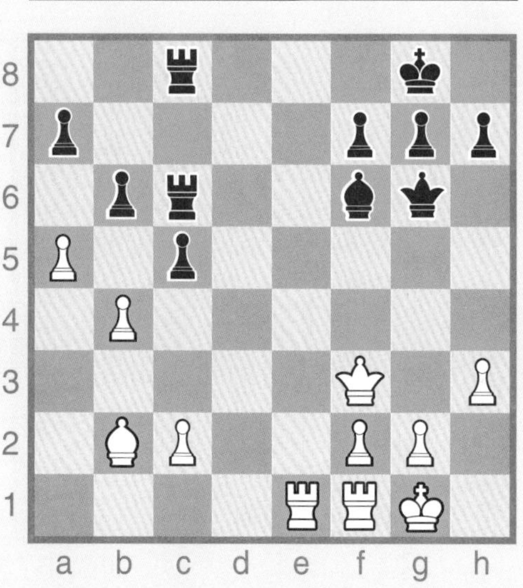

7-17 백색 진영 차례입니다. 공짜 체스 말은 무엇입니까?

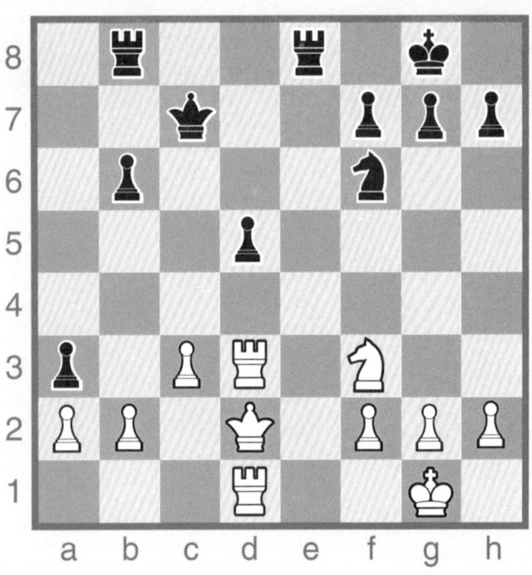

7-18 흑색 진영 차례입니다. 공짜 체스 말은 무엇입니까?

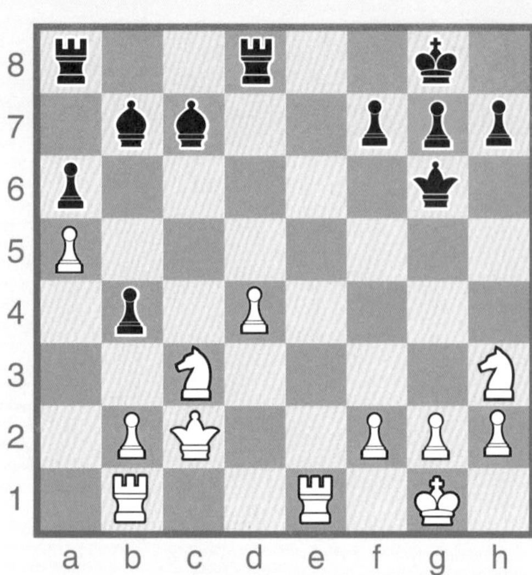

7-19 백색 진영 차례입니다. 공짜 체스 말을 잡을 수 있는 방법은 무엇입니까?

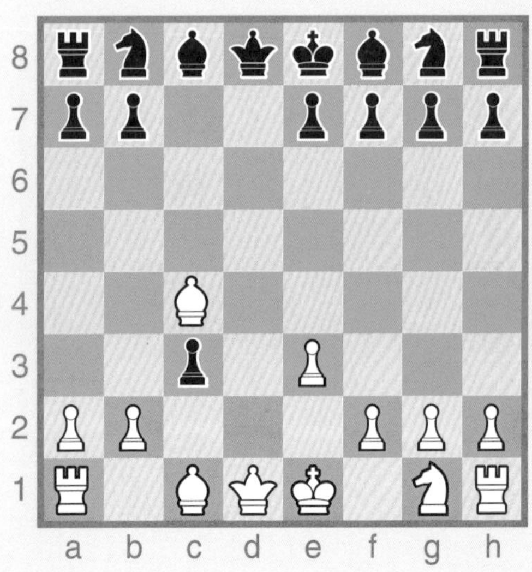

7-20 백색 진영 차례입니다. 공짜 체스 말을 잡을 수 있는 방법은 무엇입니까?

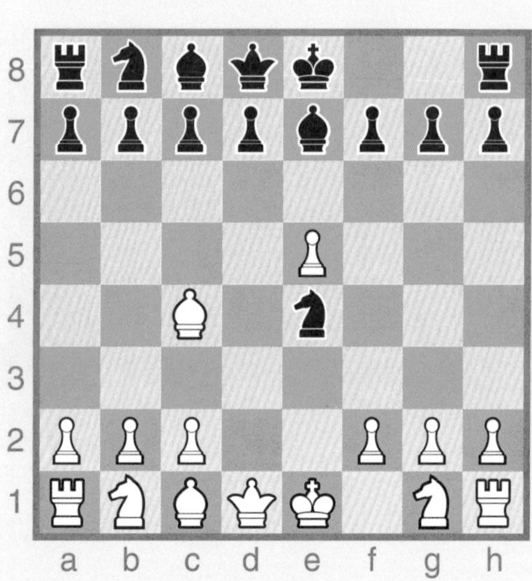

폰의 구조 익히기

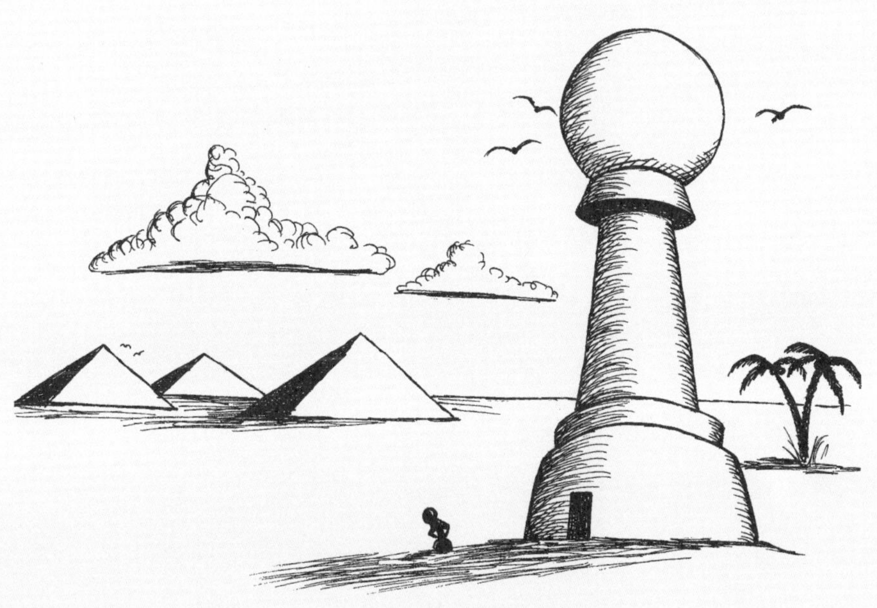

"적군이 움직였다. 곧 전면전에 돌입할 태세다. 폰은 이 모든 상황을 어느 누구보다
잘 파악하고 있다. 칼날을 날카롭게 갈아라!"

– J. R. R. 톨킨(1892~1973), 옥스퍼드 대학 교수 · 〈반지의 제왕〉 저자

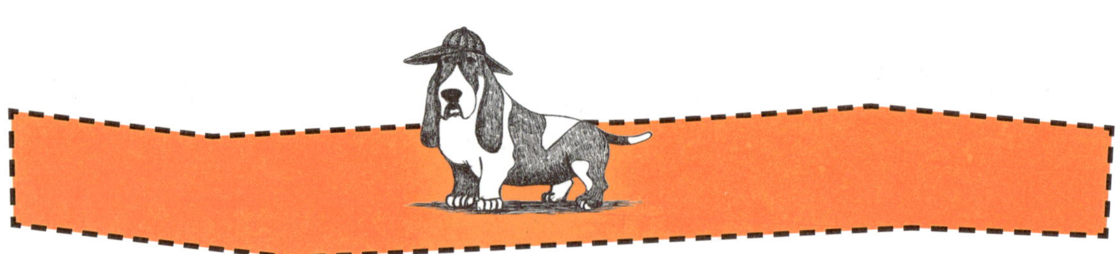

다양한 폰의 구조

폰의 구조는 체스에서 중요한 요소입니다. 폰은 체스판 위에서 함께 전쟁을 치르는 다른 폰들과 어떻게 연관되어 위치하고 있느냐에 따라 강력한 힘을 발휘할 수도, 힘을 전혀 쓰지 못할 수도 있습니다. 적군을 잡기 위해서는 이동하는 줄(파일)과 구조를 바꾸어야 하기 때문에 강한 폰만 끝까지 살아남는다고 할 수는 없어요. 약한 폰도 게임이 끝날 때까지 살아남을 가능성은 얼마든지 있습니다.

양 선수는 게임에서 승리하기 위해 각자 강한 폰 구조를 만드는 한편, 적군의 폰 구조를 약하게 만들기 위해 노력합니다. 적군이 튼튼한 폰 구조를 완성하는 데 도움을 주어서는 안 되겠죠? 아기 돼지 삼형제 이야기를 생각해 보세요. 크고 못된 늑대가 지푸라기로 집을 지은 아기 돼지에게 가서 "멍청한 돼지 같으니라고. 지푸라기로 지은 집이 얼마나 튼튼하겠어? 네가 집을 튼튼하게 지을 수 있도록 벽돌을 주문했어. 내가 아무리 입김을 세게 불어도 집이 날아가지 않도록 말이야!"라고 말하는 일은 없을 것입니다.

폰은 떨어져 있을 때보다 나란히 붙어 있을 때 더 강해집니다. 서로가 서로를 보호해 줄 수 있기 때문이죠. 그러나 같은 파일에 앞뒤로 나란히 줄지어 놓여 있을 때는 힘을 발휘하지 못하고 약해집니다. 이때는 서로를 보호해 줄 수 없기 때문이에요. 위험에 처해 있을 때 언제든지 달려와 도와줄 친구가 있으면 훨씬 든든하겠죠?

상급자들의 게임에서는 폰을 잃는 것이 게임 전체를 이기고 지는 문제로 이어질 수 있을 만큼 폰 구조가 아주 중요합니다.

다음은 폰이 놓인 상황에 따른 폰 구조의 종류입니다.

- 통과폰
- 보호받는 통과폰
- 폰사슬
- 외톨이폰
- 이중 외톨이폰
- 삼중 외톨이폰
- 외톨이 통과폰
- 베이스폰
- 뒤처진 폰
- 이중폰
- 삼중폰

① 통과폰

  적군의 폰이 앞길을 가로막고 있지도 않고, 이동하려는 칸을 통제하고 있지도 않아 체스판 맞은편 끝까지 방해받지 않고 전진해 마침내 계급 변신에 성공할 수 있는 폰을 통과폰이라고 합니다. 통과폰은 퀸으로 계급이 올라갈 수 있는 가능성이 아주 높기 때문에 강한 폰입니다. 적군은 이 폰을 어떻게든 잡아야 하죠. 통과폰이 퀸으로 변신하는 것을 막기 위해서는 비숍이나 나이트를 희생해서라도 이 폰이 계속 앞으로 나가는 것을 막아야 합니다. 통과폰이 반대편 체스판 끝에 가까이 있을수록 적군은 더 위험해집니다.

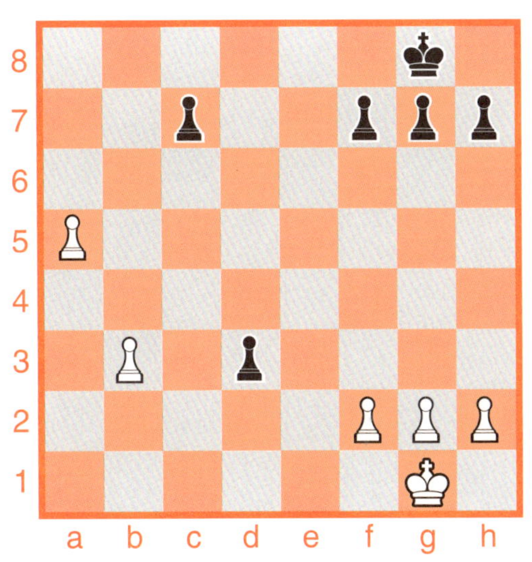

◀ **a5**와 **d3**에 있는 폰이 통과폰입니다.

❷ 보호받는 통과폰

보호받는 통과폰은 같은 편 폰의 보호를 받고 있는 통과폰을 말합니다. 아무도 막지 않고 보호까지 받고 있으니 가장 강한 폰이라고 할 수 있죠.

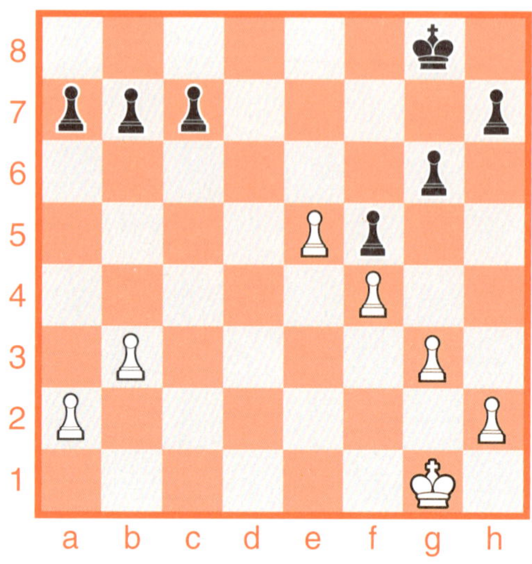

▶ e5에 있는 폰이 보호받는 통과폰입니다. f4에 있는 폰이 이 폰을 보호하고 있네요.

❸ 폰사슬

주변 파일에 대각선 방향으로 나란히 모여 있는, 그래서 서로가 서로를 보호해 주는 폰 무리를 폰사슬이라고 부릅니다. 위 그림에서 h2와 g3, f4, e5에 있는 백색 폰들의 모양을 보세요. 사슬처럼 여러 개가 죽 이어져서 폰사슬을 만들고 있습니다. a2와 b3에 있는 폰들은 작은 폰사슬을 만들고 있네요.

흑색 진영의 경우도 h7과 g6, f5에 있는 폰들이 폰사슬을 만들고 있습니다.

❹ 외톨이폰

외톨이폰은 다른 폰들로부터 홀로 떨어져 있는 슬프고 약한 폰입니다. 외톨이폰은 한 쪽 진영의 폰만 있고 다른 진영의 폰은 없는 파일, 체스 식으로 말하면 반만 열려 있는 파일에 있을 때 특히 더 기운을 내지 못합니다. 적군의 두 룩이 좋은 자리를 잡은 다음 공격하면 손을 쓸 수 없게 되죠.

⑤ 이중 외톨이폰

옆 파일에 친구 폰이 없어 아무런 보호도 받지 못하는 상태에서 2개의 폰이 같은 파일에 일렬로 나란히 놓여 있는 형태를 이중 외톨이폰이라고 합니다.

⑥ 삼중 외톨이폰

삼중 외톨이폰은 다른 외톨이폰처럼 옆 파일에 친구 폰이 없어 어떠한 보호도 받지 못하는 상태에서 3개의 폰이 같은 파일에 일렬로 놓여 있는 형태를 말합니다. 삼중 외톨이폰은 자주 볼 수 있는 형태는 아니에요.

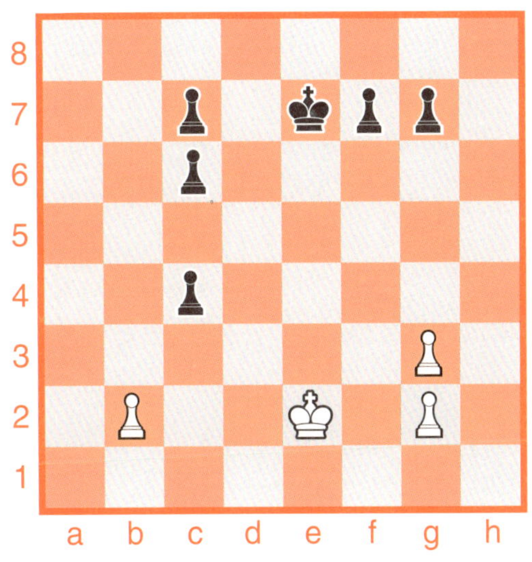

◀ b2에 있는 백색 폰은 외톨이폰입니다. g2와 g3에 있는 폰은 이중 외톨이폰이고, c7과 c6, c4에 있는 흑색 폰은 삼중 외톨이폰입니다.

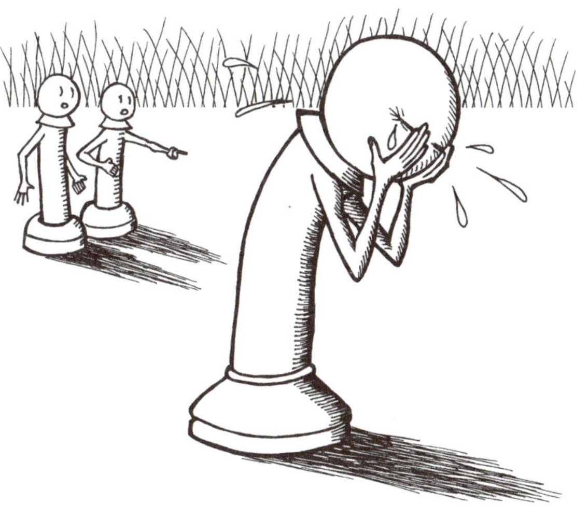

7 외톨이 통과폰

적군의 폰이 가로막고 있지 않다는 좋은 점과 혼자 떨어져 있다는 나쁜 점을 동시에 가지고 있는 폰을 외톨이 통과폰이라고 합니다.

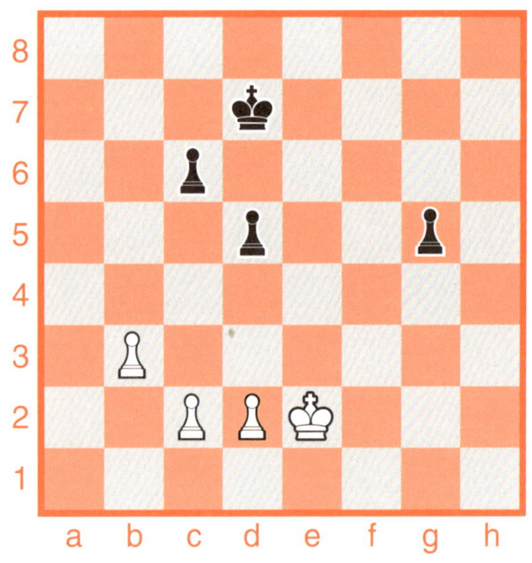

◀ **g5**에 있는 폰이 외톨이 통과폰입니다.

8 베이스폰

폰사슬의 맨 아래 부분에 위치한, 폰사슬의 시작점을 베이스폰이라고 합니다. 이 폰은 다른 폰의 보호를 받지 못해요.

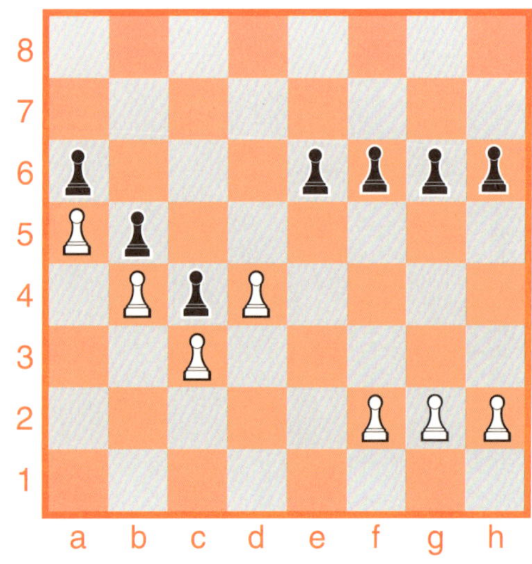

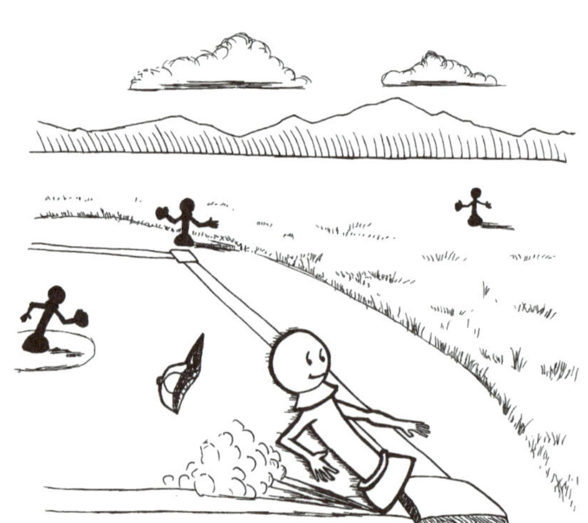

▲ **a6**과 **c3**에 있는 폰이 베이스폰입니다.

❾ 뒤처진 폰

　적군의 폰은 없고 자기편 폰만 있는 반만 열려 있는 파일에 위치한 베이스폰을 뒤처진 폰이라고 합니다. 뒤처진 폰은 같은 파일에 적군의 룩이 있는 경우 쉽게 공격당할 수 있기 때문에 약한 폰입니다.

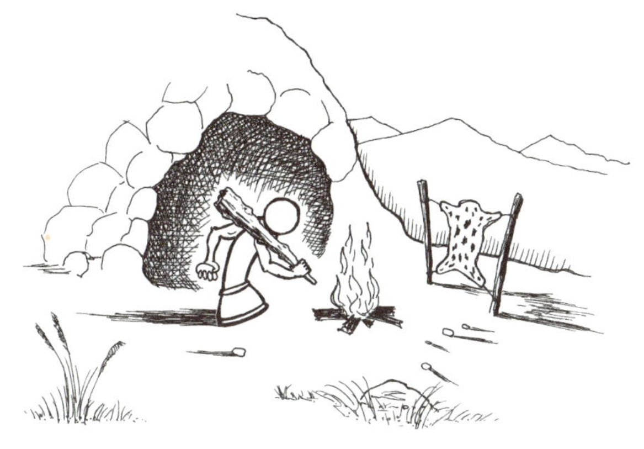

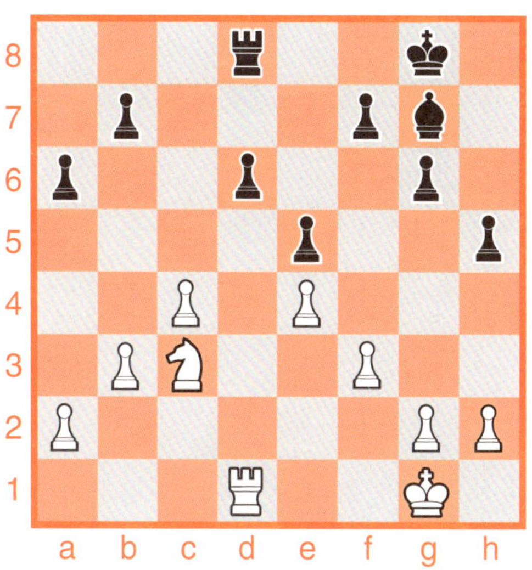

▲ **a2**와 **g2**, **b7**, **d6**, **f7**에 있는 폰은 모두 베이스폰입니다. **d6**에 있는 베이스폰은 뒤처진 폰이라고 합니다.

❿ 이중폰

　이중폰은 같은 파일에 2개의 폰이 일렬로 놓여 있으면서 옆 파일에 이들을 보호해 주는 자기편 폰이 놓여 있는 형태를 말합니다. 이중폰은 이중 외톨이폰보다는 훨씬 강하지만, 일반적으로 폰이 옆으로 나란히 놓여 있는 구조보다는 약하다고 할 수 있습니다.

⓫ 삼중폰

　삼중폰은 같은 파일에 3개의 폰이 일렬로 놓여 있고, 옆 파일에 이들을 보호해 줄 수 있는 자기편 폰이 놓여 있는 형태를 말합니다. 삼중폰은 상당히 보기 드문 구조입니다.

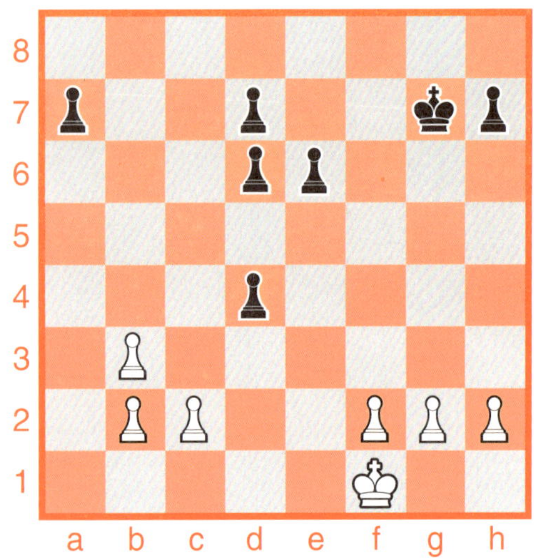

◀ b파일에 놓여 있는 2개의 백색 폰을 이중폰이라고 합니다.
d파일에 놓여 있는 3개의 흑색 폰을 삼중폰이라고 합니다.

체스판에 다른 체스 말들이 더 있어도 폰 구조를 정의하는 데 영향을 주지는 않습니다.

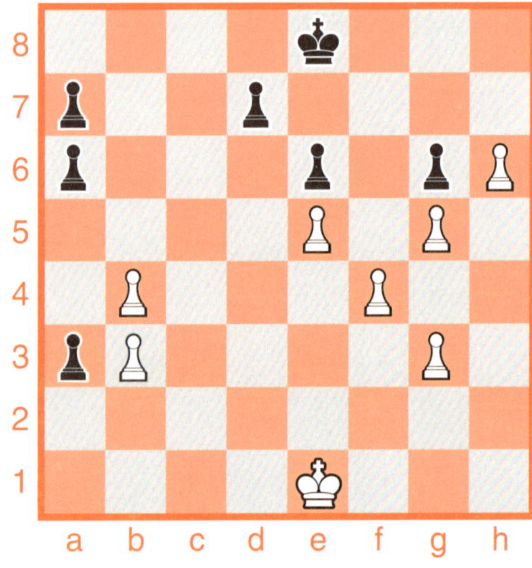

◀ h6은 보호받는 통과폰입니다.
a3은 외톨이 통과폰입니다.
g6은 외톨이폰입니다.
g3과 d7은 베이스폰입니다.

d7과 e6에 있는 흑색 폰은 폰사슬을 만들고 있습니다. 백색 진영의 경우는 g3, f4, e5, 그리고 f4, g5, h6에 있는 폰이 폰사슬을 만들고 있네요.

a3과 a6, a7에 있는 폰은 삼중 외톨이폰입니다.
b3과 b4에 있는 폰은 이중 외톨이폰입니다.
d7에 있는 폰은 베이스폰이자 같은 편 폰만 있는 반만 열려 있는 파일에 놓여 있기 때문에 뒤처진 폰입니다.
g3과 g5에 있는 폰은 이중폰입니다(f4와 h6에 폰이 놓여 있기 때문에 이중 외톨이폰은 아닙니다).

유리한 폰 구조 만들기

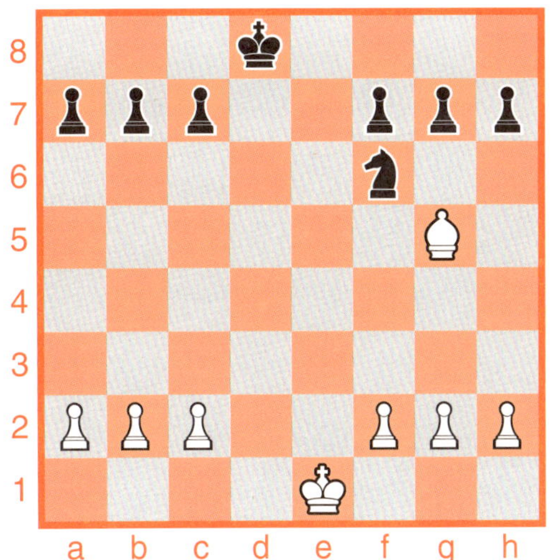

폰의 구조만을 생각해 봤을 때 왼쪽 그림에서 백색 진영이 할 수 있는 가장 좋은 움직임은 무엇일까요? 1.Bxf6+입니다. 비숍으로 나이트를 잡는 것이죠. 흑색 진영은 수적으로 백색 진영에 밀리고 싶지 않기 때문에 비숍을 잡을 수밖에 없습니다. 흑색 진영이 1...gxf6합니다. 이제 h7에 있는 폰은 외톨이폰이 되었군요. 또 f7과 f6에 있는 폰은 이중 외톨이폰이 되었네요. 백색 진영은 1번의 움직임으로 흑색 진영의 킹 쪽에 있는 폰을 모두 무기력하게 만들었습니다. 외톨이가 된 이 폰들은 게임이 계속 진행되는 동안 자신을 보호할 수 있는 힘을 잃어버리고 말았습니다.

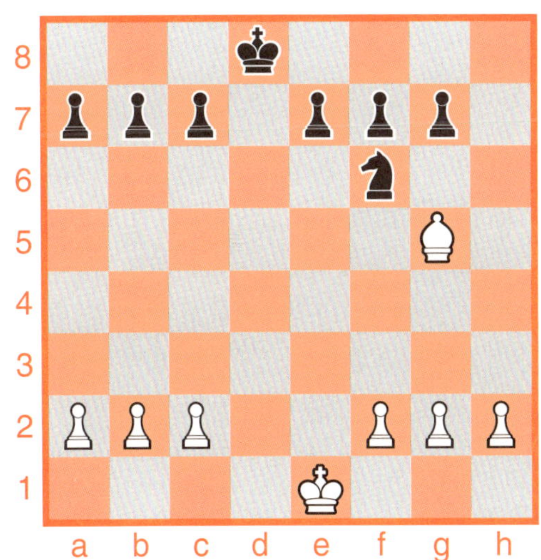

◀ 이 그림에서 백색 진영이 1.Bxf6했다고 생각해 봅시다. 흑색 진영은 1...exf6이나 1...gxf6하면서 비숍을 잡아야 합니다. 둘 중 어느 움직임이 더 나을까요?
어느 쪽을 선택하든 흑색 진영은 f파일에 이중폰 구조를 가지게 됩니다.
1...exf6이 올바른 선택이라고 할 수 있겠네요. 만약 흑색 진영이 1...gxf6한다면 백색 진영의 h2에 있는 폰이 통과폰이 되기 때문입니다.
1...exf6하면 g7에 있는 흑색 폰이 h2에 있는 폰이 끝까지 전진해 계급 변신하는 것을 막을 수 있기 때문에 h2 폰은 통과폰이 될 수 없습니다.

적군의 폰 구조를 약하게 만들고 자신의 구조는 강하게 만드는 방법을 항상 생각하면서 게임을 해야 합니다. 물론 적군도 같은 작전을 짜고 있다는 사실을 잊지 마세요!

앙파상

체스 게임에서 3번째로 특별한 움직임을 앙파상이라고 합니다(1번째는 폰의 계급 변신이고, 2번째는 캐슬링입니다). 이 움직임은 꽤 까다롭기 때문에 자주 사용하지는 않습니다. 앙파상은 프랑스어로 '지나가는 도중에'라는 뜻이며, 오직 폰만 할 수 있습니다.

앙파상은 적군의 폰을 잡을 때 쓰는 움직임으로 다음과 같은 상황에서만 가능합니다. 백색 폰이 5랭크에 있다고 가정하고, 그 옆 파일에 있는 흑색 폰이 자신의 원래 위치에서 2칸 앞으로 나가며 백색 폰이 공격할 수 있는 자리를 건너뛰었다고 생각해 볼까요? 이때 5랭크에 있던 백색 폰은 흑색 폰이 1칸만 전진한 것으로 간주하고 잡을 수 있습니다. 여기서 기억해야 할 점은 앙파상으로 적군의 폰을 잡는 방법은 적군의 폰이 2칸 앞으로 이동하고 난 바로 다음 차례에만 사용할 수 있으며, 시간이 지난 다음에는 사용할 수 없다는 것입니다.

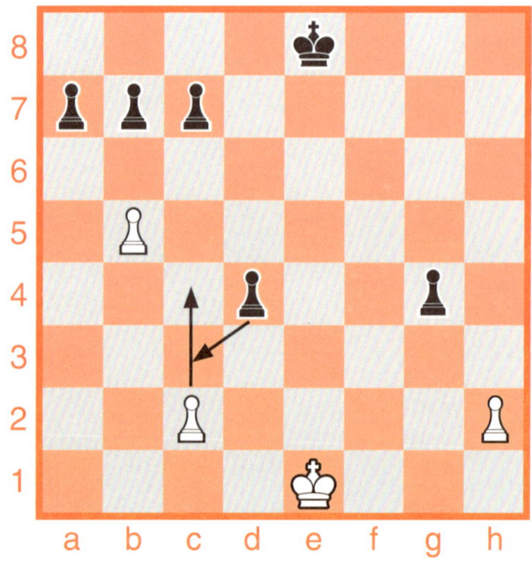

◀ 백색 진영의 차례입니다. c2에 있는 폰을 c4로 이동했을 경우, d4에 있는 흑색 폰이 앙파상(...dxc3)으로 그 폰을 잡을 수 있습니다(그림 속의 화살표를 확인하세요).
만약 백색 진영에서 h2의 폰을 h4로 이동한다면 g4에 있는 흑색 폰이 앙파상(...gxh3)해서 h4의 폰을 잡을 수 있어요.
반대로 이제는 흑색 진영의 차례입니다. 흑색 진영에서 ...a5했을 때 백색 진영은 bxa6할 수 있습니다. 흑색 진영에서 ...c5한다면 백색 진영에서 bxc6하면서 앙파상으로 흑색 폰을 잡을 수 있어요.
앙파상을 하는 경우는 흔하지 않습니다. 특히 이 그림에서처럼 여러 번 앙파상할 수 있는 상황은 거의 일어나지 않아요. 이 그림은 앙파상을 이용해 적군의 폰을 잡는 방법을 보여 주기 위해 사용한 예일 뿐입니다.

앙파상을 이용해 적군의 폰을 잡을 수 있는 기회가 왔다고 해서 앞뒤 안 가리고 무조건 앙파상을 해야 하는 것은 아닙니다. 아무 생각 없이 자동적으로 하는 것이 아니라, 항상 목적을 가지고 자신의 상황을 유리하게 이끌 수 있는 움직임을 만들어야 합니다.

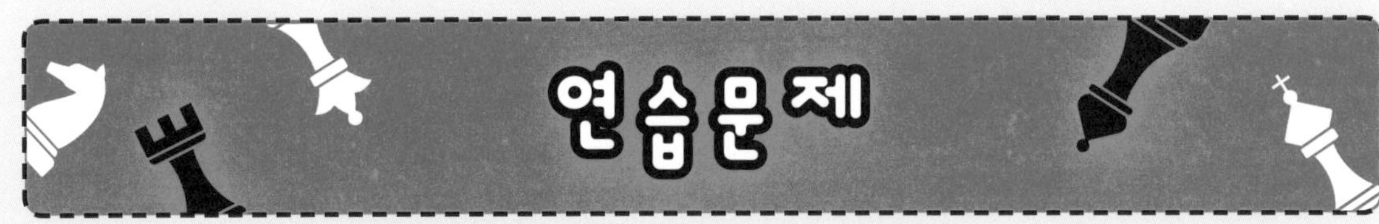

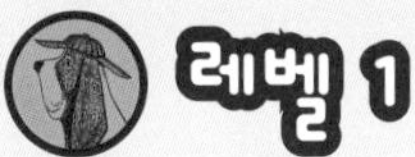

8-1 보호받는 통과폰은 어디에 있습니까?

8-2 외톨이폰은 어디에 있습니까?

8-3 뒤처진 폰은 어디에 있습니까?

8-4 베이스폰은 어디에 있습니까?

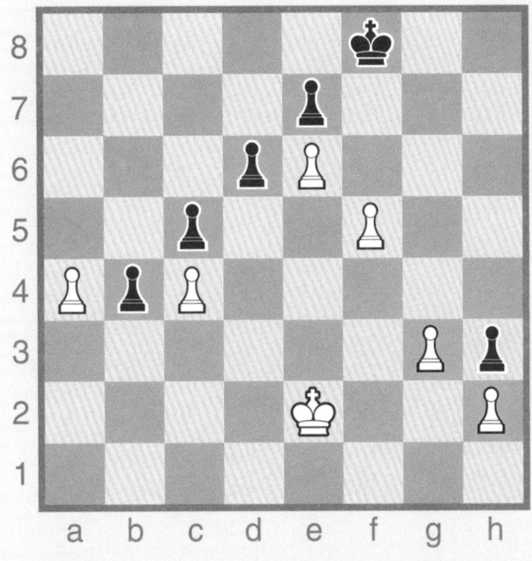

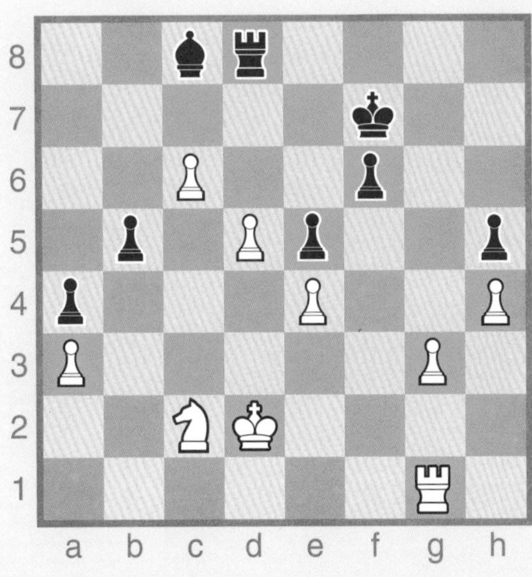

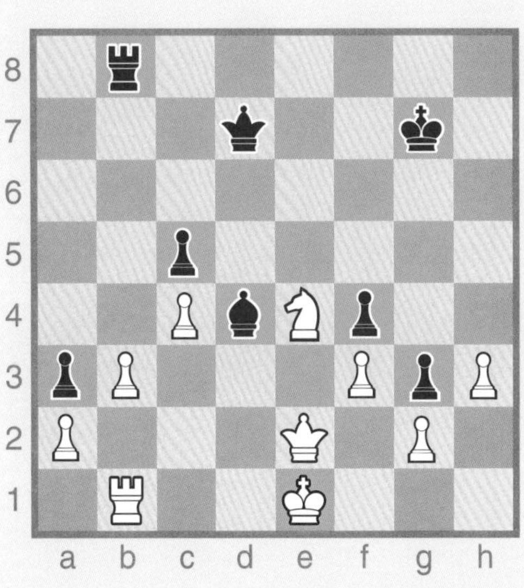

8-5 a4에 있는 폰은 어떤 구조의 폰입니까?

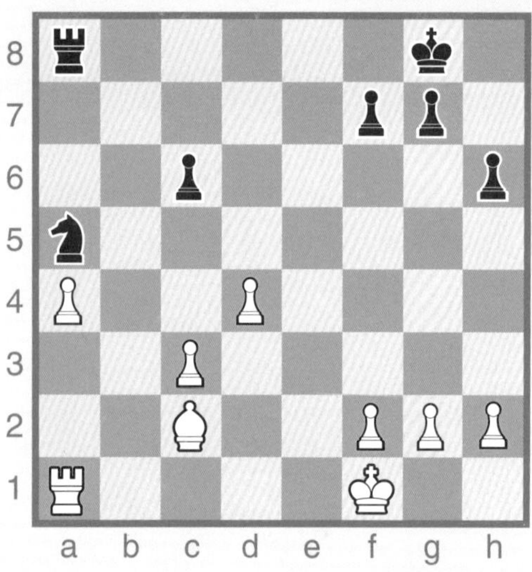

8-6 이중 외톨이폰은 몇 개입니까?

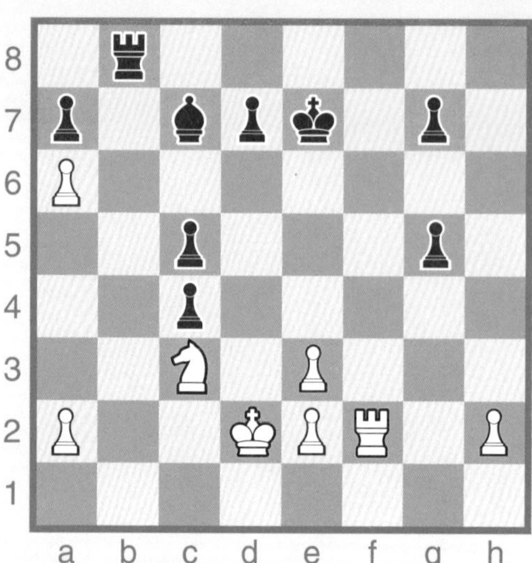

8-7 가장 강한 폰은 무엇입니까?

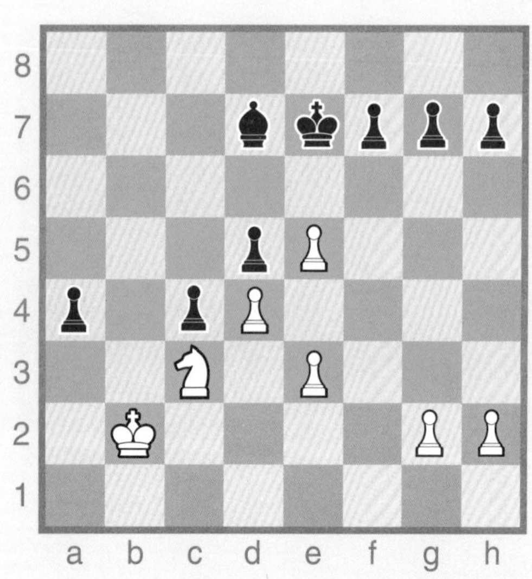

8-8 흑색 진영 차례입니다. 가장 약한 폰은 무엇입니까?

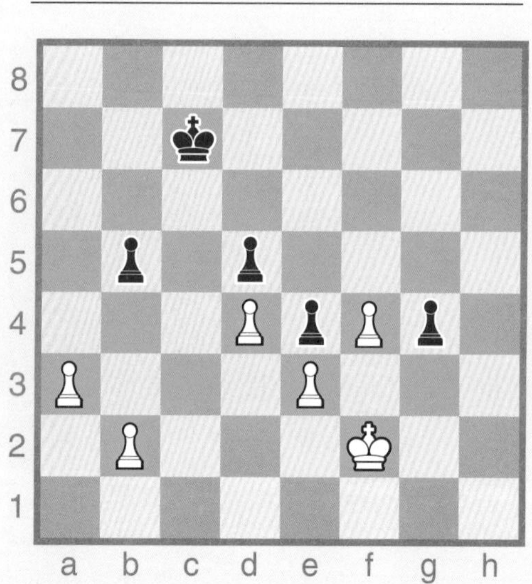

 가장 강한 폰은 무엇입니까?

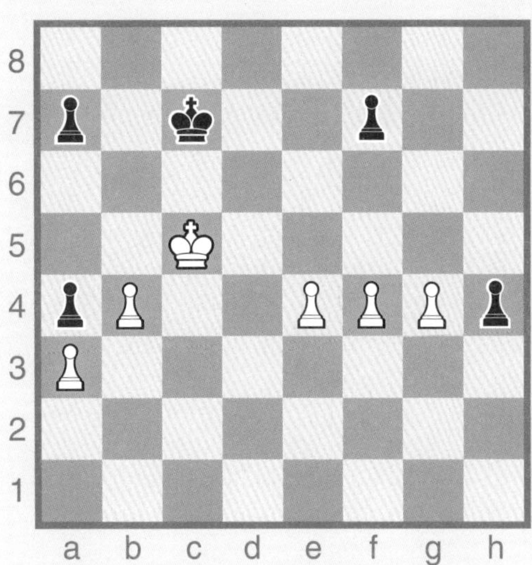

8-10 가장 약한 폰은 무엇입니까?

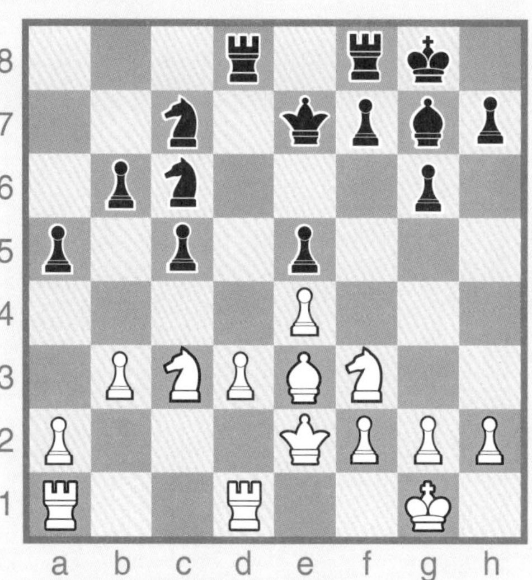

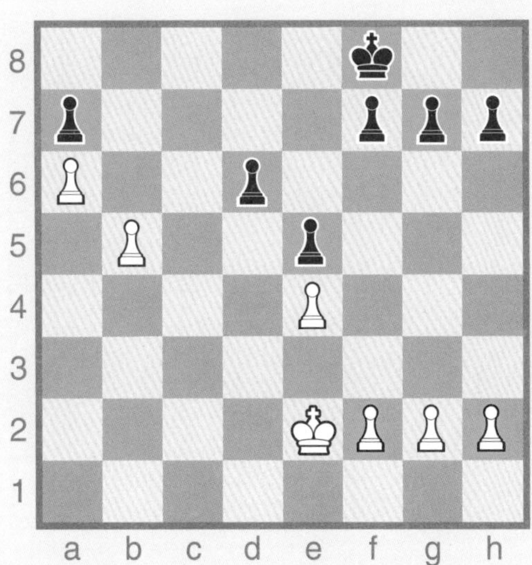

레벨 2

8-11 백색 진영의 입장에서 가장 좋은
움직임은 무엇입니까?

1.___________

8-12 흑색 진영의 입장에서 가장 좋은
움직임은 무엇입니까?

1...___________

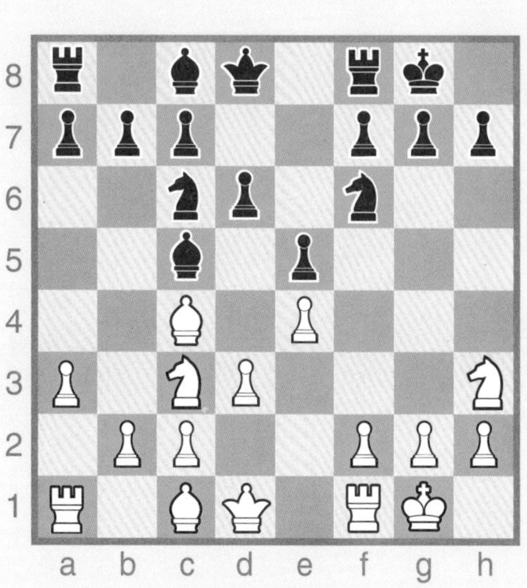

8-13 백색 진영의 입장에서 가장 좋은 움직임은 무엇입니까?

1._______________________________

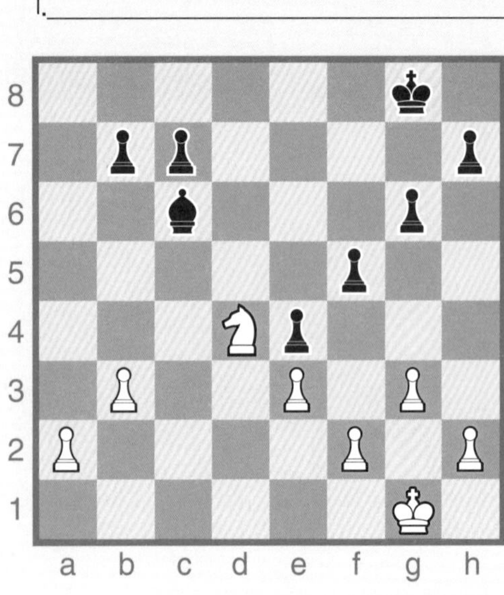

8-14 흑색 진영의 입장에서 가장 좋은 움직임은 무엇입니까?

1..._____________________________

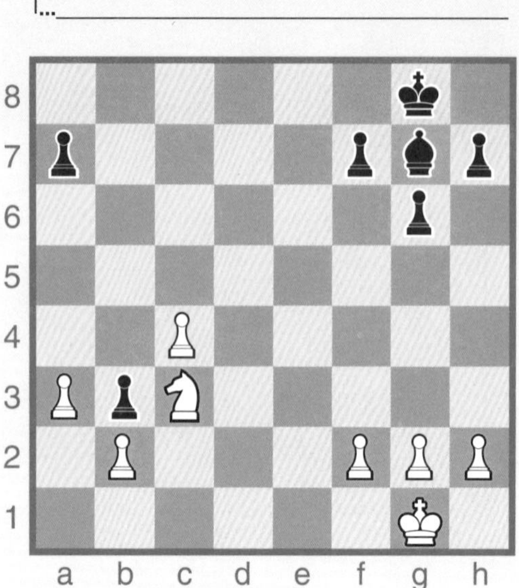

8-15 백색 진영의 입장에서 가장 좋은 움직임은 무엇입니까?

1._______________________________

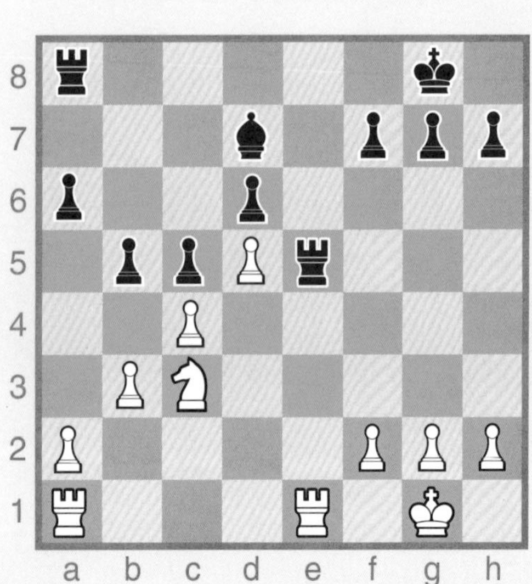

8-16 흑색 진영이 잡아야 하는 백색 폰은 무엇입니까?

1..._____________________________

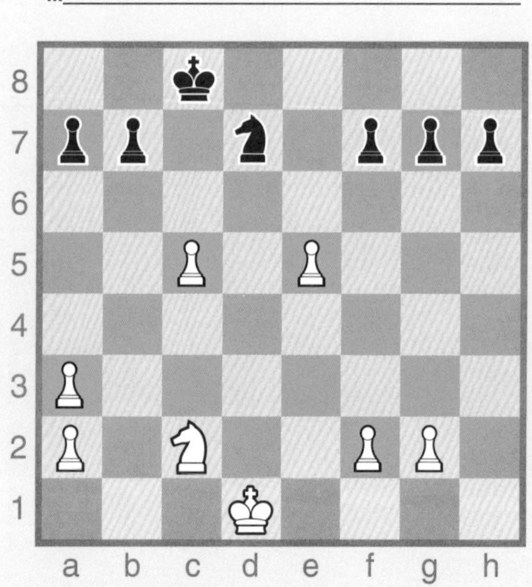

8-17 c6에 있는 백색 비숍을 잡기에 가장 좋은 흑색 폰은 무엇입니까?

1...________________________________

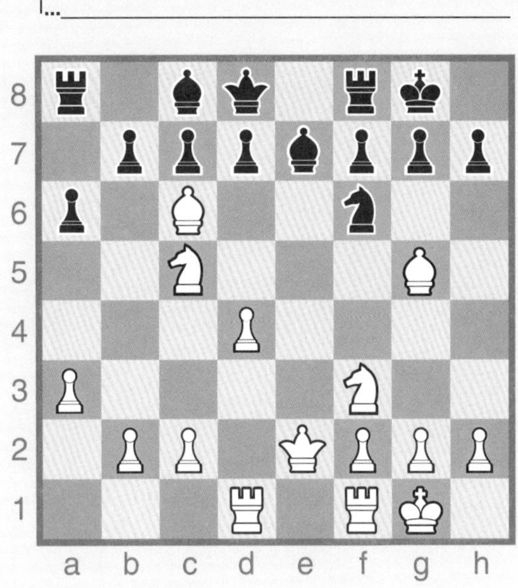

8-18 백색 진영에서 h2에 있는 폰을 h4로 움직였습니다. 흑색 진영의 입장에서 가장 좋은 움직임은 무엇입니까?

1...________________________________

8-19 백색 진영의 입장에서 가장 좋은 움직임은 무엇입니까?

1.________________________________

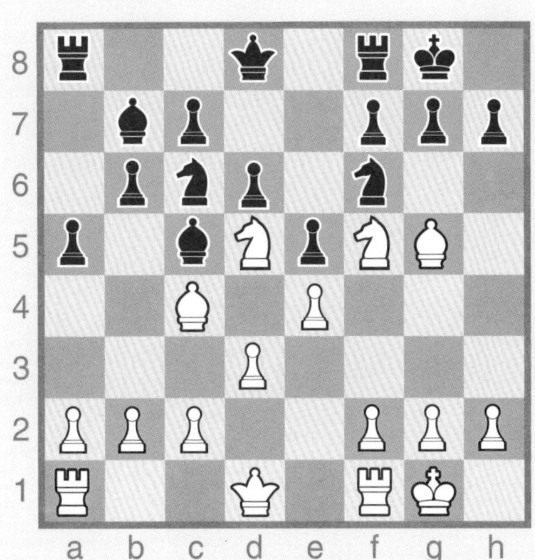

8-20 흑색 진영의 입장에서 가장 좋은 움직임은 무엇입니까?

1...________________________________

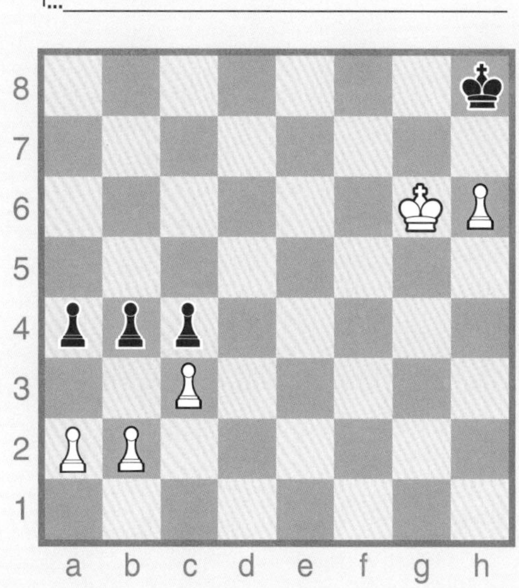

폰의 정사각형 익히기

엘리베이터

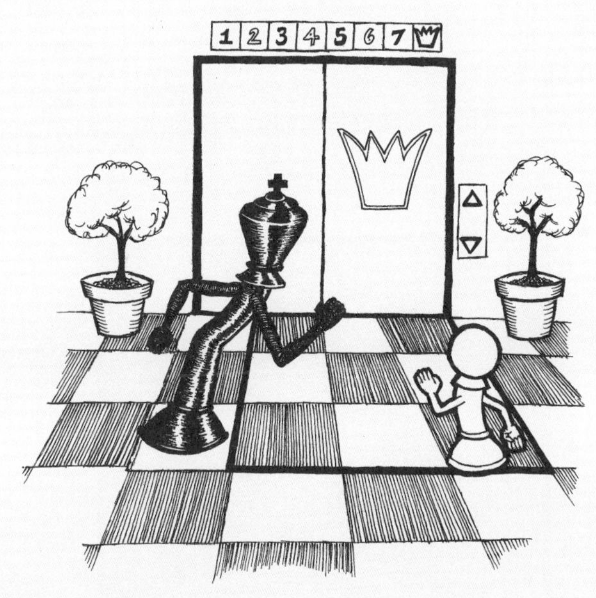

"체스는 공격과 방어 전략을 잘 세워야 한다는 점에서 미식축구와 닮은 점이 많다. 게임을 하다 보면 더 큰 것을 얻기 위해 팀 내에서 누군가가 희생을 치러야 하는 경우도 발생한다. 나는 인내심이 많고, 호시탐탐 기회를 노리며, 상대 선수의 실수를 절대 놓치지 않고 활용하기 위해 노력한다."

– 프리스트 홈즈, 미국 미식축구 러닝백 선수

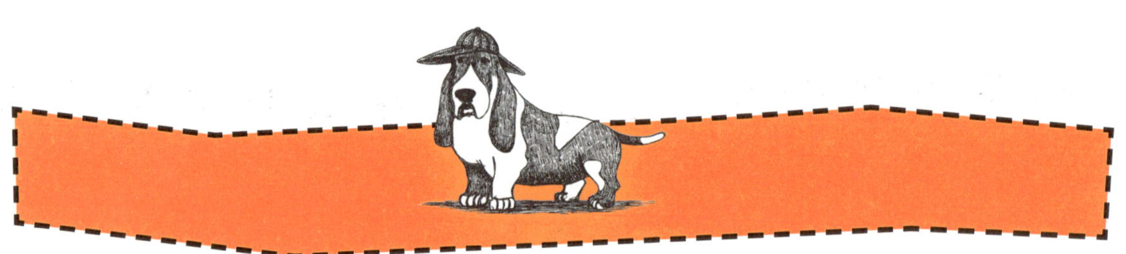

상상 속의 정사각형 그리기

폰의 정사각형은 체스 게임에서 가장 기본이 되는 개념으로, 대부분의 엔드게임에서 적용됩니다. 모든 폰의 목표는 체스판 맞은편에 도달해 계급이 올라가는 것이죠. 대부분의 경우 퀸으로 말입니다. 폰은 게임 후반부에 가서 그 가치가 더 높아집니다. 계급 변신을 할 수 있는 칸으로 이동 중인 폰을 잡거나, 그 길목을 차단할 수 있는 적군의 체스 말이 대부분 잡혀 체스판을 떠났기 때문이죠. 폰의 정사각형은 폰이 전진해 계급이 올라가는 것을 막기 위해 적군의 킹이 들어가 있어야 하는 상상 속의 정사각형이에요. 정사각형은 폰이 있는 자리에서 적군의 킹이 있는 쪽으로 그려집니다.

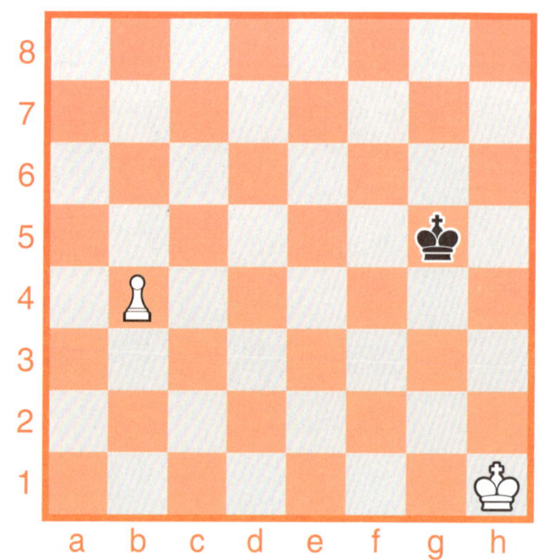

흑색 진영은 적군의 킹을 체크메이트할 수 있는 체스 말이 부족합니다. 백색 진영의 경우, 게임에서 승리할 수 있는 유일한 방법은 b파일에 있는 통과폰을 맞은편 끝까지 진격시켜 퀸으로 계급을 올리는 것이에요. 안타깝게도 백색 킹의 도움을 받기에는 서로 너무 멀리 떨어져 있네요. 이제 남은 문제는 흑색 킹에게 잡히기 전에 폰이 먼저 b8에 도착할 수 있느냐 없느냐입니다. 폰과 킹은 1번에 1칸씩 같은 속도로 움직여요.

먼저 폰의 정사각형을 정해 볼까요? 폰의 정사각형이 가진 4개의 모서리는 다음과 같습니다. 현재 폰이 놓여 있는 칸, 계급 변신을 할 수 있는 칸, 폰이 현재 있는 자리에서 8랭크까지 대각선을 그었을 때 나오는 칸(여기까지는 직각 삼각형 모양이 됩니다), 그리고 마지막으로 계급 변신을 할 수 있는 칸과 대각선으로 대칭되는 지점에 있는 칸입니다. 이 4칸을 이으면 상상 속의 정사각형이 완성되죠. 폰이 현재 위치한 칸을 제외한 나머지 세 모서리는 별로 표시되어 있습니다. 흑색 킹이 이 정사각형 안에 들어올 수만 있다면 폰을 잡고 게임을 무승부로 끝낼 수 있어요.

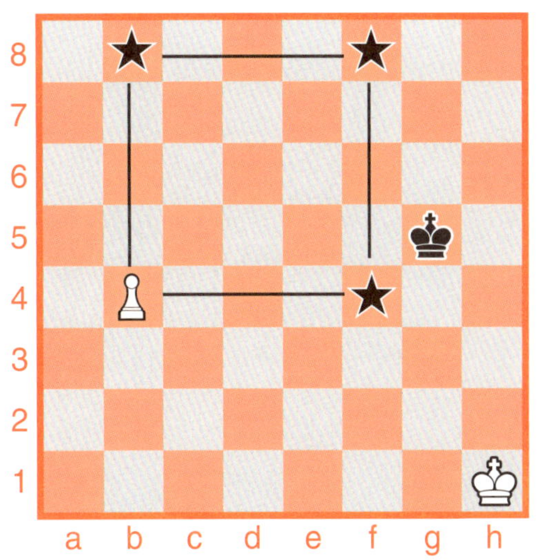

◀ 백색 폰이 만들 수 있는 정사각형 모서리가 별로 표시되어 있습니다.

백색 진영의 차례라면 1.b5하면서 정사각형 크기를 줄일 수 있습니다. 그러면 새로운 모서리가 만들어지겠죠? 정사각형의 새 모서리는 b5와 b8, e8, e5가 됩니다. 흑색 진영은 1...Kf6할 수 있어요. 하지만 아무래도 폰의 정사각형 안으로 들어오지는 못하겠네요. 먼저 마지막 칸에 도착한 백색 진영의 폰이 퀸으로 계급 변신을 할 것입니다. 그리고 킹과 퀸이 힘을 합쳐 흑색 킹을 공격해 게임을 승리로 끝낼 것입니다.

흑색 진영의 차례가 먼저라면 이야기는 달라집니다. 흑색 진영에서 1...Kf6(또는 1...Kf5나 1...kf4)하면서 통과폰의 정사각형 안으로 들어올 수 있어요. 폰의 뒤를 쫓아 잡은 다음, 체크메이트할 수 있는 체스 말 부족을 내세워 무승부를 요구할 수 있습니다.

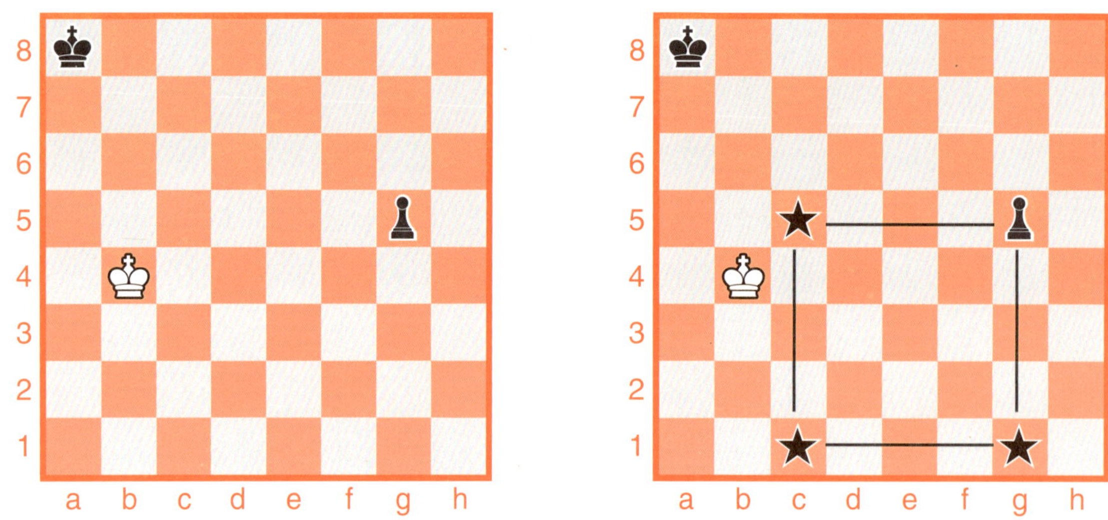

▲ 흑색 폰이 만들 수 있는 정사각형 모서리가 별로 표시되어 있습니다.

위의 그림에서 흑색 진영은 백색 진영보다 폰이 하나 더 많습니다. 만약 백색 진영의 차례라면 백색 진영은 무승부를 제안할 수 있습니다. 백색 킹이 c파일로 이동하면서 통과폰의 정사각형 안에 들어갈 수 있기 때문이에요. 그러나 만약 흑색 진영이 움직일 차례라면 흑색 진영이 이기게 됩니다. 흑색 진영이 폰을 g4로 이동하면 백색 킹은 정사각형 안으로 들어갈 수 없기 때문에 끝까지 폰을 잡을 수 없습니다.

다음 위치에서 흑색 진영이 움직일 차례라고 가정해 봅시다.

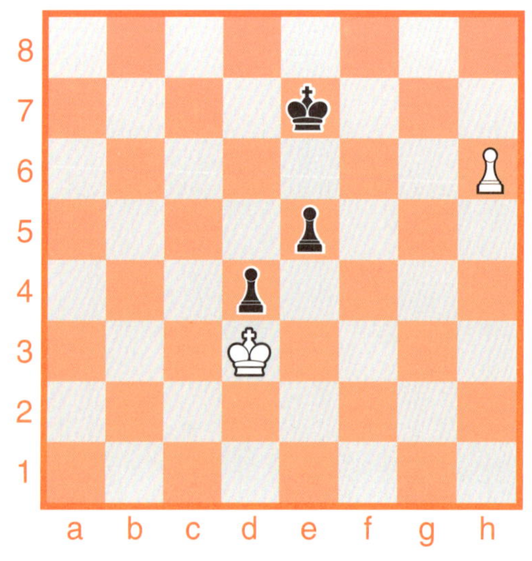

백색 킹이 2개의 흑색 통과폰 정사각형 안에 확실하게 자리를 잡고 있습니다. 백색 통과폰의 경우, 정사각형의 네 모서리는 **h6**과 **h8, f8, f6**입니다. 흑색 진영은 백색 폰 정사각형 안으로 들어가기 위해 킹을 f파일로 이동해야 하기 때문에 **1...Kf7**했습니다. 백색 진영은 폰이 h8에 도착해 계급이 올라간다고 해도 결국 흑색 킹에게 잡힐 것임을 알기 때문에 **2.Ke4**합니다. 백색 킹은 e5에 있는 폰을 잡을 수 없습니다. 그렇게 하면 d4에 있는 흑색 폰의 정사각형을 벗어나게 되기 때문이죠. 흑색 진영은 **2...Kg6**으로 대응할 수 있습니다.

이 게임은 백색 진영이 졌습니다. 흑색 킹이 백색 폰을 쫓아가 잡을 수 있고, 폰을 잡은 다음에는 다시 체스판 중앙으로 이동해서 흑색 폰이 맞은편 끝까지 갈 수 있게 지켜 줄 테니까요. 백색 킹은 자신의 폰이 흑색 킹에게 잡히는 것을 바라볼 수밖에 없습니다. d4에 있는 폰의 정사각형(d4와 d1, g1, g4)을 벗어날 수 없기 때문이죠.

이렇게 생각하면 이해하기 쉬울 거예요. 백색 킹은 자리를 뜨지 못하고 남아서 아기 흑색 폰을 돌보아 주어야 한다고 말이에요. 통과폰의 정사각형은 집이라고 생각해 볼 수 있습니다. 아기를 보는 사람이 집 밖으로 나가 버리면 어떻게 되겠어요? 아기의 엄마 아빠가 집에 돌아와 이 사실을 알게 되면 큰일나겠죠!

이번에는 다음 위치에서 흑색 진영이 움직일 차례라고 가정해 봅시다.

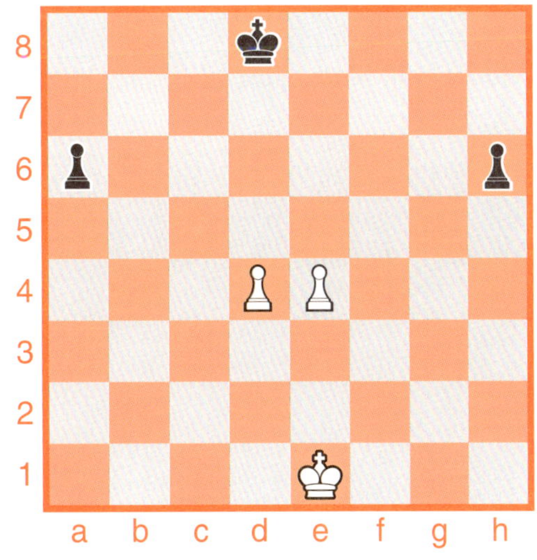

먼저 이 그림에서 알 수 있는 사실들을 찾아볼까요? 흑색 진영은 a6과 h6에 외톨이 통과폰을 가지고 있습니다. 백색 진영은 d4와 e4에 2개의 통과폰이 나란히 붙어 있군요. 현재 양 진영의 킹이 모두 적군 폰의 정사각형 안에 들어가 있습니다.

1...a5 백색 킹은 여전히 a5에 있는 폰의 정사각형 안에 들어가 있습니다. 흑색 진영이 자신의 폰을 앞으로 이동해 퀸으로 변신할 수 있는 방법이 몇 개 있다는 사실에 주목하세요. 흑색 진영은 1...h5할 수도 있습니다.

2.e5 백색 진영에서 자신의 통과폰을 전진시킵니다.

2...a4 이제 백색 킹은 a파일에 있는 폰의 정사각형에서 벗어났습니다.

3.Kd2 백색 킹이 다시 정사각형 안으로 들어갑니다.

3...h5! 백색 킹에게 큰 골칫거리가 생겼네요. 2개의 흑색 폰이 만드는 정사각형 안에 모두 들어가기 때문이에요. 결국 두 흑색 폰 중 하나는 퀸으로 계급이 올라갈 것입니다. 반면 흑색 킹은 2개의 백색 폰이 계급 변신을 시도할 경우 이들을 막을 방법이 있습니다.

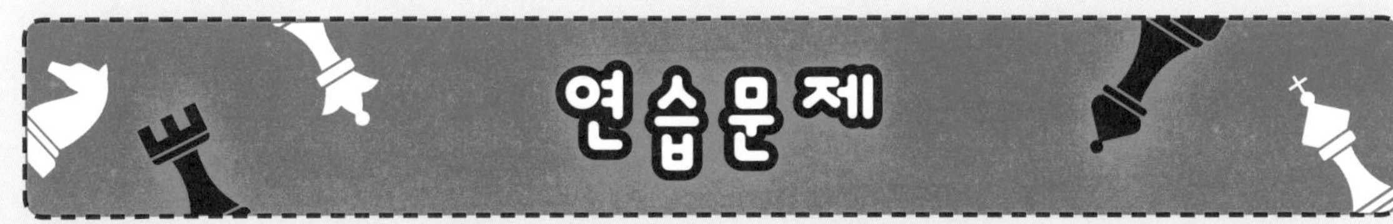

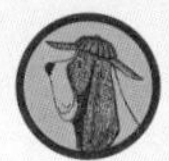
레벨 1

9-1 통과폰이 만들 수 있는 정사각형의 네 모서리에 별표를 하세요.

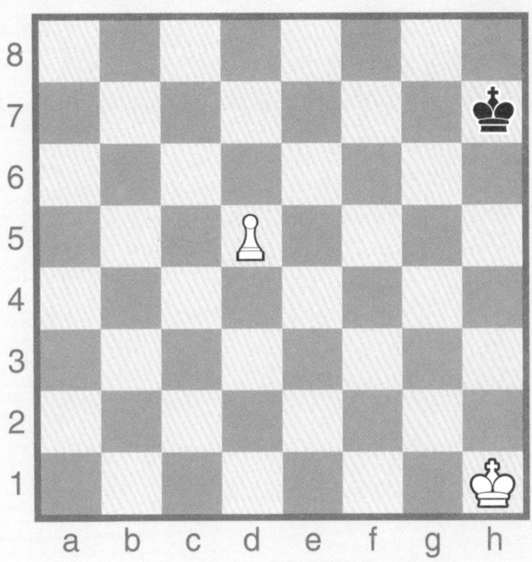

9-2 통과폰이 만들 수 있는 정사각형의 네 모서리에 별표를 하세요.

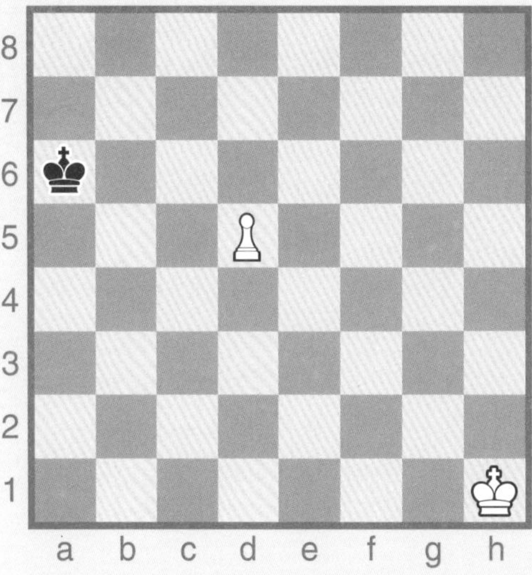

9-3 통과폰이 만들 수 있는 정사각형의 네 모서리에 별표를 하세요.

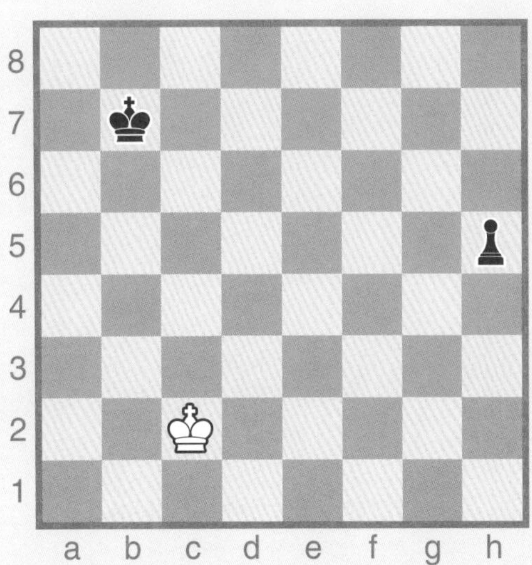

9-4 통과폰이 만들 수 있는 정사각형의 네 모서리에 별표를 하세요.

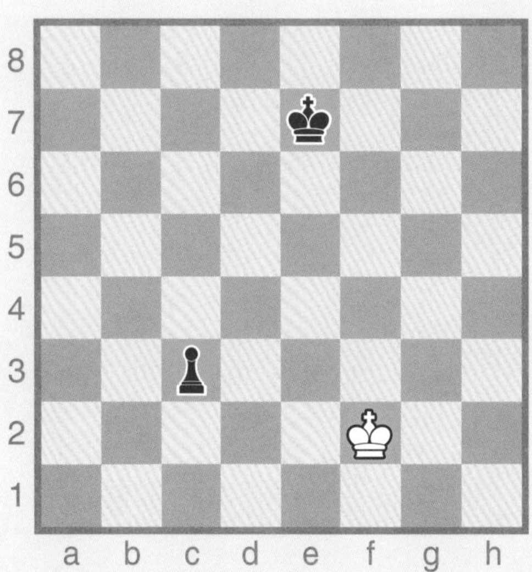

9-5 통과폰이 만들 수 있는 정사각형의 네 모서리에 별표를 하세요.

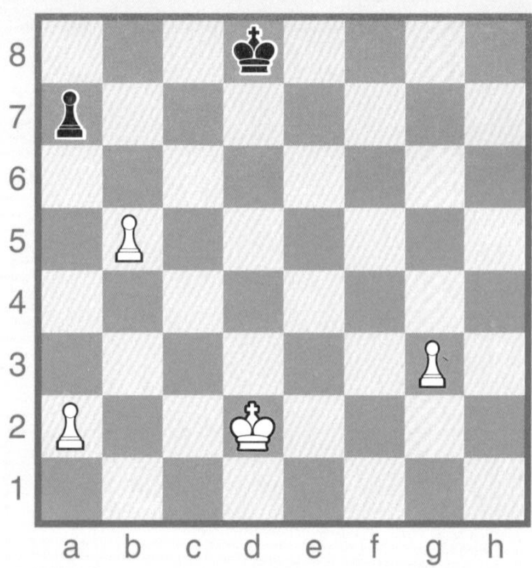

9-6 통과폰이 만들 수 있는 정사각형의 네 모서리에 별표를 하세요.

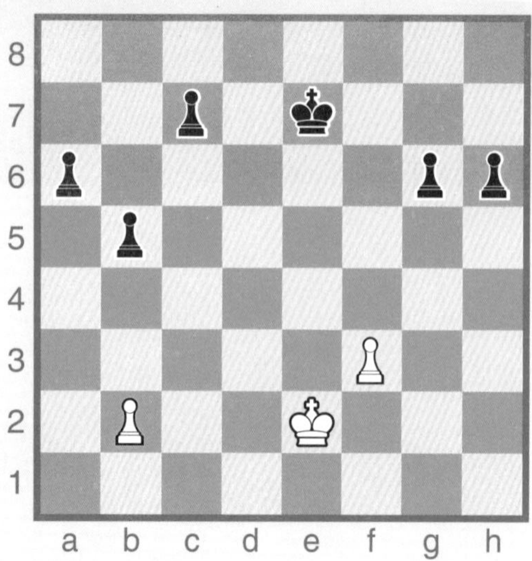

9-7 통과폰이 만들 수 있는 정사각형의 네 모서리에 별표를 하세요.

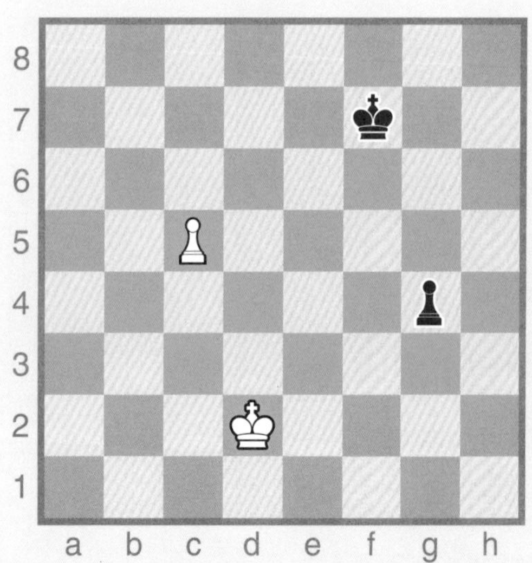

9-8 통과폰이 만들 수 있는 정사각형의 네 모서리에 별표를 하세요.

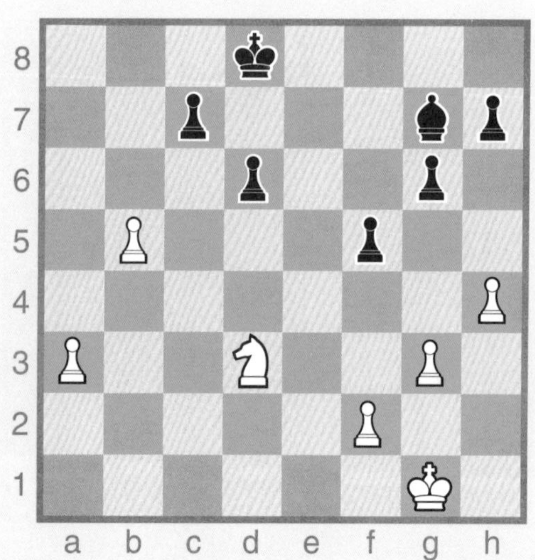

9-9 통과폰이 만들 수 있는 정사각형의 네 모서리에 별표를 하세요.

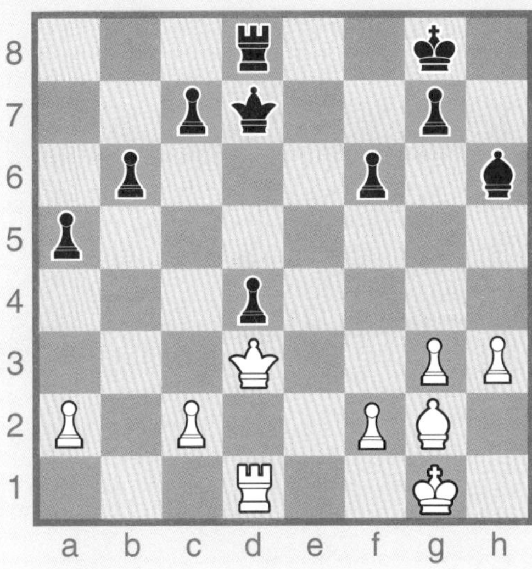

9-10 통과폰이 만들 수 있는 정사각형의 네 모서리에 별표를 하세요.

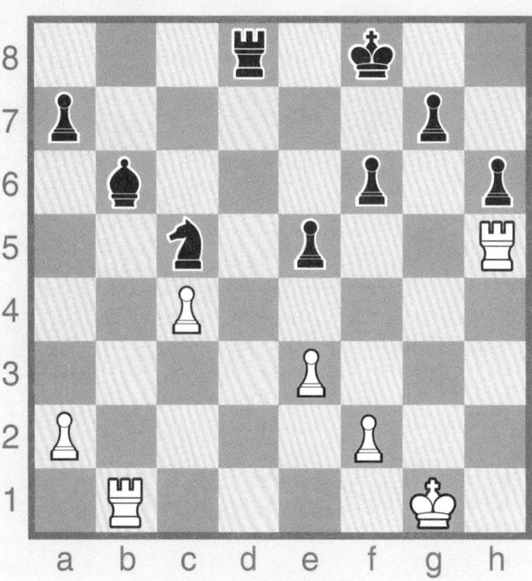

9-11 백색 진영에 승리를 안겨 줄 수 있는 움직임은 무엇입니까?

1.＿＿＿＿＿＿＿＿＿＿＿＿＿＿＿＿

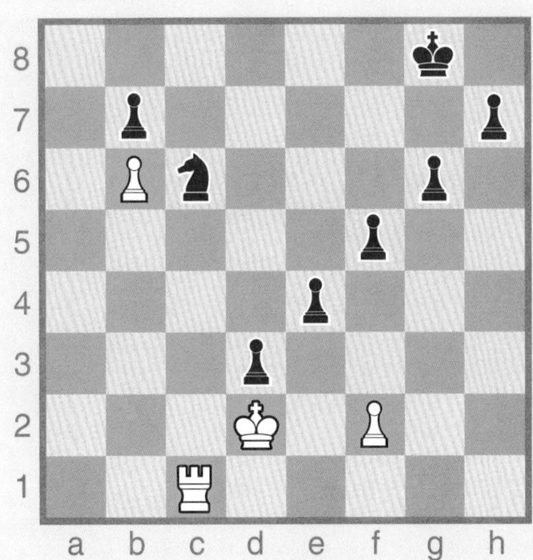

9-12 백색 진영에 승리를 안겨 줄 수 있는 움직임은 무엇입니까?

1.＿＿＿＿＿＿＿＿＿＿＿＿＿＿＿＿

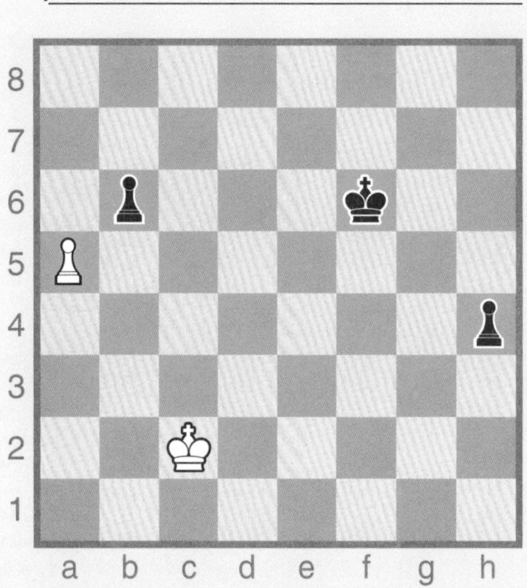

9-13 흑색 진영에 승리를 안겨 줄 수 있는 움직임은 무엇입니까?

1.＿＿＿＿＿＿＿＿＿＿＿＿＿

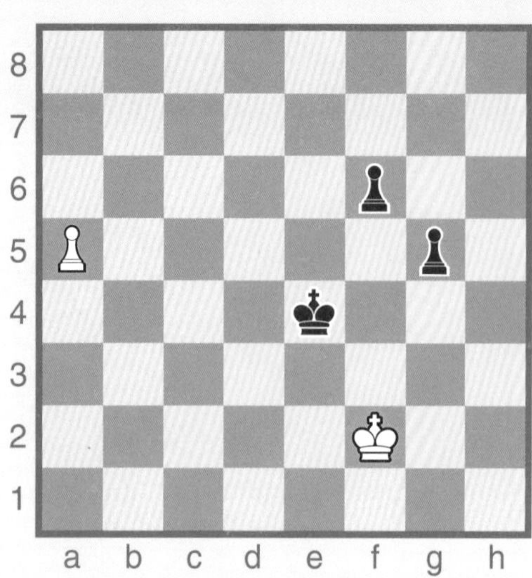

9-14 흑색 진영에 승리를 안겨 줄 수 있는 움직임은 무엇입니까?

1...＿＿＿＿＿＿＿＿＿＿＿＿

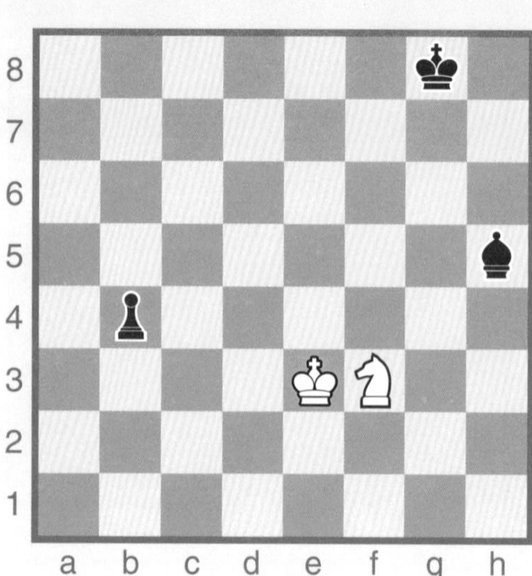

9-15 흑색 진영에서 g7에 있는 자신의 폰을 g5로 이동했습니다. 백색 진영에 승리를 안겨 줄 수 있는 움직임은 무엇입니까?

1.＿＿＿＿＿＿＿＿＿＿＿＿＿

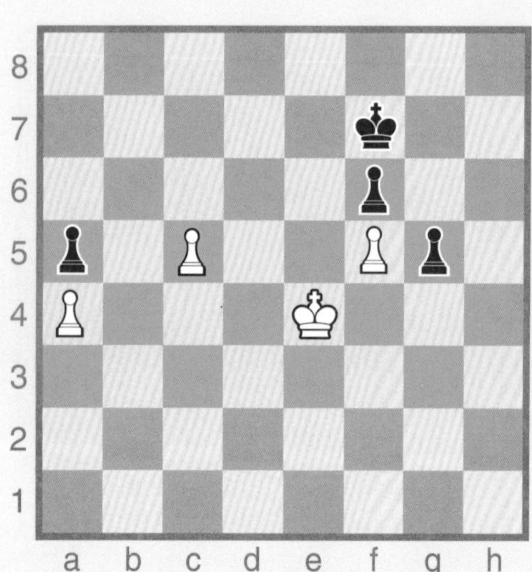

9-16 백색 진영에 승리를 안겨 줄 수 있는 움직임은 무엇입니까?

1.＿＿＿＿＿＿＿＿＿＿＿＿＿

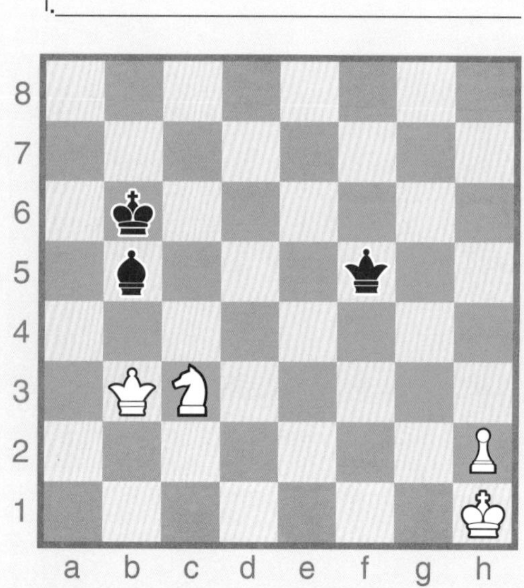

9-17 흑색 진영에 승리를 안겨 줄 수 있는 움직임은 무엇입니까?

1...______________________________

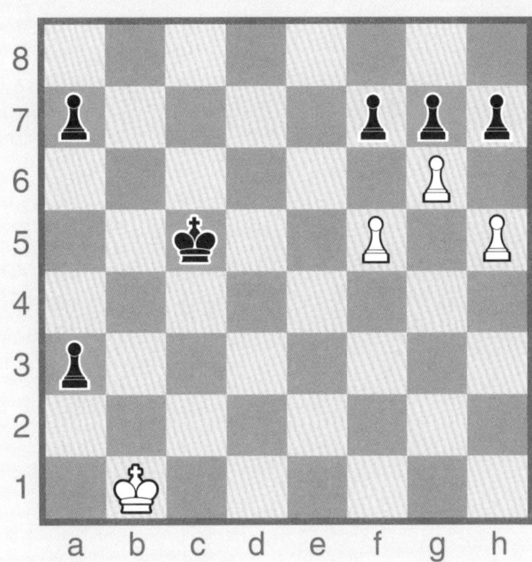

9-18 흑색 진영에 승리를 안겨 줄 수 있는 움직임은 무엇입니까?

1...______________________________

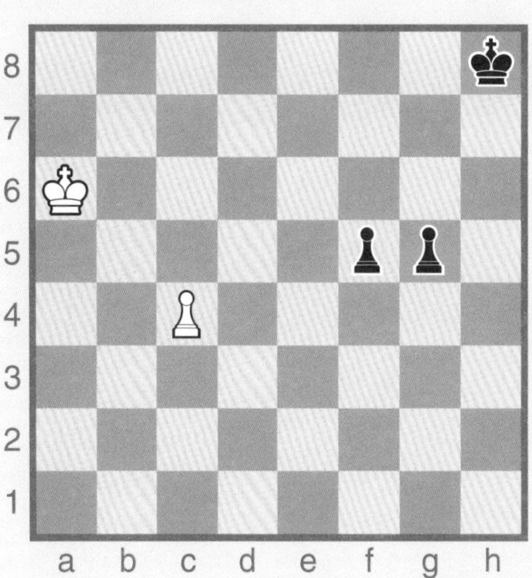

9-19 흑색 진영에 승리를 안겨 줄 수 있는 움직임은 무엇입니까?

1...______________________________

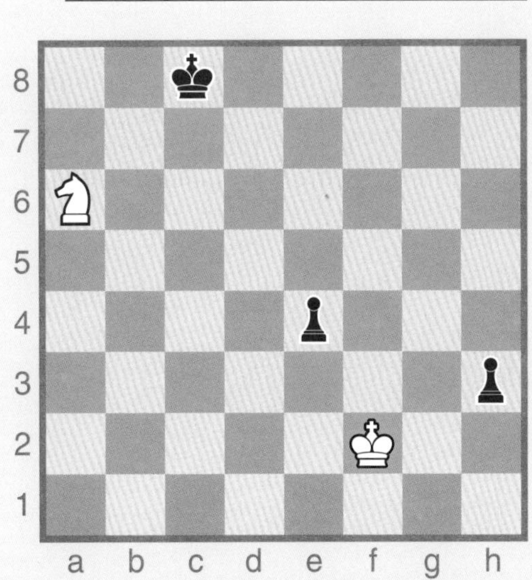

9-20 백색 진영에 승리를 안겨 줄 수 있는 움직임은 무엇입니까?

1.______________________________

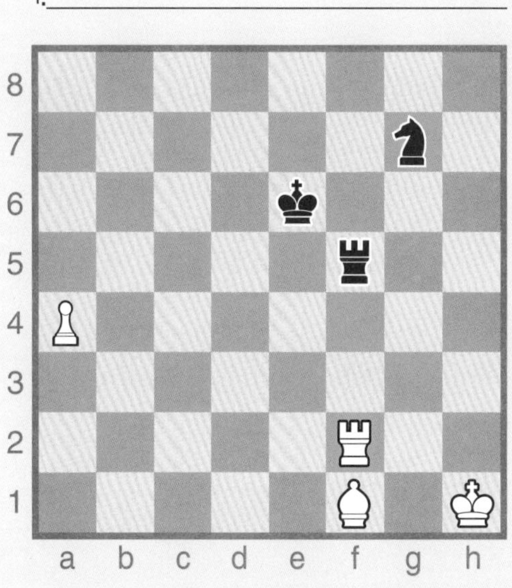

체크메이트 활용하기

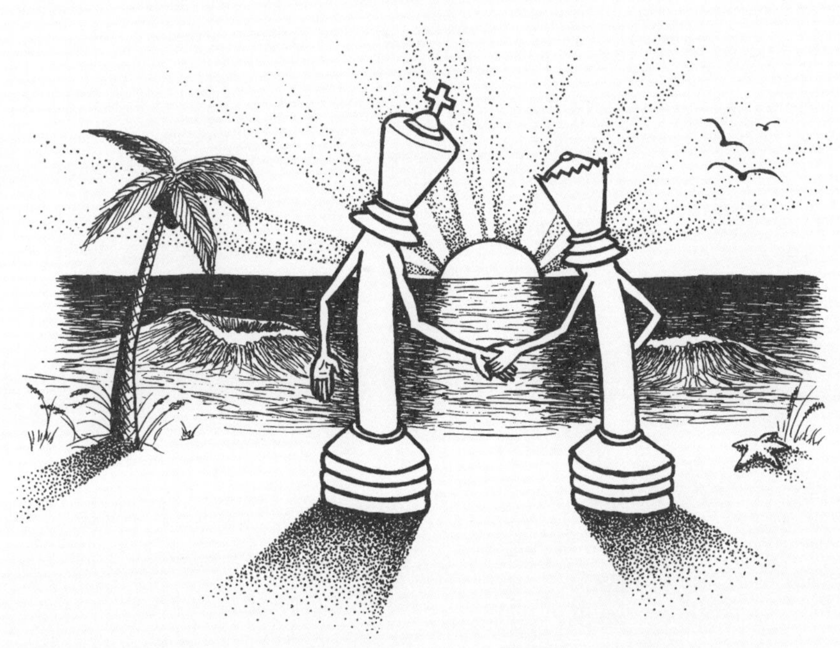

"체스는 인간의 지성을 교육하고 훈련시키기 위한

효과적인 수단이다."

— 체 게바라(1928~1967), 쿠바의 정치가

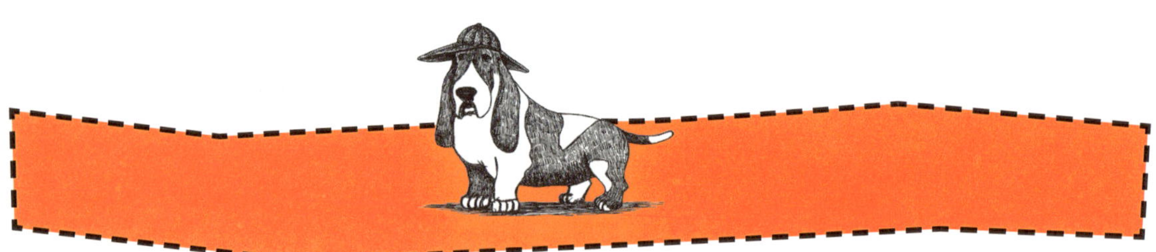

백랭크 체크메이트

랭크가 가로줄이라는 것을 기억하죠? 자신이 앉아 있는 자리에서부터 위쪽으로 번호를 매기며, 흑색 진영의 경우는 이런 번호 체계가 백색 진영과 반대라고 생각하면 됩니다. 폰은 2랭크에서 출발해 8랭크에 도달하면 계급이 더 높은 다른 체스 말로(예를 들어 퀸으로) 변신할 수 있어요.

1랭크를 백랭크라고 부릅니다. 백랭크 체크메이트는 백랭크에 있는 킹이 자기편 폰에 갇혀 꼼짝하지 못할 때 일어납니다. 킹이 체크 상황에 놓여 있지만 앞에 있는 폰들이 2랭크로 도망갈 수 있는 길을 가로막고 있어 피할 곳이 없는 상황이죠. 이럴 때 8랭크로 이동한 적군의 룩이나 퀸이 킹을 체크메이트할 수 있습니다.

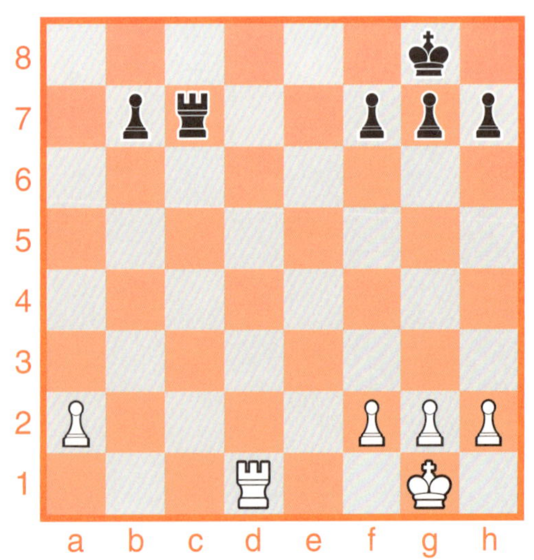

◀ 백색 진영의 차례입니다. 백색 진영에서 **1.Rd8** 메이트했습니다. 백랭크 체크메이트는 보통 한쪽 진영에서 적군의 위협을 알아차리지 못했을 때 일어나죠. 체스 말을 움직이기 전에 언제나 상대방이 나에게 어떤 위협을 가할 수 있는지 항상 확인하는 것을 잊지 마세요.

만약 백색이 아닌 흑색 진영의 차례였다면 백랭크를 보호하기 위해 ...**Rc8**하거나 킹이 e7로 도망갈 수 있게 ...**Kf8**하면서 체크메이트 상황을 피할 수 있었을 것입니다. 엔드게 임에서는 킹을 중앙으로 이동하는 것이 좋습니다. 킹은 아주 중요한 체스 말인 데다 적군 의 체스 말 대부분이 잡힌 상태여서 체스판 중앙에 위치하고 있을 때 체크메이트당할 위 험이 많이 줄어들기 때문이죠. 또 흑색 진영은 킹 앞에 있는 폰들 중 하나를 앞으로 이동 해 도망갈 칸을 만들 수도 있습니다.

스모더드 체크메이트

스모더드 체크메이트는 킹이 같은 편 군사에 둘러싸여 꼼짝할 수 없는 상황에서 나이트에 의해 체크메이트당하는 상황을 말하는 것으로, 백랭크 체크메이트만큼 흔하게 볼 수 있는 상황은 아니지만, 그래도 이름이 붙여질 만큼 꽤 자주 발생합니다.

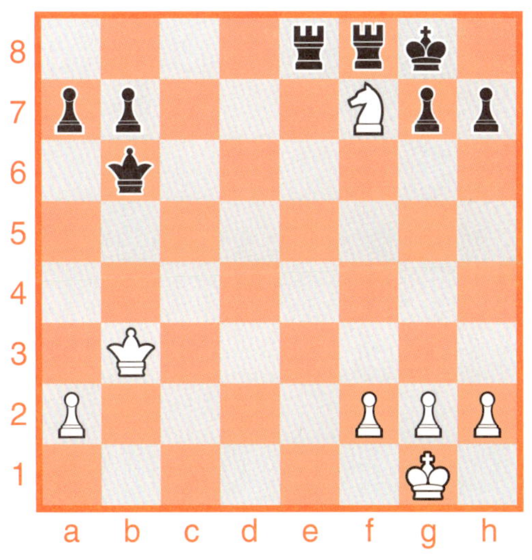

◀ 흑색 진영의 차례라면 **1...Re1** 메이트해서 백색 킹 을 백랭크 체크메이트하려고 할 것입니다.

백색 진영의 차례라고 생각해 볼까요? 흑색 진영의 병력이 백색 진영보다 훨씬 앞서 있네요(2개의 룩을 가진 흑색 진영이 1개의 나이트를 가진 백색 진영보다 7점 더 많습니다). 백색 진 영이 곤란한 상황에 빠진 것처럼 보입니다. 하지만 백색 퀸과 나이트, 그리고 흑색 킹이 모두 대각선 방향으로 일렬로 늘어서 있는 것을 눈치 챘나요?

백색 나이트가 자리를 이동하면 뒤에 있던 백색 퀸이 모습을 드러내며 흑색 킹을 디스커버드 체크할 것입니다. 흑색 킹을 이중 체크할 수 있는 방법을 찾았나요? **1.Nh6+**하면 됩니다. 백색 퀸과 나이트, 두 체스 말이 흑색 킹을 체크 상황으로 몰아넣었군요. 두 체스 말로부터 이중 체크를 당한 적군은 킹을 다른 칸으로 이동해야만 합니다. 2개의 체스 말이 킹을 체크하고 있기 때문에 둘 중 하나를 잡거나 하나의 길목을 막는다고 문제가 해결되지 않기 때문입니다. 흑색 진영은 이제 **1...Kh8** 말고는 선택할 방법이 없어요.

다음에는 백색 진영에서 **2.Qg8+!**하면서 퀸을 희생합니다. 더 큰 것을 얻기 위해 누가 강요하지 않았는데도 스스로 체스 말을 포기하는 것이죠. 백색 진영은 적군의 킹을 체크메이트하기 위해 퀸을 희생했습니다. 흑색 킹은 백색 퀸을 잡을 수 없어요. 그렇게 하면 백색 나이트에게 체크메이트당할 테니까요. 흑색 진영이 체크 상황에서 벗어나기 위해 선택할 수 있는 유일한 움직임은 **2...Rxg8**입니다.

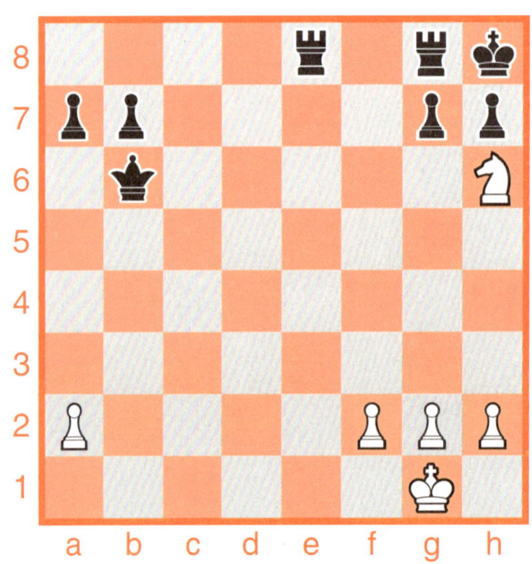

이제 백색 진영은 **3.Nf7** 메이트합니다. 지금과 같이 킹이 자기편 군사에 둘러싸여 움직일 수 없는 상황에서 나이트에 의해 체크메이트되는 것을 스모더드 체크메이트라고 불러요.

계속해서 다양한 종류의 체크메이트 상황을 소개하겠습니다. 각 그림에서 체크메이트할 수 있는 움직임을 찾아보세요. 모두 백색 진영에서 체스 말을 이동할 차례입니다. 그림 밑에 답과 설명이 나와 있으니 확인해 보세요.

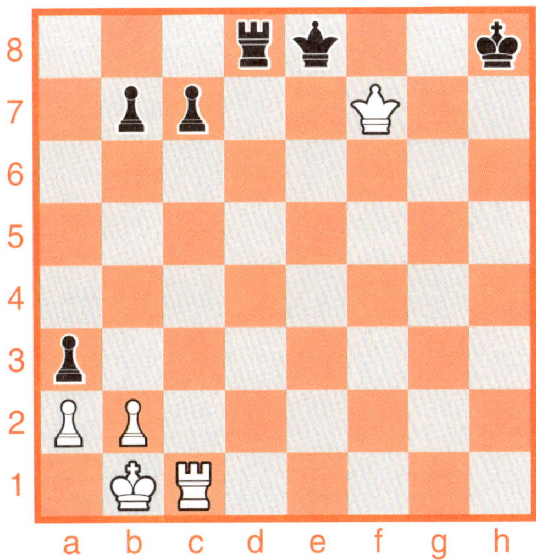

Rh1 메이트

흑색 킹이 도망칠 수 있는 g7과 g8, h7을 백색
퀸이 통제하고 있습니다. 백색 룩이 흑색 킹을
공격해 체크메이트합니다.

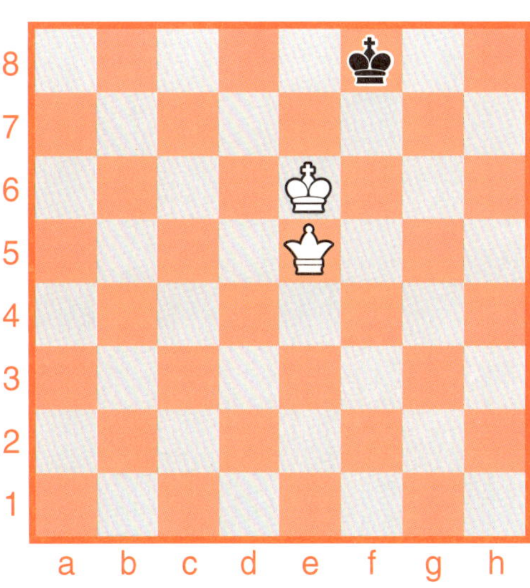

Qh8 메이트

백색 퀸이 흑색 킹을 체크하면서 흑색 킹이 도
망칠 수 있는 e8과 g7, g8을 통제합니다. 백색
킹 역시 흑색 킹이 도망칠 수 있는 e7과 f7을
공격합니다.

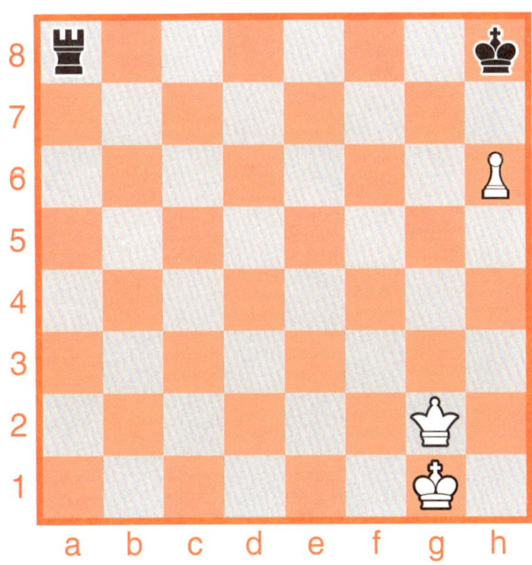

Qg7 메이트

백색 퀸이 흑색 킹을 공격하고, 흑색 킹이 도망
칠 수 있는 g8과 h7을 통제합니다. h6에 있는
백색 폰이 퀸을 보호합니다.

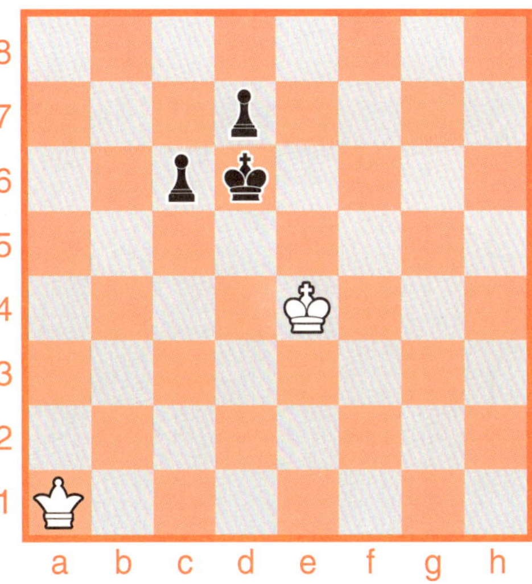

Qe5 메이트

백색 퀸이 흑색 킹을 공격하고, 흑색 킹이 도망
칠 수 있는 c5와 c7, d5, e6, e7을 통제합니다.
백색 킹이 퀸을 보호합니다.

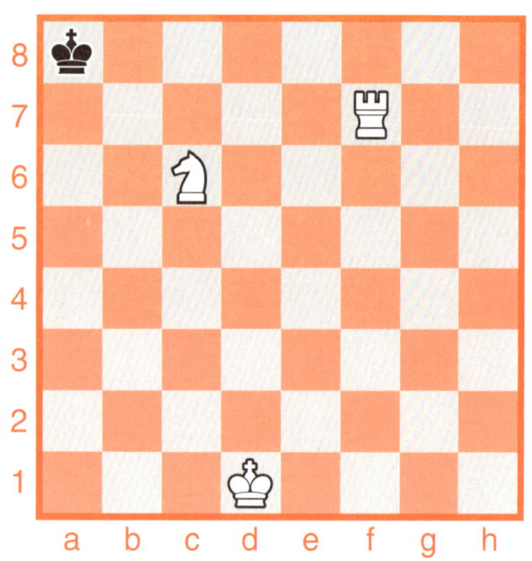

Ra7 메이트

백색 룩이 흑색 킹을 공격하고, 킹이 도망칠 수 있는 **b7**을 통제합니다. 백색 나이트가 룩을 보호하고, **b8**을 공격합니다.

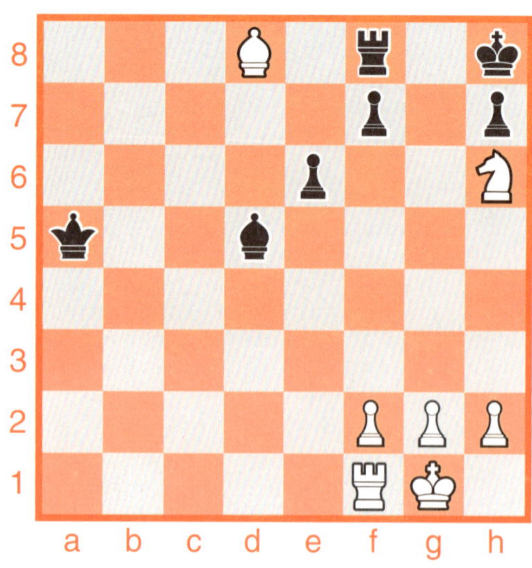

Bf6 메이트

백색 비숍이 흑색 킹을 공격하고, 킹이 도망칠 수 있는 **g7**을 통제합니다. 백색 나이트가 **g8**을 공격합니다.

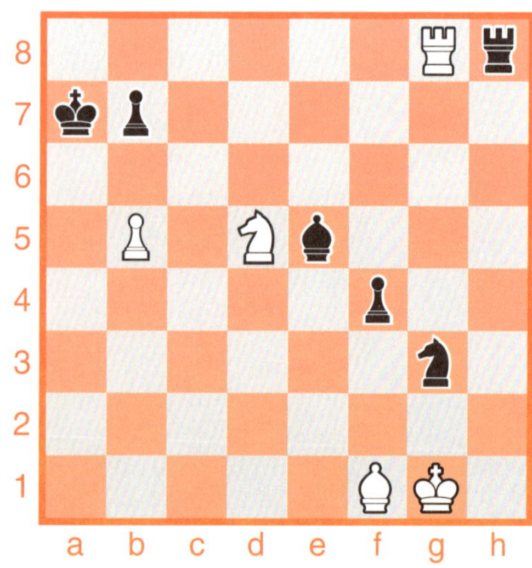

b6 메이트

백색 폰이 흑색 킹을 체크합니다. 이때 백색 나이트가 폰을 보호합니다. 백색 룩은 **a8**과 **b8**을 공격합니다. 그리고 백색 비숍이 **a6**을 공격합니다.

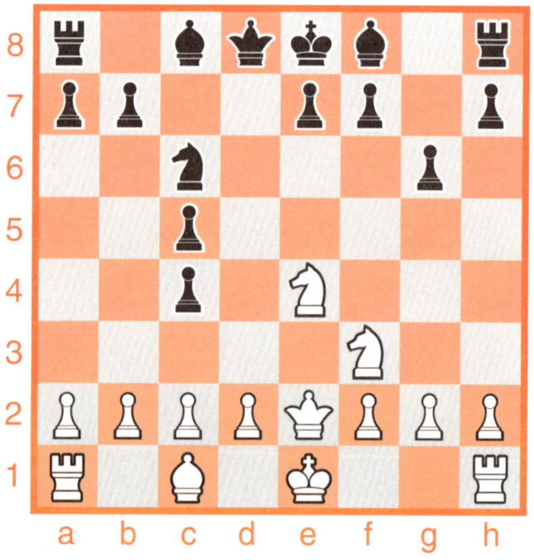

Nf6 메이트

백색 나이트가 흑색 킹을 공격하고, **d7**을 통제합니다. **e7**에 있는 흑색 폰은 백색 나이트를 잡을 수 없습니다. 백색 퀸의 공격으로부터 킹을 보호하기 위해 킹에 핀으로 고정되어 있기 때문입니다.

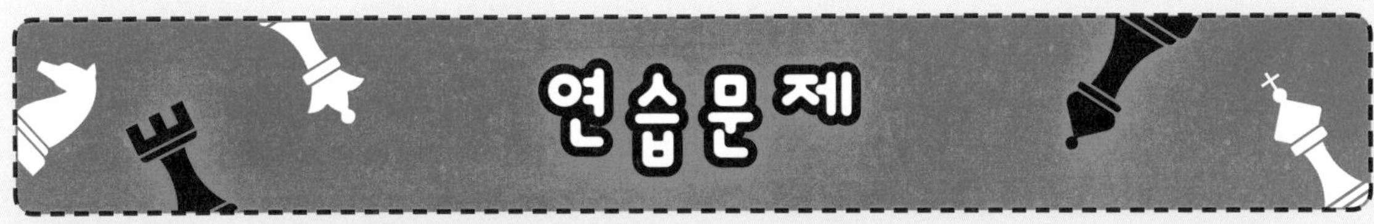

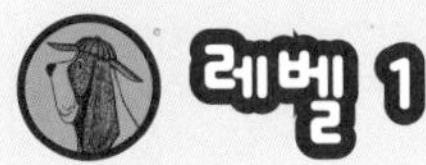

10-1 흑색 진영에서 백색 킹을 체크메이트할 수 있는 움직임은 무엇입니까?

1.…________________

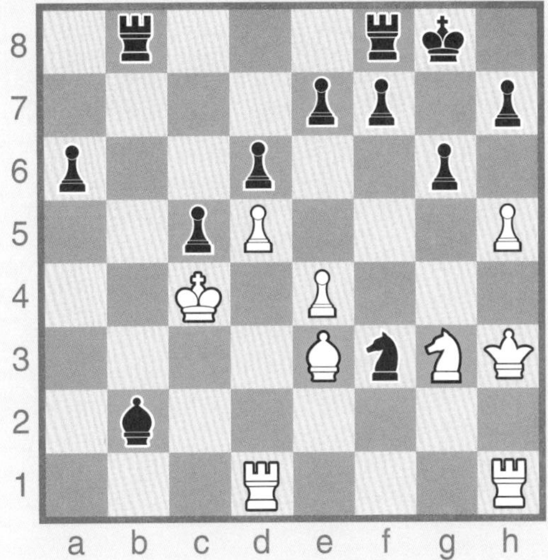

10-2 백색 진영에서 흑색 킹을 체크메이트할 수 있는 움직임은 무엇입니까?

1.________________

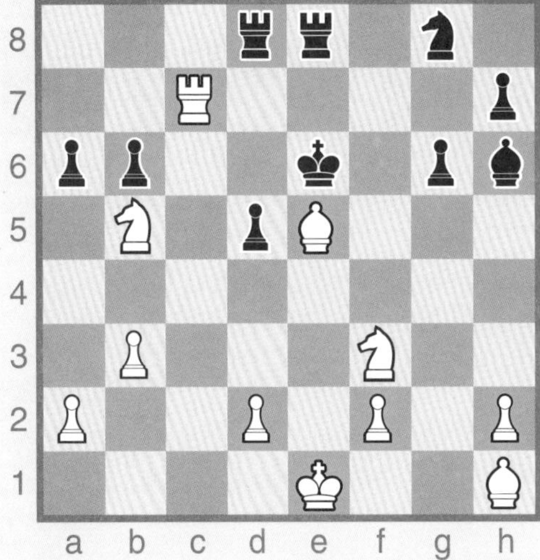

10-3 흑색 진영에서 백색 킹을 체크메이트할 수 있는 방법은 몇 개입니까? 그 움직임은 무엇입니까?

____

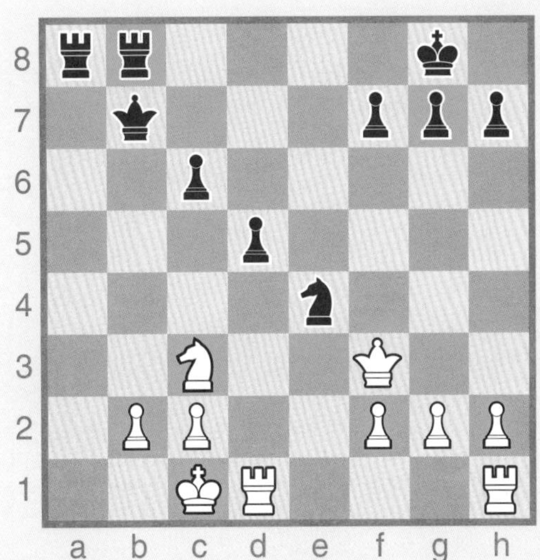

10-4 백색 진영에서 흑색 킹을 체크메이트할 수 있는 방법은 몇 개입니까? 그 움직임은 무엇입니까?

____

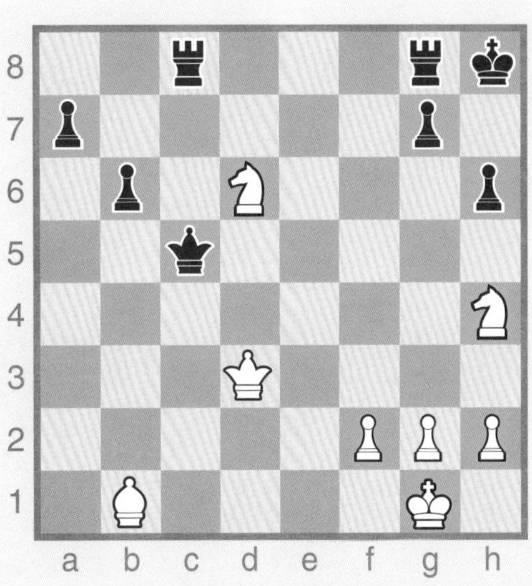

10-5 흑색 진영에서 백색 킹을 체크메이트할 수 있는 방법은 몇 개입니까? 그 움직임은 무엇입니까?

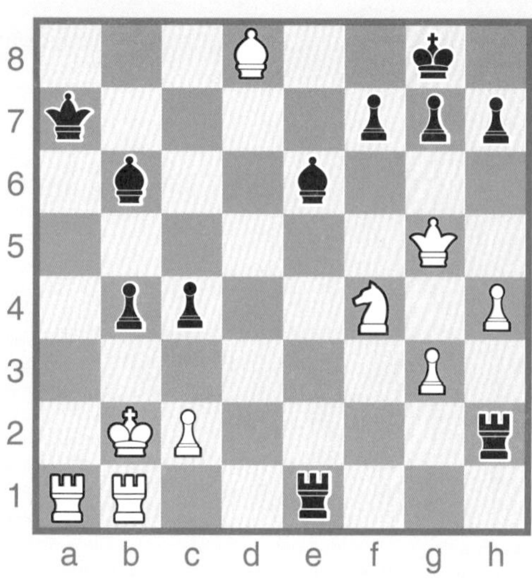

10-6 백색 진영에서 흑색 킹을 체크메이트할 수 있는 방법은 몇 개입니까? 그 움직임은 무엇입니까?

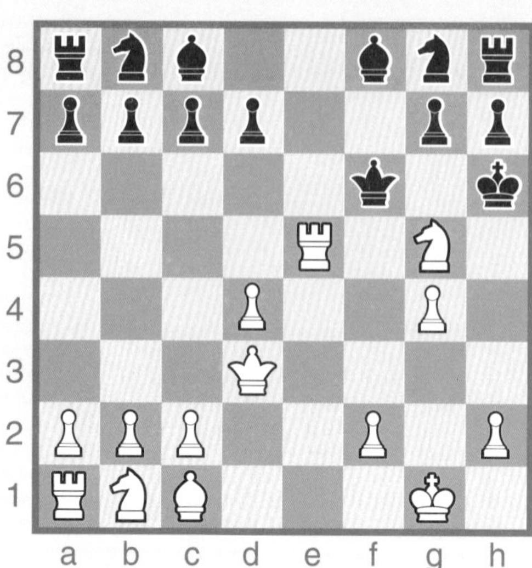

10-7 흑색 진영에서 백색 킹을 체크메이트할 수 있는 움직임은 무엇입니까?

1...______________

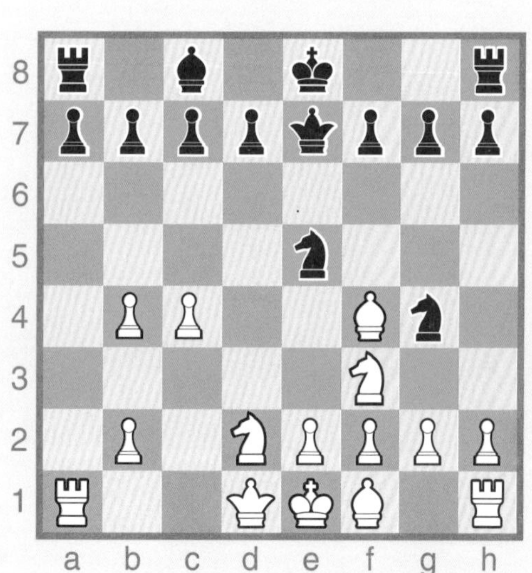

10-8 백색 진영은 아직까지 한 번도 킹과 룩을 움직인 적이 없습니다. 흑색 킹을 체크메이트할 수 있는 백색 진영의 움직임은 무엇입니까?

1.______________

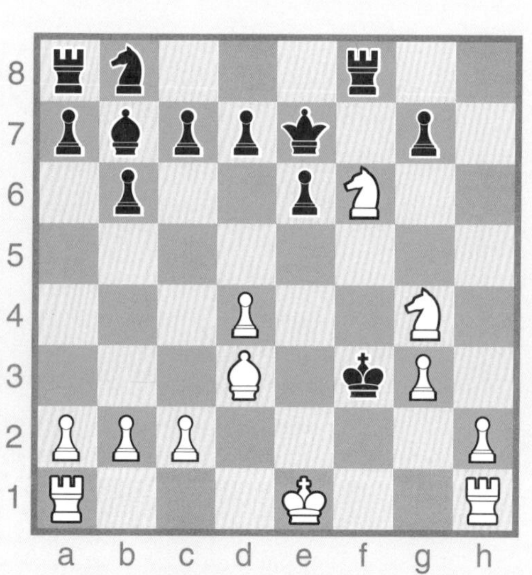

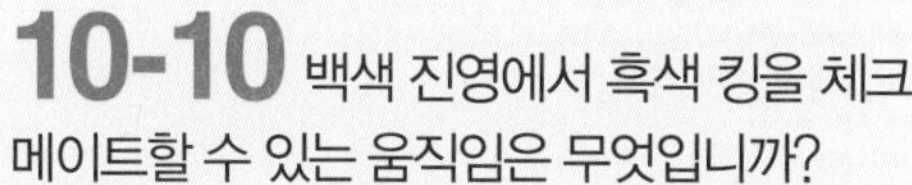

10-9 백색 진영에서 흑색 킹을 체크메이트할 수 있는 움직임은 무엇입니까?

1.______________________

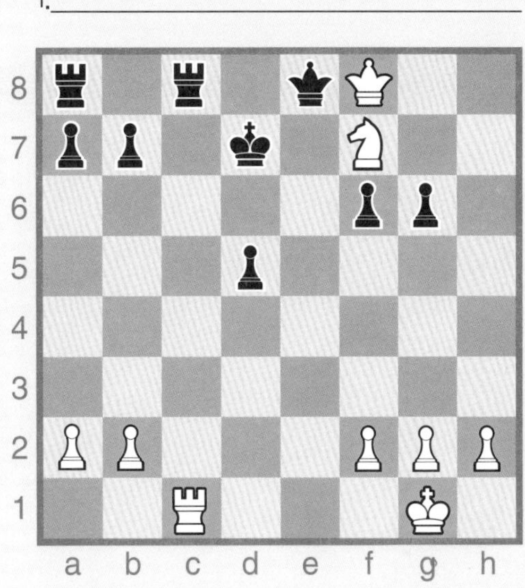

10-10 백색 진영에서 흑색 킹을 체크메이트할 수 있는 움직임은 무엇입니까?

1.______________________

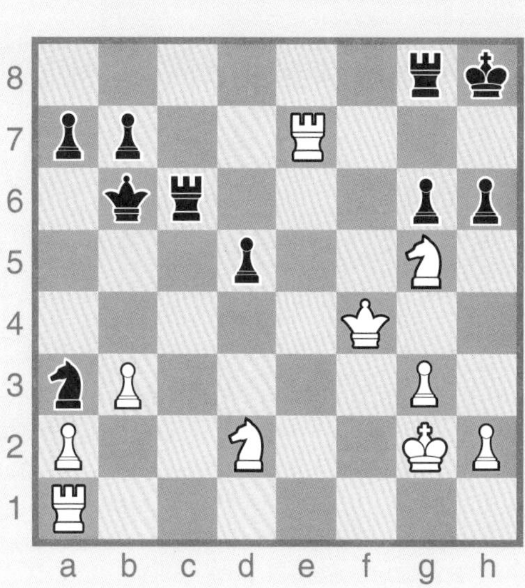

레벨 2

10-11 백색 진영 차례입니다. 2번째 움직임에 체크메이트하는 방식은 무엇입니까?

1._______+_______ 2._______메이트

10-12 백색 진영 차례입니다. 2번째 움직임에 체크메이트하는 방식은 무엇입니까?

1._______+_______ 2._______메이트

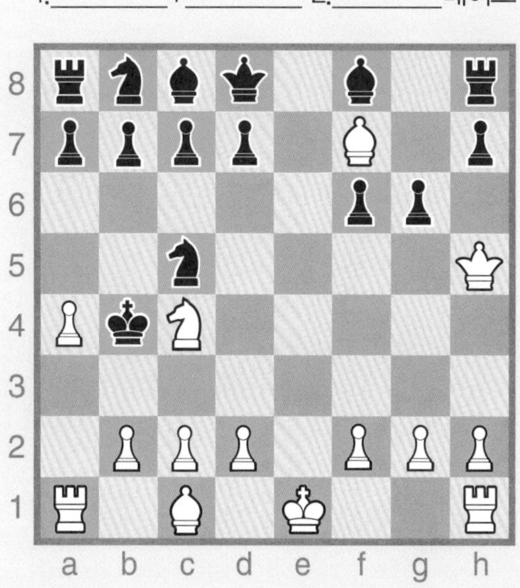

10-13 흑색 진영 차례입니다. 2번째 움직임에 체크메이트하는 방식은 무엇입니까?

1...________+________ 2.________메이트

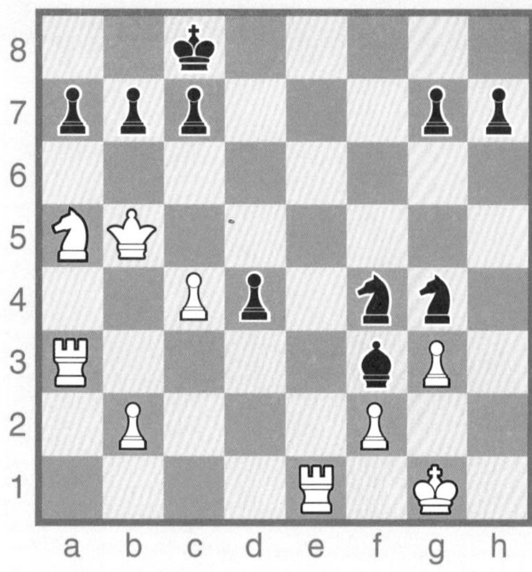

10-14 백색 진영 차례입니다. 2번째 움직임에 체크메이트하는 방식은 무엇입니까?

1.________+________ 2.________메이트

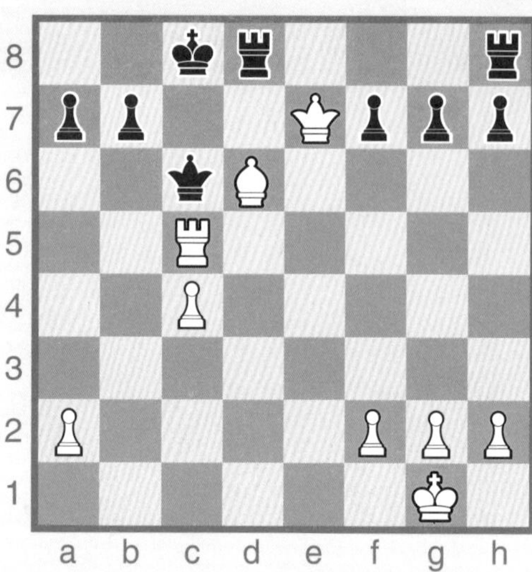

10-15 백색 진영 차례입니다. 2번째 움직임에 체크메이트하는 방식은 무엇입니까?

1.________+________ 2.________메이트

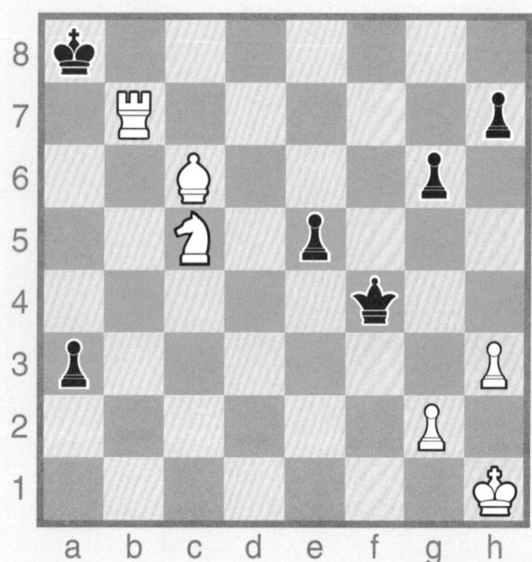

10-16 백색 진영 차례입니다. 2번째 움직임에 체크메이트하는 방식은 무엇입니까?

1.________+________ 2.________메이트

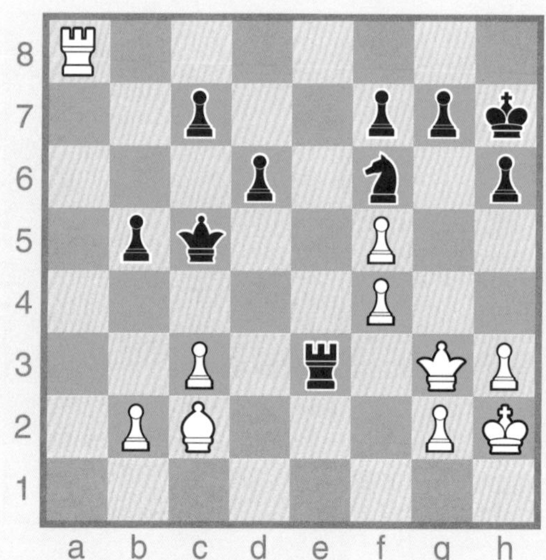

10-17

흑색 진영 차례입니다. 2번째 움직임에 체크메이트하는 방식은 무엇입니까?

1...________+ 2.________ ________메이트

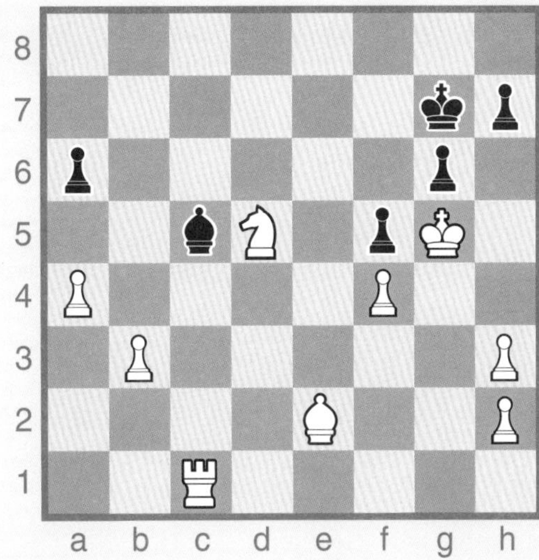

10-18

흑색 진영 차례입니다. 2번째 움직임에 체크메이트하는 방식은 무엇입니까?

1...________+ 2.________ ________메이트

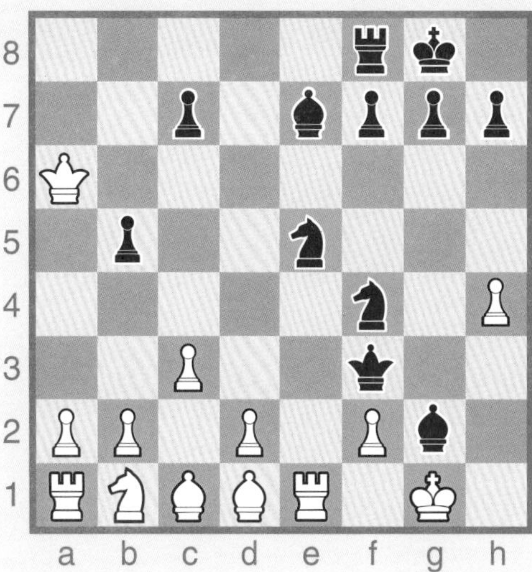

10-19

백색 진영 차례입니다. 2번째 움직임에 체크메이트하는 방식은 무엇입니까?

1.________+________ 2.________메이트

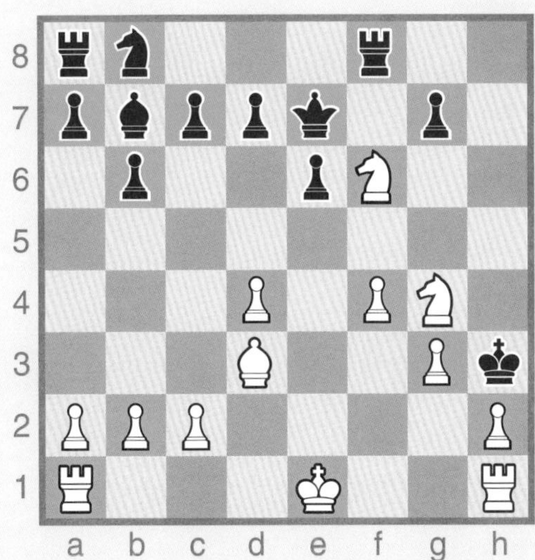

10-20

백색 진영 차례입니다. 2번째 움직임에 체크메이트하는 방식은 무엇입니까?

1.________+________ 2.________메이트

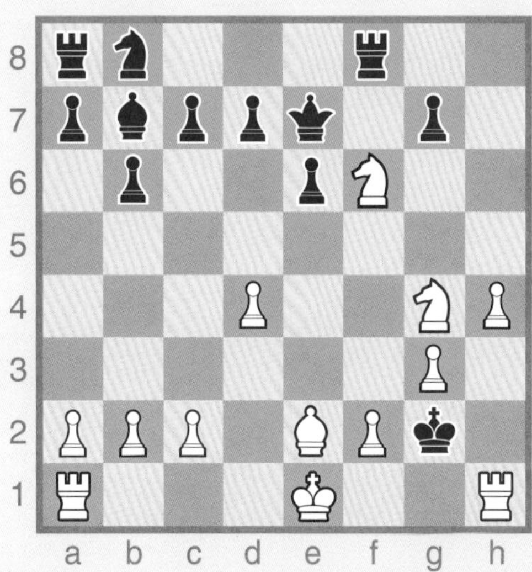

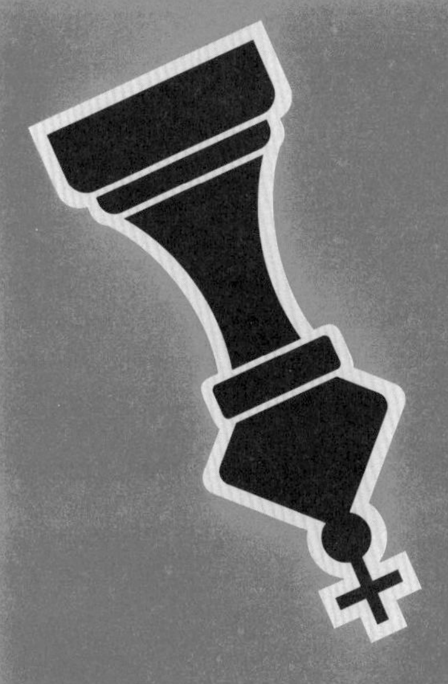

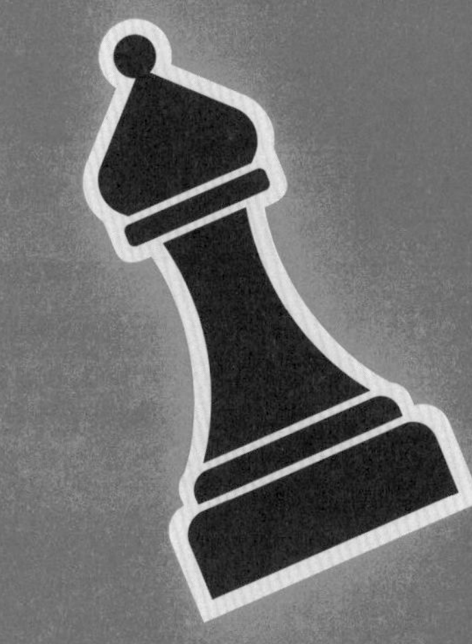

부록

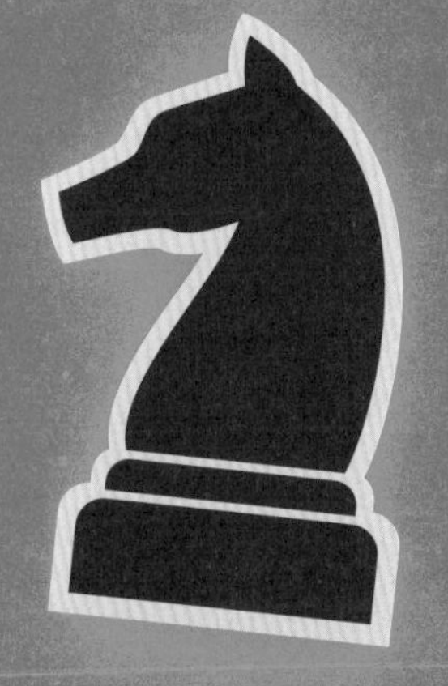

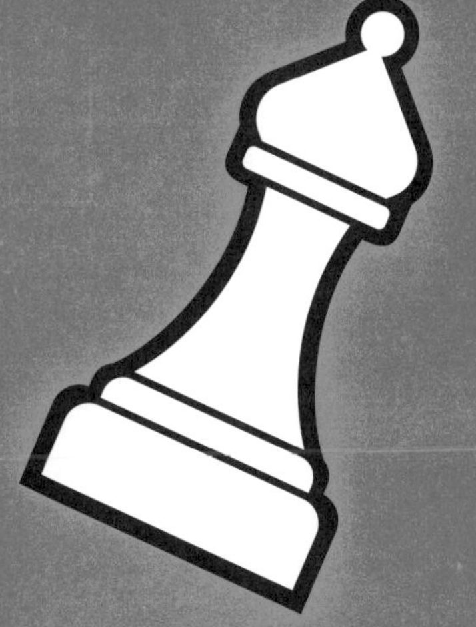

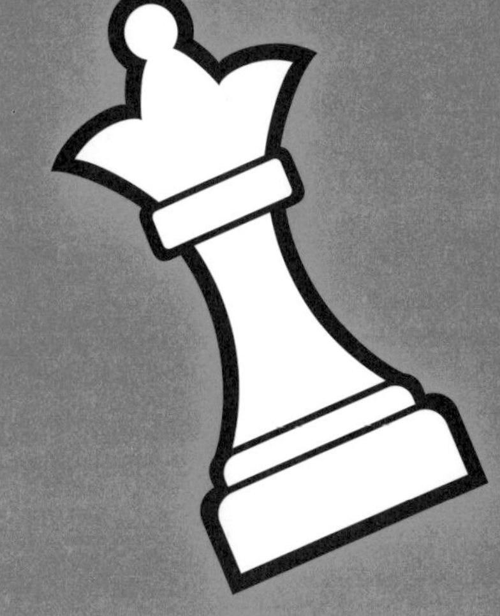

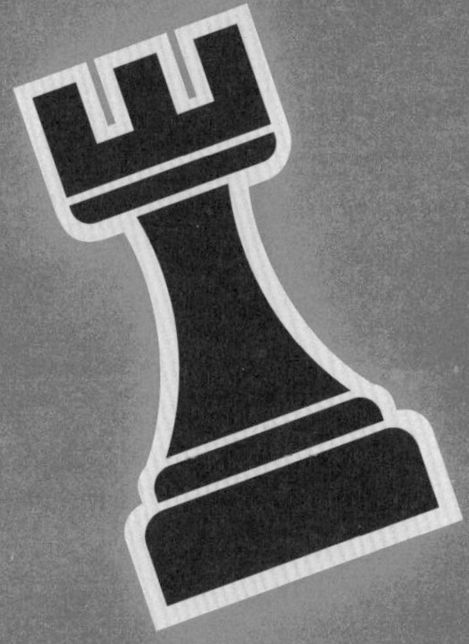

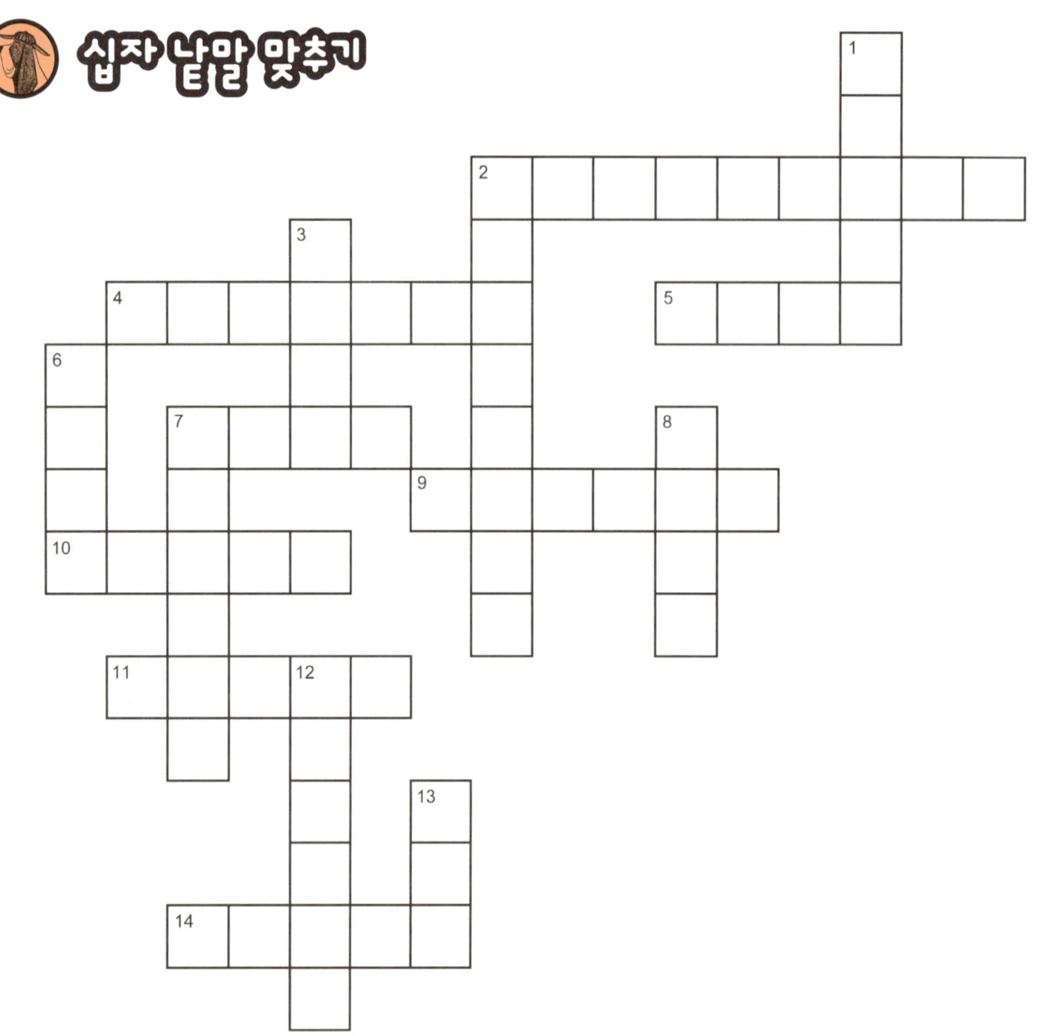 십자 낱말 맞추기

가로

2. 게임의 목표
4. 64개의 이것
5. 5점의 가치가 있다.
7. 잡을 수 없는 체스 말
9. 대각선으로 움직이고, 3점의 가치가 있다.
10. 체스 말을 가장 먼저 움직이는 진영
11. 킹이 공격받는 상황
14. 가장 강력한 체스 말

세로

1. 체스 말을 2번째로 움직이는 진영
2. 한 번에 킹과 룩을 이동하는 움직임
3. 퀸으로 계급 변신을 할 수 있다.
6. 서로 비기면서 게임이 끝나는 상황
7. 다른 체스 말을 건너뛸 수 있는 유일한 체스 말
8. 두 체스 말을 한 번에 공격하는 전술
12. e4, e5, d4, d5
13. 가치가 더 높은 체스 말을 보호하기 위해 움직이지 못하는 상황

(해답은 182페이지에 있습니다)

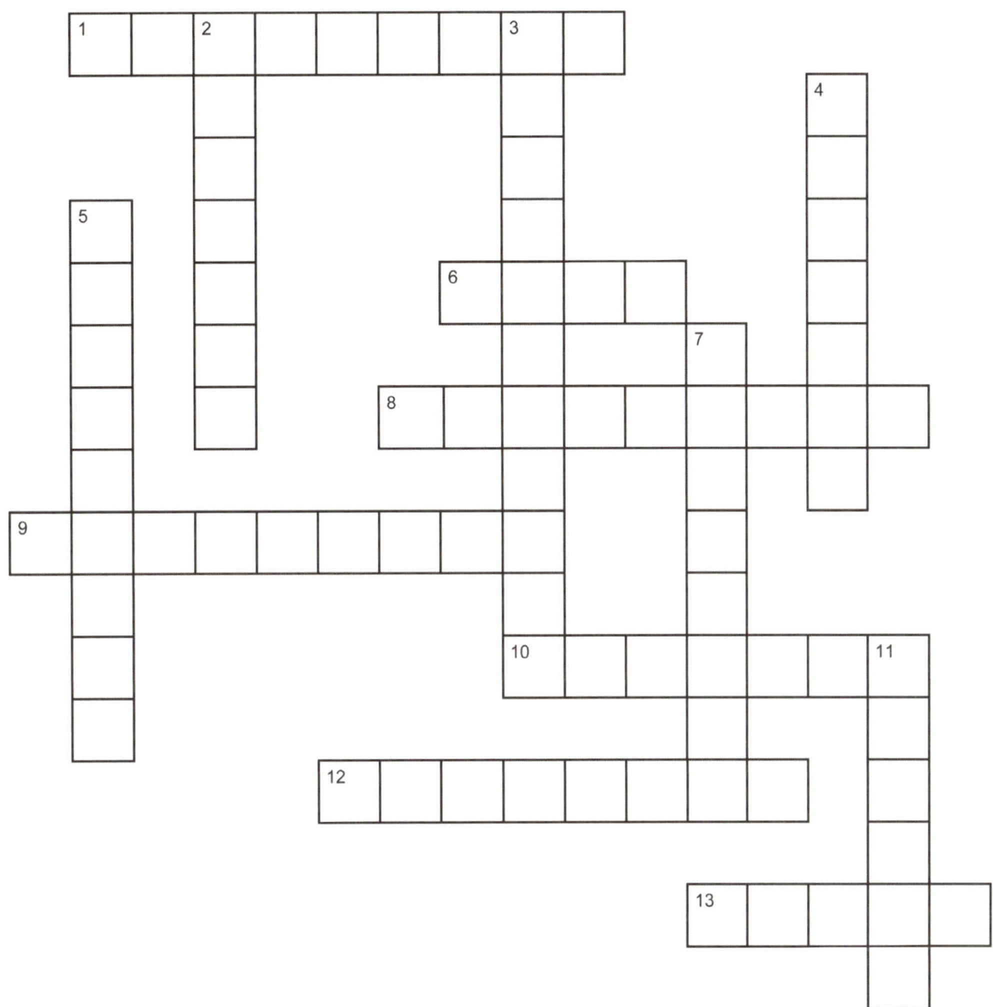

가로

1. a · b · c · d파일
6. 시간이 다 되면 떨어지는 것
8. 특별한 폰의 움직임
9. 한쪽 진영의 체스 말 중 어느 것도 움직일 수 없는 상황
10. 핀과 포크, 스큐어를 이것이라고 한다.
12. e · f · g · h파일
13. 체스 용어로 세로줄을 이것이라고 한다.

세로

2. 체스판에 체스 말이 몇 개 남아 있지 않은 상황
3. 비숍과 나이트를 게임에 참여시키는 것
4. 게임 초반에 하는 움직임
5. 폰이 퀸으로 변신하는 것
7. 혼자 있는 폰
11. 공격받는 체스 말이 가치가 더 낮은 체스 말을 보호하는 상황

(해답은 182페이지에 있습니다)

체스 용어 찾기

밑에 제시된 단어를 찾아 표시하세요.

B	C	N	R	D	Y	U	I	J	B	R	F	M	V	A	G
S	T	A	L	E	M	A	T	E	Q	L	L	U	F	O	N
P	S	G	I	K	D	F	S	P	Z	U	A	D	B	M	I
B	R	J	M	R	E	W	E	K	S	B	A	C	T	S	K
F	W	O	O	W	A	Q	G	Z	V	R	C	M	K	Z	H
G	A	B	M	L	C	A	S	T	L	I	N	G	R	O	C
V	P	A	T	O	V	P	R	C	H	D	P	I	R	H	A
P	M	U	S	L	T	D	Z	E	V	M	S	B	E	J	B
E	T	I	H	W	P	I	O	L	A	F	R	C	G	L	V
F	P	J	R	X	I	M	O	B	Y	G	K	C	A	M	O
K	G	A	W	B	G	F	I	N	K	M	O	I	L	Q	J
N	I	K	W	F	I	Z	M	N	A	B	R	W	S	W	K
I	T	U	R	N	V	U	R	T	C	E	N	S	T	A	O
G	B	V	H	C	O	J	E	T	T	Q	M	V	R	S	O
H	A	N	E	E	U	Q	M	A	G	P	A	R	U	G	R
T	O	R	D	P	B	I	M	R	P	O	H	S	I	B	T

비숍(Bishop)

흑색(Black)

캐슬링(Castling)

체크메이트(Checkmate)

킹(King)

나이트(Knight)

체스 말(Material)

폰(Pawn)

프로모션(Promotion)

퀸(Queen)

룩(Rook)

스큐어(Skewer)

스테일메이트(Stalemate)

백색(White)

(해답은 183페이지에 있습니다)

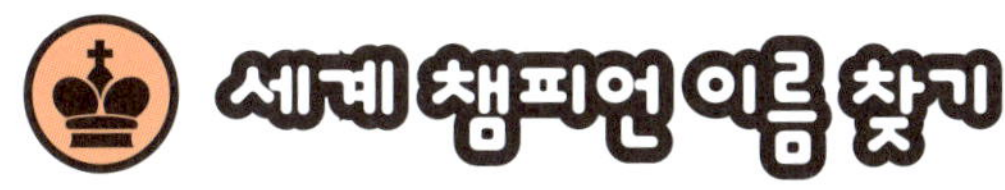 밑에 제시된 단어를 찾아 표시하세요.

C	L	I	F	B	N	R	F	Z	T	I	N	I	E	T	S
W	A	B	Q	Z	E	M	S	I	W	G	W	N	B	R	J
C	T	C	S	H	A	M	S	P	A	S	S	K	Y	P	K
A	T	H	C	Y	Y	O	G	E	N	B	X	M	V	E	Q
U	B	S	N	S	V	K	D	H	K	R	G	O	W	T	C
S	I	J	L	X	R	F	A	Z	S	N	D	U	G	M	A
F	G	O	E	I	P	H	L	S	N	P	E	C	U	F	P
N	V	K	N	N	J	E	O	U	P	A	G	O	H	M	A
W	V	R	Y	B	I	T	T	J	X	A	M	K	Y	X	B
R	Z	A	D	E	P	H	T	R	D	Y	R	J	N	L	L
E	X	M	R	S	L	T	K	Q	O	L	K	O	S	K	A
K	Y	N	K	Y	S	A	N	E	Z	S	G	Z	V	F	N
S	R	I	O	H	U	G	J	A	L	M	I	H	R	P	C
A	B	K	K	D	R	I	C	E	M	A	T	A	O	S	A
L	O	O	B	O	T	V	I	N	N	I	K	M	N	I	Z
B	P	N	C	T	V	O	P	R	A	K	V	D	Y	X	G

슈타이니츠(Steinitz)	페트로잔(Petrosian)
라스커(Lasker)	스파스키(Spassky)
카파블랑카(Capablanca)	피셔(Fisher)
알레힌(Alekhine)	카르포프(Karpov)
오이베(Euwe)	카스파로프(Kasparov)
보트비닉(Botvinnik)	크람니크(Kramnik)
스미슬로브(Smyslov)	
탈(Tal)	

(해답은 183페이지에 있습니다)

1 교시

레벨 1

1–1   9+5+3+3=20

1–2   1+3+1+3+3+5=16

1–3   킹 e1   비숍 f3
         퀸 d5   나이트 c3
         룩 a1   폰 h5

1–4   킹 g8   비숍 b4
         퀸 c7   나이트 f6
         룩 h1   폰 d4

1–5   비숍은 h5, g4, g2, h1, e4, d5로 움직이거나 c6에 있는 흑색 폰을 잡을 수 있습니다.

1–6   나이트는 d6에 있는 룩을 잡거나 c3에 있는 비숍을 잡을 수 있습니다. b5에 있는 나이트가 다른 칸으로 이동하지 않고 제자리에 있을 경우, a4에 있는 폰과 b8에 있는 퀸에 의해 공격받을 수 있다는 것을 잊지 마세요.

1–7   a2에 있는 비숍이 흑색 킹을 체크하고 있습니다.

1–8   아니요. 백색 킹은 g1로 안전하게 몸을 피할 수 있습니다. 그러면 다음 차례인 흑색 진영이 ...Re1 메이트하면서 킹을 체크메이트할 수 있습니다.

1–9   백색 킹은 f1이나 f2, g2로 이동할 수 있습니다.

1–10   흑색 진영 선수가 c4에 있는 폰을 건드렸기 때문에 반드시 그 폰을 잡아야 합니다. 그것이 가능한 경우에 한해서 말이죠. 이런 이유로 흑색 진영은 1...Qxc4해야 합니다. 백색 진영은 2.bxc4하면서 흑색 퀸을 잡을 수 있습니다.

레벨 2

1–11   백색 진영의 병력이 더 셉니다. 백색 진영이 1점을 앞서고 있네요(비숍과 나이트를 더한 가치는 6점이고, 룩의 가치는 5점입니다).

1–12   백색 진영은 자신의 킹을 f1로 이동할 수 없습니다. a6에 있는 비숍이 킹을 공격할 수 있기 때문이죠. 그렇기 때문에 킹으로 h2에 있는 흑색 퀸을 잡는 방법 말고는 다른 방법이 없습니다. 퀸을 잡고 나면 백색 진영은 흑색 진영보다 2점 앞서게 됩니다(백색 진영 18점, 흑색 진영 16점).

1–13   룩입니다. a8에 있습니다.

1–14   12(룩+비숍+나이트+폰)

1–15   네. 비숍으로 나이트를 잡는 것은 적절한 움직임입니다. 백색 진영의 병력이 3점 앞서고 있고, 점수가 앞서고 있을 때는 체스 말을 교환하는 것이 좋은 생각이기 때문입니다.

1–16   ...Bb7+, ...Bf5+, ...Rd4+, ...Re8+, ...f5+, ...Nf6+

1–17   Qa2+, Qb3+, Bc4+, Bg6+, Rf1+, Rf3+

1–18   아니요. 흑색 진영에서 ...b3하면서 a2에 있는 비숍이 체크하는 것을 방해할 수 있기 때문입니다. 다음 차례에서 백색 진영은 Bxb3 메이트할 수 있습니다. 흑색 체스 말 중 체크를 막을 수 있는 말이 없고, 흑

색 킹도 도망갈 칸이 없기 때문이죠.

1-19 아니요. 1.Qxc5하면서 흑색 퀸을 잡을 수 없습니다. 백색 진영은 자신의 킹이 움직일 수 있는 유일한 칸으로 1.Kh2해야만 해요. 킹을 건드리기 전에 "자두브"라고 먼저 말했다면 꼭 킹을 움직일 필요 없이 흑색 퀸을 잡을 수 있었을 것입니다.

1-20 네, 가능합니다. 흑색 진영에서 g2에 있는 폰을 잡을 수 있는 체스 말이 없기 때문에 1...Bxc2하면서 백색 퀸을 잡는 것과 같이 원하는 다른 곳으로 자유롭게 움직일 수 있어요. 선수들은 생각 없이 체스 말을 만지지 않도록 조심해야 합니다. 이번 경우처럼 항상 운이 따라 주지는 않기 때문이죠.

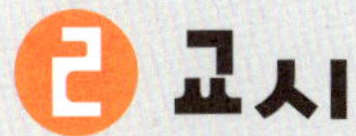 교시

레벨 1

2-1 아니요. 1.Nh3은 좋은 움직임이 아닙니다. 변두리의 나이트는 맥을 추지 못하기 때문입니다. 중앙을 공격할 수 있기 때문에 f3이 나이트가 이동하기에 훨씬 더 나은 칸이라고 할 수 있어요.

2-2 아니요. a5는 체스판 중앙이 아니라 가장자리에 있고 비숍이 진격하는 데 도움이 되지 않기 때문입니다.

2-3 e5가 별이 그려진 칸 중 가장 중요한 칸입니다. 체스판 중앙에 위치한 4개의 칸 중 하나이기 때문입니다.

2-4 비숍을 c4로 이동하는 것이 가장 좋은 선택인데, 그 이유는 중앙을 통제할 수 있기 때문입니다. 비숍이 d3으로 이동할 경우, d2에 있는 폰이 중앙을 향해 앞으로 나오는 것을 막을 수 있어요. a6으로 움직일 경우, b7에 있는 흑색 폰이나 b8에 있는 흑색 나이트에 의해 잡힐 수 있습니다.

2-5 폰을 d4로 이동하는 것이 가장 좋은 선택인데, 그 이유는 중앙을 공격할 수 있기 때문입니다. d4로 이동한 폰은 적군으로부터 2번 공격받고 2번 보호받기 때문에 백색 진영은 병력을 잃지 않을 것입니다. d3으로 폰을 움직이는 것은 조금 소심하고, f1에 있는 비숍이 이동할 수 있는 길을 방해해요.

2-6 나이트를 f6으로 이동하는 것이 가장 좋은 선택인데, 그 이유는 중앙에 위치한 2개의 칸(e4와 d5)을 공격할 수 있기 때문입니다. 나이트가 e7로 움직인다면 f8에 있는 비숍의 길을 막게 돼요. h6으로 이동하기 전에 '변두리의 나이트는 맥을 추지 못한다'는 말을 기억하세요.

2-7 퀸을 f3으로 이동하는 것은 나쁜 선택인데, 그 이유는 퀸을 너무 빨리 전투에 참여시키기 때문입니다. 또 g1에 있는 나이트가 진격할 수 있는 가장 좋은 칸인 f3으로 이동하는 것을 막기 때문입니다.

2-8 가장 좋은 움직임은 3.c3입니다. 흑색 비숍이 백색 킹을 체크하는 것을 막으면서 비숍을 쫓아낼 수 있기 때문이죠. 3.Ke2는 킹을 움직이기 때문에 백색 진영에서 나중에 캐슬링할 수 있는 자격을 잃게 되고, f1에 있는 비숍이 진격하는 것을 방해합니다. 3.Qd2는 아주 나쁜 움직임인데, 그 이유는 이후에 흑색 진영에서 3...Bxd2+하면서 비숍으로 퀸을 잡을 수 있기 때문이에요.

2-9 아니요. 2.d3은 좋은 움직임이라고 할 수 없는데, 그 이유는 f1에 있는 비숍이 전쟁터로 진격할 수 있는 길을 막기 때문입니다. 비숍이 c4나 b5로 이동하고 난 뒤에 d3으로 움직이는 것이 더 바람직한 방법입니다.

2-10 Ne5는 아주 나쁜 움직임은 아니지만, 좋은 움직임이라고 할 수도 없습니다. 백색 진영에서 다른 마이너 기물을 진격시키기 전에 나이트가 2번 움직이는 것이기 때문이죠.

2–11 백색 진영은 4.Qxf7 메이트하거나 e5에 있는 폰을 잡으면서 4.Qxe5+하려고 합니다. 이때 흑색 진영은 4...Qe7이나 4...Qf6하면서 2개의 위협을 방어할 수 있습니다.

2–12 2.d4가 중앙을 통제할 수 있는 움직임이기 때문에 가장 좋은 선택입니다. 2.Bd3은 나쁜 움직임인데, 그 이유는 d2에 있는 폰을 가로막기 때문이죠. 2.Bb5의 경우는 나쁘지 않은 선택이지만, 흑색 폰 중 하나에 의해 다시 쫓겨날 가능성이 있어요. 2.Be2는 소극적인 움직임입니다.

2–13 c8에 있는 비숍이 좋은 위치로 진격하기 가장 어렵습니다. 폰이 비숍의 길목을 막고 있기 때문입니다. b8에 있는 나이트는 흑색 폰을 뛰어넘을 수 있기 때문에 진격하는 데 아무런 문제가 없어요.

2–14 킹 쪽으로 캐슬링하는 것은 보통 좋은 생각이지만, 이번 경우는 그렇지 않습니다. 킹 쪽에 위치한 백색 진영 폰들이 벌써 앞으로 이동했기 때문입니다. 만약 킹이 캐슬링한 뒤 그 자리에 계속 머문다면 흑색 체스 말의 공격에 그대로 드러나 자신을 보호하기 힘들어져요. 백색 진영이 선택할 수 있는 가장 좋은 방법은 퀸과 c1에 있는 비숍을 진격시키고, 퀸 쪽으로 캐슬링하는 것입니다. 그렇게 해서 퀸 쪽에 있는 (아직까지 움직인 적 없는) 폰의 보호를 받는 것이죠.

2–15 백색 진영의 경우 3.Nc3이 가장 좋은 선택입니다. 나이트가 진격해 전투에 참여하고, d5에 있는 폰의 공격을 받고 있는 e4 폰을 보호해 주기 때문이에요. 3.Nf3과 3.Bf4의 경우는 둘 다 e4에 있는 폰을 잃게 됩니다. 3.Qf3은 e4에 있는 폰을 보호하기는 하지만 퀸을 너무 일찍 전쟁터로 불러내고, 나이트가 f3으로 진격하는 것을 방해합니다.

2–16 언뜻 봤을 때는 2...Nc6이 좋은 움직임처럼 보일 수 있습니다. 하지만 백색 진영에서 3.b5하면서 나이트를 쫓아 버릴 수 있고, 또 다음 차례가 왔을 때 b2에 있는 비숍으로 e5에 있는 폰을 잡을 수 있어요. 이런 상황에서 흑색 진영이 폰을 살리기 위해 할 수 있는 유일한 방법은 3...Nd4하는 것입니다. b파일에 있는 백색 폰을 공격하는 한편 비숍의 위협을 막는 것이죠. 백색 진영은 4.e3하면서 나이트를 다시 공격하고, f1에 있는 비숍으로 b5에 있는 폰을 보호합니다. 흑색 나이트가 움직이고 나면 백색 진영은 e5에 있는 폰을 잡을 수 있어요. 체스의 고수들은 이처럼 앞으로 일어날 가능성 있는 상황을 예측하며 몇 발 앞을 내다볼 수 있어야 합니다.

2–17 아니요. 5.gxf5하면서 비숍을 잡을 수 있지만, 그렇게 하면 백색 킹이 쉽게 적군의 공격을 받게 됩니다. 흑색 진영에서 5...Qh4 메이트할 수 있어요.

2–18 흑색 진영에서 폰을 잡기는 했지만, 백색 진영에 비해 다른 체스 말들이 앞으로 나오지 못했습니다. 흑색 진영은 4...Nxc3해 백색 진영의 체스 말을 잡아 시간을 버는 것이 좋습니다. 4...Nc5한 뒤에는 백색 진영에서 5.Nxe5하면서 계속 앞서 나갈 수 있어요. 4...Bd6은 폰을 보호하지만, 백색 진영이 5.Nxe4하면서 나이트를 잃게 됩니다. 4...d5의 경우는 나이트를 보호하지만, 백색 진영에서 2개의 체스 말이 d5에 있는 폰을 공격할 수 있어요. 하지만 폰을 보호해 줄 수 있는 흑색 체스 말은 퀸밖에 없습니다. 백색 진영은 5.Nxd5나 5.Bxd5하면서 쉽게 폰을 공격해 잡을 수 있습니다.

2–19 아니요. 2...d5는 좋은 움직임이 아닙니다. 백색 진영에서 3.exd5하면 흑색 진영은 3...Qxd5하고, 그러면 백색 진영은 4.Nc3하면서 나이트를 진격시키는 동시에 흑색 퀸을 공격할 수 있기 때문입니다.

2–20 네. 흑색 진영에서는 ...Kxd8할 수밖에 없고, 그렇게 되면 킹이 자기 자리에서 1번 움직였기 때문에 나중에 캐슬링을 할 수 없게 됩니다.

3 교시

레벨 1

3-1	7...0-0
3-2	12.Nd3
3-3	25...Re8
3-4	42...Rxg3+
3-5	65.Rg3+
3-6	73...Qxa6+
3-7	8...cxd4
3-8	17...0-0-0
3-9	27.Rxd5+
3-10	39.axb5

레벨 2

3-11	4...Nfd7
3-12	7.Ndf3
3-13	11...N5f6(두 나이트가 모두 d파일에 있기 때문에 11...Ndf6이라고 할 필요가 없습니다)
3-14	15.N3xd4(두 나이트가 모두 f파일에 있기 때문에 15.Nfxd4라고 할 필요가 없습니다)
3-15	18...Ned7
3-16	19.Rfd1
3-17	38...R8a6(두 룩이 모두 a파일에 있기 때문에 38...Raa6이라고 할 필요가 없습니다)
3-18	48.Rcxa4
3-19	51.a8=Q
3-20	7...fxg1=N+

4 교시

레벨 1

4-1	Qe7
4-2	...Qd4
4-3	Rg3
4-4	...Rc3
4-5	Qb7이 더 좋은 선택입니다. 백색 진영이 Qb8+한다면 흑색 진영에서 ...Ka6할 수 있고, 최소한 1번 더 움직일 수 있는 기회가 생기기 때문입니다.
4-6	Rg1이 가장 좋은 선택입니다. Ra2+하면 흑색 진영에서 ...Kb1합니다. Rb2가 가장 나쁜 선택인데, 그 이유는 스테일메이트가 되기 때문이에요.
4-7	Ra8 메이트

4-8   Rg6+가 가장 좋은 움직임입니다. 흑색 진영은 킹을 h4나 h5로 움직여야 합니다. 그러면 백색 진영은 Rh2 메이트할 수 있어요.

4-9   Qg6 메이트와 Qh1 메이트

4-10   ...Rd1 메이트(나이트가 a2를 공격할 수 있습니다)

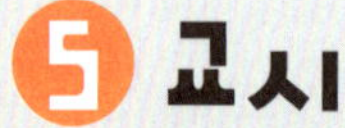

4-11   43.Rxf7은 스테일메이트가 되기 때문에 나쁜 움직임입니다. 백색 진영은 병력이 앞서 있는 상황이기 때문에 비기는 것으로 게임을 끝내고 싶어 하지 않을 거예요. 43.Rxb6이 가장 좋은 선택인데, 그 이유는 폰을 잡는 한편 스테일메이트를 피할 수 있도록 흑색 킹이 움직일 수 있는 칸을 만들어 주기 때문입니다.

4-12   흑색 진영의 병력이 많이 뒤처져 있습니다. 흑색 진영이 ...Qxg2+!하면 백색 진영은 킹으로 흑색 퀸을 잡을 수밖에 없어요. 흑색 킹이 이동할 수 있는 칸이 더 이상 없다는 것이 보입니까? 스테일메이트입니다!

4-13   흑색 진영이 백색 킹을 체크메이트할 수 있는 방법은 3가지입니다. ...Qa1 메이트, ...Qb1 메이트, ...Qf2 메이트입니다.

4-14   백색 진영이 흑색 킹을 체크메이트할 수 있는 방법은 4가지입니다. Qe5 메이트, Qb2 메이트, Qb8 메이트, Bc3 메이트입니다.

4-15   흑색 진영이 체크메이트할 수 있는 유일한 움직임은 ...Rh1 메이트입니다. 만약 흑색 진영이 ...Qh2+한다면 백색 진영은 Kf1할 수 있습니다.

4-16   백색 진영이 흑색 킹을 체크메이트할 수 있는 방법은 2가지입니다. Qa5 메이트와 Qg5 메이트입니다.

4-17   흑색 진영은 백색 킹을 체크메이트할 수 없습니다. 흑색 진영이 ...Qxb2하면서 체크메이트하지 못하게 백색 퀸이 b2를 보호하고 있어요. 백색 진영은 흑색 진영이 ...Ra8+나 ...Qa6+하는 것에 대항해 Na3할 수 있습니다.

4-18   백색 진영이 흑색 킹을 체크메이트할 수 있는 방법은 단 1가지입니다. Bh5 메이트입니다.

4-19   흑색 진영이 백색 킹을 체크메이트할 수 있는 방법은 2가지입니다. ...Qg2 메이트와 ...Qh1 메이트입니다.

4-20   백색 진영이 흑색 킹을 체크메이트할 수 있는 방법은 단 1가지입니다. Qxh7 메이트입니다.

5 교시

레벨 1

5-1   1.Bf3

5-2   1.Ra6+

5-3   1...Nd4+

5-4   1...a1=Q+(1...a1=B+ 역시 스큐어입니다. 하지만 비숍보다는 퀸으로 계급 변신을 하는 것이 더 좋습니다)

5-5   1.Rc6+

5-6   1.Bc3

5-7   1...Qf1+, 1...Qf3+, 1...d5

5-8   1...Rg7

5-9   1.b8=N+

5-10   1.Qe4, 1.Re1

5-11 1.d4

5-12 1.Bd3+

5-13 1.Bf3(비숍은 a8에 있는 룩을 공격할 수 있고, 룩은 퀸을 디스커버드 공격합니다)

5-14 1...d6+!(비숍이 퀸을 디스커버드 공격합니다)

5-15 1.Qg4+(킹과 두 룩을 포크로 찍었습니다)

5-16 1.f5입니다. 나이트는 킹에 고정되었고, 3번 공격받고 3번 방어할 수 있습니다. 1.f5하면 폰이 포함되면서 나이트를 4번 공격할 수 있어요. 더군다나 폰은 나이트보다 가치가 낮습니다.

5-17 1.Qe1입니다. 1.Be1하면 1...Qxf4+할 수 있어요. 1.g3이나 1.Be3하면 흑색 진영은 1...Nxg3+할 수 있습니다. h2에 있는 폰이 흑색 퀸에 의해 룩에 고정되어 있기 때문입니다(2.hxg3 Qxh1). 만약 백색 진영에서 1.Nh3한다면 흑색 진영은 1...bxh3으로 나이트를 잡은 뒤 다음 차례에 퀸을 f2로 이동해 체크메이트할 것입니다.

5-18 1.gxf3으로 흑색 나이트를 잡는 것은 나쁜 움직임입니다. 흑색 진영에서 1...Rh2 메이트할 수 있기 때문입니다(g2에 있는 폰은 h2에 고정되어 있습니다).

5-19 1...Bf5+는 비숍을 살릴 수 있습니다. 흑색 비숍이 킹을 체크하고 있기 때문에 백색 진영은 흑색 퀸을 잡을 여유가 없어요. 백색 진영이 킹을 안전한 칸으로 이동한 뒤에는 흑색 진영이 퀸을 살릴 수 있습니다.

5-20 백색 진영이 1.Rxg7+!하고 다음 차례에 2.Qxh4하면서 룩 하나를 잃는 대신에 퀸과 폰을 잡을 수 있습니다.

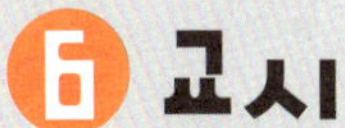 6교시

6-1 1.Qe3이 백색 진영에서 선택할 수 있는 가장 좋은 움직임입니다. 1.Qd6하면 스테일메이트가 됩니다. 1.Qb8+의 경우, 흑색 진영은 1...Kxb8밖에 선택할 수 없어요. 이렇게 되면 체크메이트할 수 있는 체스 말 부족으로 무승부가 됩니다.

6-2 1...Bc3이 가장 좋은 선택입니다. 이 움직임 다음에 백색 진영은 2.Ka3해야만 하고, 흑색 진영은 2...Ra5 메이트할 수 있어요. 1...Kc3과 1...Rb5는 모두 스테일메이트입니다.

6-3 흑색 진영 입장에서는 1...Rxf2해서 백색 룩을 체스판 위에서 내려보내는 것이 가장 좋은 선택입니다. 백색 진영이 흑색 룩을 다시 잡는다고 해도 이 게임은 체크메이트할 수 있는 체스 말 부족으로 무승부가 됩니다. 룩이 모두 살아 있다면 백색 진영이 게임에서 이길 수 있는 가능성이 더 큽니다.

6-4 1.Nxc6해서 흑색 폰을 잡는 것이 가장 좋은 움직임입니다. 백색 킹을 체크메이트할 수 있는 가능성을 가진 흑색 진영의 유일한 체스 말이 폰(폰이 계급 변신에 성공할 경우)입니다. 폰이 잡히고 나면 이 게임은 체크메이트할 수 있는 체스 말 부족으로 무승부가 됩니다.

6-5 백색 진영 입장에서 1.Be8이 가장 좋은 선택입니다. 흑색 진영이 유일하게 선택할 수 있는 것은 1...h5이고, 그 후 백색 진영은 2.Bc6 메이트할 수 있습니다. 1.Bd6과 1.Ka6은 모두 스테일메이트입니다. 흑색 진영에서 킹이나 폰을 움직일 수 없기 때문이죠.

6-6 체크메이트할 수 있는 가능성을 가진 흑색 진영의 체스 말을 없애기 때문에 1.Bxg2가 가장 좋은 움직임입니다. 1.Bxf7해서 비숍을 잡을 수는 있지만, 그렇게 하면 흑색 폰이 1...g1=Q하게 됩니다. 1.Bc4+하

면 흑색 진영에서는 1...Bxc4와 2...g1=Q할 수 있어요.

6-7 1...Rh2+가 가장 좋은 선택이에요. 흑색 진영의 두 룩이 서로 힘을 합쳐 적군의 킹을 공격해 체크메이트할 수 있기 때문입니다. 흑색 진영의 병력이 백색 진영을 앞서고 있고, 게임에서 이기려고 하고 있어요. 1...Ra1과 1...Rd5는 모두 스테일메이트가 됩니다.

6-8 1.Rxb2가 가장 좋은 선택입니다. 흑색 폰이 마지막 칸에 도달해 퀸으로 계급 변신하는 것을 막을 수 있는 유일한 방법이기 때문입니다. 1.Ra3이나 1.Kc4 다음에는 흑색 진영이 1...b1=Q할 수 있어요.

6-9 1.Nxf2가 가장 좋은 움직임입니다. 백색 진영은 f2에 있는 폰의 계급이 올라가기 전에 무조건 막아야 해요. 다음 차례가 왔을 때 백색 진영이 2.Kxh7하면 체크메이트할 수 있는 체스 말 부족으로 게임은 무승부가 됩니다. 1.Nf4+한다면 흑색 진영은 자신의 킹을, 예를 들어 1...Kf5한 후 다음 차례가 왔을 때 폰의 계급을 올릴 수 있어요. 만약 1.Kxh7한다면 흑색 진영이 1...f1=Q하면서 게임에서 이기게 됩니다.

6-10 백색 진영은 1.Kxc7하면서 스테일메이트해야 합니다. 그렇게 하지 않고 1.h5해서 자신의 폰 계급을 올리려고 한다면 흑색 진영이 1...Bf4하면서 흑색 비숍을 구하고, 폰이 앞으로 더 나가는 것을 막을 것입니다. 그러면 흑색 킹은 모서리에서 벗어나 백색 폰을 잡으러 다니기 시작할 거예요.

레벨 ❷

6-11 1...Rc5하면 백색 룩을 킹에 고정할 수 있고, 흑색 진영은 다음 차례에서 룩을 서로 교환할 수 있습니다. 이 게임은 체크메이트할 수 있는 체스 말 부족으로 무승부가 될 것입니다.

6-12 1.Rb2하면 게임은 무승부가 됩니다. 백색 진영의 입장에서 이것은 좋은 선택인데, 그 이유는 흑색 진영에 비해 폰이 3개 모자라기 때문이에요. 흑색 진영에서 1...Rxb2하면 스테일메이트가 되고, 킹과 다른 폰들을 움직인다면 룩을 잃게 됩니다. 만약 백색 진영에 룩이 하나 더 있다면 게임에서 이길 수 있겠죠.

6-13 자신의 퀸을 희생하지 않고는 b2에 있는 폰의 계급이 올라가는 것을 막을 길이 없기 때문에 백색 진영은 위험한 상황에 놓여 있습니다. 이 경우 백색 진영은 1.Qe8+ Kh7 2.Qh5+ Kg8 3.Qe8+ Kh7 4.Qh5+ Kg8 5.Qe8+하면서 3회 반복 무승부로 게임을 끝낼 수 있어요.

6-14 흑색 진영에서 할 수 있는 가장 좋은 움직임은 킹과 폰을 포크할 수 있는 1...Nd6+입니다. 다음 차례에서 흑색 진영은 폰을 잡을 수 있어요. 그러면 백색 진영은 체크메이트하기에 체스 말이 부족한 상황이 됩니다. 만약 흑색 진영에서 가치가 더 높은 기물을 잡기 위해 1...Ne7+ 2.Kd7 Nxg6해서 비숍을 잡는다면 백색 폰이 퀸으로 계급 변신을 하면서 게임에서 이길 수 있어요.

6-15 현재 흑색 진영의 병력이 뒤처진다고 해도 무승부 제의를 거절하고 1...b2나 1...a2하는 것이 좋습니다. 그러면 얼마 가지 않아 폰은 퀸으로 계급이 올라가게 되고, 백색 진영보다 병력이 앞서게 되어 게임에서 이길 수 있어요.

6-16 백색 진영에는 나이트와 폰이 있지만, 흑색 진영에는 퀸이 2개 있어요. 백색 진영은 아주 안 좋은 상황에 처해 있습니다. 이 상황에서 백색 진영은 d5나 a5, d8을 이용해 계속 흑색 킹을 체크할 수 있습니다. 예를 들면, 1...Qd5+ Qab7 2.Qa5+ Q8a7 3.Qd8+를 계속 반복하면서 3회 반복 무승부로 게임을 끝낼 수 있죠.

6-17 흑색 진영은 1...Nd6(또는 1...Ne7과 2...Ng6 메이트)하면서 체크메이트를 시도할 수 있습니다. 다음 차례에 백색 진영이 어떤 폰을 움직인다고 해도 흑색 진영은 2...Nf7 메이트할 수 있어요. 만약 백색 진영이 b6에 있는 폰을 1...Nxb6하면서 잡았을 경우, 2.c8=Q+ Nxc8 스테일메이트가 됩니다. 물론 흑색 진영은 백색 폰 중 하나기 퀸으로 계급 변신을 한 뒤 그 퀸으로 자신의 킹을 체크할 수 있는 시간을 준다면 위험한 상황에 빠질 수 있겠죠.

6-18 흑색 진영은 비숍이 1개 모자라고 킹과 폰이 모두 꼼짝하지 못하는 상황입니다. 다른 모험을 하는 대신

흑색 진영은 1...Rf7+!합니다. 그러면 백색 진영에서는 2.Rxf7 스테일메이트해야만 하죠. 만약 2.Kg6같이 백색 킹을 움직인다면 흑색 진영은 2...Rxd7하고 병력이 우세해지면서 게임에서 이길 수 있게 됩니다.

6-19 백색 진영은 1.Rd1+ Kc5 2.Rxd6 Kxd6 3.Kxc4하면서 체크메이트할 수 있는 체스 말 부족으로 적군이 무승부를 제안하도록 만들 수 있어요.

6-20 백색 진영은 병력이 뒤처져 있지만 무승부 제안을 거절하고 1.Bh6한 뒤 다음 차례에 2.Qg7 메이트하려 고 위협할 수 있습니다. 그러면 흑색 진영은 체크메이트를 피할 방법이 없습니다. 1.Bh6 Qb2 2.Qxb2 e5 3.Qxe5 f6 4.Qxf6해도 결국에는 5.Qg7 메이트하게 되죠. 1.Bb2한 다음에도 역시 2.Qg7 메이트하려 고 할 수 있습니다. 하지만 흑색 진영에서 1...Qxb2하면 비숍을 잡는 대신 퀸을 잃으면서 체크메이트 상 황을 피하고, 병력도 우위를 유지할 수 있습니다.

🟠 ７ 교시

레벨 ❶

7-1 백색 나이트가 a6에 있는 폰을 잡을 수 있습니다. b7에 있는 나이트는 g2에 있는 비숍이 지켜 주고 있 기 때문에 공짜로 얻을 수 있는 체스 말이 아니에요.

7-2 백색 퀸이 h7에 있는 폰을 잡을 수 있습니다. 공격할 수 있는 다른 체스 말들은 모두 보호받고 있어요. 만약 흑색 진영의 차례였다면 ...Qxd3하면서 공짜 퀸을 잡을 수 있었을 것입니다.

7-3 흑색 진영은 ...axb4해서 폰을 잡을 수 있습니다. 공격할 수 있는 다른 폰들은 모두 보호받고 있습니다.

7-4 흑색 진영은 ...Bxb2해서 폰을 잡을 수 있습니다. 공격할 수 있는 다른 폰들은 모두 보호받고 있습니다.

7-5 백색 진영은 Rxh6해서 폰을 잡을 수 있습니다. 공격할 수 있는 다른 폰들은 모두 보호받고 있습니다.

7-6 백색 진영은 Qxa4해서 폰을 잡을 수 있습니다. 이 외에 백색 진영에서 공격할 수 있는 다른 것들은 모 두 보호받고 있습니다.

7-7 흑색 진영은 ...Rxh2해서 폰을 잡을 수 있습니다. 이 외에 흑색 진영에서 공격할 수 있는 다른 것들은 모두 보호받고 있어요.

7-8 흑색 진영에서 공짜로 잡을 수 있는 것은 없습니다. 백색 진영에서 모두 보호하고 있기 때문이죠.

7-9 백색 진영은 Rxf7+나 Bxg5하면서 공짜로 잡을 수 있습니다. 두 경우 모두 곧바로 폰을 잡을 수 있습니 다. 제일 처음 눈에 보였다고 바로 잡지 않도록 주의하세요. 더 나은 공짜 체스 말을 발견할 수 있을지 도 모르니까요.

7-10 백색 진영은 Bxc6해서 폰을 잡거나 Qxb6해서 나이트를 잡을 수 있습니다. 나이트가 더 가치가 높은 체스 말이기 때문에 Qxb6해서 나이트를 잡는 것이 더 좋습니다.

레벨 ❷

7-11 백색 진영은 1.Bxd6하면서 폰을 잡아야 합니다. 흑색 진영은 1...Rxd6해서는 안 돼요. 백색 퀸이 비숍을 보호하고 있기 때문입니다.

7-12 c5에 있는 폰은 2번 공격받고 1번 방어할 수 있습니다. 백색 진영은 1.dxc5 dxc5 2.Bxc5하면서 공짜를 챙길 수 있어요.

7-13 h3에 있는 폰은 2번 공격받고 1번 방어할 수 있습니다. 흑색 진영은 1...Bxh3하면서 공짜를 챙길 수 있 고, 백색 진영은 킹으로 비숍을 잡을 수 없습니다. 퀸이 비숍을 보호하고 있기 때문이죠.

7-14 흑색 진영에서 공짜로 잡을 수 있는 것은 없습니다. 백색 진영에서 모두 보호하고 있기 때문이에요(d4

에 있는 폰은 3번 공격받고 3번 방어할 수 있습니다). 공짜로 잡으려면 보통 적군을 공격할 수 있는 체스 말이 적군이 방어할 수 있는 체스 말보다 많아야 한다는 것을 잊지 마세요.

7–15 백색 진영은 1.Bxf6해서 나이트를 잡을 수 있습니다. g7에 있는 폰은 비숍을 잡을 수 없는데, 그 이유는 백색 퀸에 의해 자신의 킹에 고정되어 있기 때문입니다.

7–16 백색 진영은 1.Qxc6하면서 흑색 룩을 잡을 수 있습니다. 흑색 진영은 1...Rxc6하면서 백색 퀸을 다시 잡을 수 없는데, 그렇게 하면 백색 진영에서 2.Re8 메이트할 수 있기 때문이에요.

7–17 백색 진영은 1.bxa3하면서 폰을 잡을 수 있습니다. d5에 있는 흑색 폰은 3번 공격받을 수 있지만, 1번밖에 방어할 수 없어요. 그러나 1.Rxd5 Nxd5 2.Qxd5하면 백색 진영은 병력을 잃게 됩니다. 룩 하나의 가치가 폰 하나와 나이트 하나를 합한 가치보다 높기 때문이죠.

7–18 흑색 진영은 1...Qxc2하면서 무방비 상태의 퀸을, 또는 1...bxc3하면서 나이트를, 1...Rxd4하면서 d4에 있는 폰을, 1...Bxa5하면서 a5에 있는 폰을 공짜로 잡을 수 있습니다. 하지만 1...Qxg2 메이트가 가장 좋은 움직임입니다. 어찌 되었든 킹보다 더 가치 있는 공짜 체스 말은 없으니까요!

7–19 백색 진영은 1.Bxf7+하면서 흑색 진영이 1...Kxf7하도록 만들 수 있어요. 그다음에 백색 진영은 2.Qxd8하면서 흑색 퀸을 잡을 수 있습니다. 1.bxc3하면서 폰을 잡을 수 있지만, 그렇게 하면 흑색 진영보다 나이트가 1개 모자라게 됩니다.

7–20 백색 진영은 1.Qd5하면서 나이트와 f7에 있는 폰을 포크로 찍을 수 있습니다. 다음 차례가 오면 나이트나 폰을 잡을 수 있는데, f7에 있는 폰을 잡을 경우 체크메이트할 수 있어요. 흑색 진영이 1...Ng5하면서 f7을 보호하면 백색 진영은 2.Bxg5하면서 흑색 나이트를 공짜로 잡고, 다시 f7에서 체크메이트할 수 있는 기회를 얻게 됩니다. 1.Qf3은 통하지 않는데, 그 이유는 흑색 진영에서 1...d5할 수 있기 때문이에요. 1.Bxf7+ Kxf7 2.Qd5+하면 백색 진영은 잃었던 비숍을 나이트를 잡는 것으로 만회할 수 있고, 흑색 진영보다 폰이 1개 더 많아지게 됩니다.

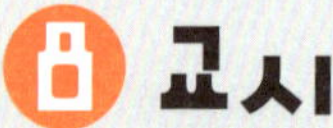

교시

레벨 1

8–1 보호받는 통과폰은 b4와 g3에 있습니다.

8–2 외톨이폰은 a3과 f5, g3, h7에 있습니다.

8–3 뒤처진 폰은 b5와 f6, g3에 있습니다.

8–4 베이스폰은 a2와 f4, g2에 있습니다.

8–5 a4에 있는 폰은 외톨이폰입니다.

8–6 이중 외톨이폰은 3개 있습니다. a2와 a6, 그리고 e2와 e3, g5와 g7입니다. c4와 c5에 있는 폰은 d7에 폰이 있기 때문에 외톨이폰이 아니에요.

8–7 c4에 있는 폰이 보호받는 통과폰이기 때문에 가장 강력합니다. a4에 있는 폰은 외톨이 통과폰입니다.

8–8 체스판 위에서 가장 약한 폰은 g4에 있는 흑색 진영의 외톨이폰입니다. 백색 킹이 이동해 잡을 수 있어요. b5에 있는 폰 역시 외톨이폰이지만, 흑색 킹이 보호해 줄 수 있을 만큼 가까운 거리에 있습니다.

8–9 체스판 위에서 가장 강한 폰은 h4에 있는 흑색 진영의 외톨이 통과폰입니다. 이 폰이 전진해 퀸으로 계급 변신을 하는 것을 아무도 막을 수 없습니다.

8–10 체스판 위에서 가장 약한 폰은 d3에 있는 뒤처진 폰입니다. 흑색 진영의 두 룩이 d파일에 모인 다음 이 폰을 공격할 수 있어요. 다른 체스 말들도 이 폰을 공격할 수 있습니다.

8-11 백색 진영의 가장 좋은 움직임은 1.b6으로, 통과폰을 만들 수 있습니다. 1.b6 axb6 2.a7하면 a파일에 있는 백색 통과폰은 곧 계급이 올라갈 수 있을 거예요. 흑색 진영에서 이 폰을 잡지 않을 경우, 백색 진영은 2.bxa7하거나 2.b7해 다음 차례에 계급이 올라갈 수 있을 것입니다.

8-12 흑색 진영의 가장 좋은 움직임은 1...Bxh3입니다. 백색 진영은 2.gxh3하면서 비숍을 다시 잡아야 하고, 결국 h파일에 이중 외톨이폰이 만들어지게 됩니다.

8-13 백색 진영의 가장 좋은 움직임은 1.Nxc6이고, 흑색 진영은 1...bxc6하면서 나이트를 다시 잡아야 합니다. 그러면 흑색 진영에는 c파일에 이중 외톨이폰이 생기게 되죠. 백색 진영의 a2에 있는 폰이 이제는 적군에게 위협이 되는 통과폰이 됩니다.

8-14 흑색 진영은 1...Bxc3해야 하고, 백색 진영에서 1...bxc3하면서 흑색 비숍을 다시 잡으면 백색 진영에는 c파일에 이중 외톨이폰이 만들어지게 됩니다. 더 중요한 점은 b3에 있는 흑색 폰이 통과폰이 되면서 2번의 움직임 만에 퀸으로 계급이 올라갈 수 있다는 것입니다.

8-15 백색 진영의 가장 좋은 움직임은 1.Rxe5입니다. 흑색 진영이 1...dxe5하면 백색 진영에는 d5에 보호받는 통과폰이 만들어지게 됩니다.

8-16 흑색 진영은 e5에 있는 폰을 잡는 것이 가장 좋습니다. c5에 있는 폰은 외톨이폰이기 때문이죠. 둘 중 하나를 잡아야 할 때는 강한 것을 잡고 약한 것을 남겨 두는 것이 더 좋습니다.

8-17 흑색 진영은 d파일에 있는 폰으로 비숍을 잡아야 합니다. 그렇게 하면 c8에 있는 비숍이 앞으로 나올 수 있어요. 흑색 진영에서 1...bxc6했을 경우 c파일로 이동한 폰이 중앙에 위치한 칸을 공격할 수있지만, 이럴 경우 a6에 있는 폰이 외톨이 신세가 되고 맙니다.

8-18 흑색 진영의 가장 좋은 선택은 앙파상(1...gxh3)을 해서 h파일에 있는 적군의 폰을 잡고, h파일에 통과폰을 만드는 것입니다.

8-19 백색 진영의 가장 좋은 움직임은 1.Bxf6하면서 f6에 있는 나이트를 잡는 것입니다. 흑색 진영에서 1...gxf6하면서 비숍을 다시 잡는다면 f파일에 이중폰을 만들게 되고, 흑색 킹 앞이 뻥 뚫리면서 공격에 노출되게 됩니다. 백색 진영은 2.Qg4+ Kh8 3.Qg7 메이트하면서 게임에서 승리할 수 있어요. 흑색 진영에서 비숍을 잡지 않는다면 나이트만 잃게 되고, 흑색 킹은 여전히 공격받을 수 있습니다.

8-20 흑색 진영의 가장 좋은 움직임은 1...a3입니다. 이렇게 하면 다음 차례가 왔을 때 2...axb2하면서 통과폰을 만들 수 있어요. 만약 백색 진영에서 2.bxa3한다면 흑색 진영은 2...b3이나 2...bxc3하면서 통과폰을 만들 수 있습니다. 양쪽 진영 모두 퀸 쪽에 통과폰을 가지게 될 것입니다. 하지만 흑색 진영의 폰이 계급이 올라갈 수 있는 칸에 더 가까이 있기 때문에 게임에서 이기게 될 것입니다. h6에 있는 백색 통과폰은 흑색 킹이 막고 있어요.

꩜ 교시

9-1 d8, g8, g5에 별표 합니다.

9-2 d8, a8, a5에 별표 합니다.

9-3 h1, d1, d5에 별표 합니다.

9-4 c1, e1, e3에 별표 합니다.

9-5 g8, b8, b3에 별표 합니다.

9-6 h1, c1, c6에 별표 합니다.

9–7   백색 폰의 경우, c8, f8, f5에 별표 합니다.
      흑색 폰의 경우, g1, d1, d4에 별표 합니다.

9–8   백색 폰의 경우, a8, f8, f3에 별표 합니다.
      흑색 폰의 경우, d1, h1, h6에 별표 합니다. 이 경우는 정사각형이 아니라 직사각형인 것이 보이나요?
      엄밀히 따지면 사각형의 모서리는 d1과 i1, i6이 되어야 할 것입니다. 하지만 체스판에는 i파일이 없기
      때문에 i1과 i6을 h1과 h6으로 대신하는 것이죠.

9–9   이 그림에는 통과폰이 없습니다.

9–10 c4에 있는 백색 폰의 경우, c8, g8, g4에 별표 합니다.
      h6에 있는 흑색 폰의 경우, h1, c1, c6에 별표 합니다.

레벨 2

9–11 백색 진영이 승리할 수 있는 움직임은 1.Rxc6!입니다. 흑색 진영이 1...bxc6하면 b6에 있는 백색 폰은
      통과폰이 됩니다. 흑색 킹이 b6에 있는 폰의 정사각형 안에 들어가지 않기 때문에 백색 진영이 이 게임
      에서 이길 것입니다.

9–12 백색 킹은 h4에 있는 흑색 폰의 정사각형 안에 들어 있지 않습니다. 그리고 흑색 킹은 백색 폰의 정
      사각형 안에 들어가지 않아요. 지금부터는 누가 먼저 계급 변신을 하느냐가 중요합니다. 백색 진영은
      1.a6 h3 2.a7 h2 3.a8=Q해야 합니다. 이렇게 하면 흑색 폰의 계급이 올라갈 수 있는 h1을 통제할 수 있
      어요. 만약 1.axb6?한다면 흑색 진영은 1...h3 2.b7 h2 3.b8=Q h1=Q하게 됩니다. 백색 진영에서 먼저
      퀸으로 계급 변신을 할 수 있지만, 흑색 퀸을 잡기 위해 흑색 킹과 퀸을 꼬챙이로 꽂을 수 있는(스큐어)
      칸이 없습니다.

9–13 흑색 진영은 폰의 정사각형 안으로 들어가기 위해 1...Kd5!해야 합니다. 흑색 킹은 a파일에 있는 폰을
      쫓아가 잡은 다음 다시 돌아와 자기편 통과폰이 전진하는 것을 도와줄 시간을 얻을 수 있어요. f6과 g5
      에 있는 흑색 폰의 경우, 흑색 킹이 퀸 쪽에 있는 동안 백색 킹은 f6에 있는 폰을 잡을 수 없습니다. g5
      에 있는 폰의 정사각형을 벗어나기 때문이죠.

9–14 흑색 진영은 1...Bxf3해야 합니다. 백색 진영에서 2.Kxf3하면서 비숍을 잡는다면 백색 킹은 b4에 있는
      흑색 통과폰의 정사각형에서 벗어나게 됩니다. 비숍을 잡는 대신 백색 킹은 폰의 뒤를 쫓고, 비숍은 폰
      을 보호할 수 있어요.

9–15 백색 진영은 앙파상(1.fxg6+)을 해서 폰을 잡아야 합니다. 만약 흑색 진영에서 1...Kxg6하면서 폰을 잡
      는다면 흑색 킹이 c파일에 있는 통과폰의 정사각형을 벗어나게 됩니다.

9–16 백색 진영에서 승리할 수 있는 움직임은 1.Nxb5? Qf1 메이트가 아니라 1.Qxb5+!입니다. 그다음에
      1...Qxb5 2.Nxb5 Kxb5 3.h4하면(2칸 앞으로 전진!) 흑색 킹은 백색 폰의 정사각형 안으로 들어오지 못
      하게 되죠.

9–17 흑색 진영에서 1...fxg6 2.h6 gxh6 3.f6 Kd6하면 흑색 킹은 f파일에 있는 백색 통과폰의 정사각형 안에
      들어가게 되고, 게임에서 이길 수 있습니다. 1...hxg6? 2.f6 gxf6 3.h6하면 흑색 킹은 h파일에 있는 백색
      통과폰의 정사각형 밖에 있게 되고, 게임에서 질 것입니다.

9–18 흑색 킹이 백색 폰의 정사각형 안으로 들어갈 수는 있지만, c파일에 있는 폰을 잡으려고 한다면 백색
      킹이 이 폰을 보호해 줄 수 있어요. 그렇기 때문에 흑색 진영에서는 자신의 통과폰 가운데 하나를 마지
      막 칸까지 이동하는 것이 먼저입니다. 흑색 진영은 1...f4해야 합니다. f파일에 있는 폰이 퀸으로 계급이
      올라가면서 백색 킹을 체크할 수 있기 때문이에요. 2.c5 f3 3.c6 f2 4.c7 f1=Q+ 5.Kb7하면 흑색 진영은
      5...Qc1한 뒤에 다음 차례가 왔을 때 백색 폰(또는 퀸)을 잡을 수 있습니다. 백색 킹은 g파일에 있는 폰
      의 정사각형에 들어가지 않기 때문에 흑색 진영이 이 게임에서 이기게 됩니다.

9–19 1...e3+! 2.Kxe3 h2하면 백색 킹은 h파일에 있는 폰의 정사각형 밖에 놓이게 됩니다. 백색 킹이 e3에 있는 폰을 잡지 않는다고 해도 두 폰 중 하나의 계급이 올라가는 것을 막을 방법은 없어요. 1...h2는 통하지 않는데, 그 이유는 2.Kg2 e3 3.Nb4(또는 3.Nc5) 3...e2 4.Nc2(또는 4.Nd3)하면 백색 나이트가 e2에 있는 폰을 막을 수 있기 때문입니다.

9–20 백색 진영은 1.Bh3으로 흑색 룩을 킹에 핀으로 고정하면서 게임에서 이길 수 있습니다. 흑색 진영에서 1...Ke5해서 핀을 풀면 백색 진영은 2.Rxf5+ Nxf5 3.Bxf5 Kxf5 4.a5하고, 흑색 킹이 a파일에 있는 폰의 정사각형 안에 들어오지 않기 때문에 폰은 계급 변신을 할 수 있어요. 1.Rxf5는 통하지 않는데, 그 이유는 1...Kxf5! 2.a5 Ne8 3.a6 Nc7 4.a7 Ke5하면서 흑색 킹이 폰을 쫓아가 잡을 수 있기 때문입니다.

🔟 교시

레벨 1

10–1 1...Ne5 메이트(나이트는 d3 역시 공격합니다)

10–2 1.Nbd4 메이트(1.Nfd4+는 체크메이트가 아닌데, 그 이유는 1...Kxe5 때문입니다)

10–3 흑색 진영은 오직 1가지 방법으로만 백색 킹을 체크메이트할 수 있습니다. 그것은 1...Qxb2 메이트입니다. 1...Ra1+는 체크메이트가 아닌데, 그 이유는 2.Nb1 때문입니다.

10–4 백색 진영은 흑색 킹을 2가지 방법으로 체크메이트할 수 있습니다. 1.Nf7 메이트와 1.Qh7 메이트입니다.

10–5 흑색 진영은 백색 킹을 2가지 방법으로 체크메이트할 수 있습니다. 1...c3 메이트와 1...Bd4 메이트입니다.

10–6 백색 진영은 오직 1가지 방법으로만 흑색 킹을 체크메이트할 수 있습니다. 1.Nf7하면서 한 번에 f7에 있는 나이트와 c1에 있는 비숍, 두 체스 말로 체크메이트하는 것입니다. 1.Qh3+는 1...Kg6 때문에 통하지 않아요.

10–7 1...Nd3은 체크메이트인데, 그 이유는 e2에 있는 폰이 흑색 퀸에 의해 백색 킹에 고정되어 있기 때문입니다.

10–8 백색 진영에서 흑색 킹을 체크메이트하기 위해서는 킹을 체크하고, 킹이 도망칠 수 있는 g2를 통제해야 합니다. 흑색 킹을 체크메이트할 수 있는 유일한 움직임은 1.0–0 메이트입니다.

10–9 1.Qd6 메이트

10–10 1.Rh7 메이트

레벨 2

10–11 1.Qe8+ Qe7(또는 1...Nge7이나 1...Nce7) 2.d5 메이트

10–12 1.c3+ Kb3 2.Qd1 메이트

10–13 1...Nh3+ 2.Kf1 Nh2 메이트

10–14 1.Rxc6+ bxc6 2.Qc7 메이트

10–15 1.Rc7+Kb8 2.Na6 메이트

10–16 1.Qg6+! fxg6 2.fxg6 메이트

10–17 1...h6+ 2.Kh4 Bf2 메이트

10–18 1...Nh3+ 2.Kh2 Ng4 메이트

10–19 1.Bf1+ Bg2 2.Nf2 메이트

10–20 1.Rh2+ Kg1 2.0–0–0 메이트 또는 2.Kd2 메이트

십자 낱말 맞추기 (166페이지)

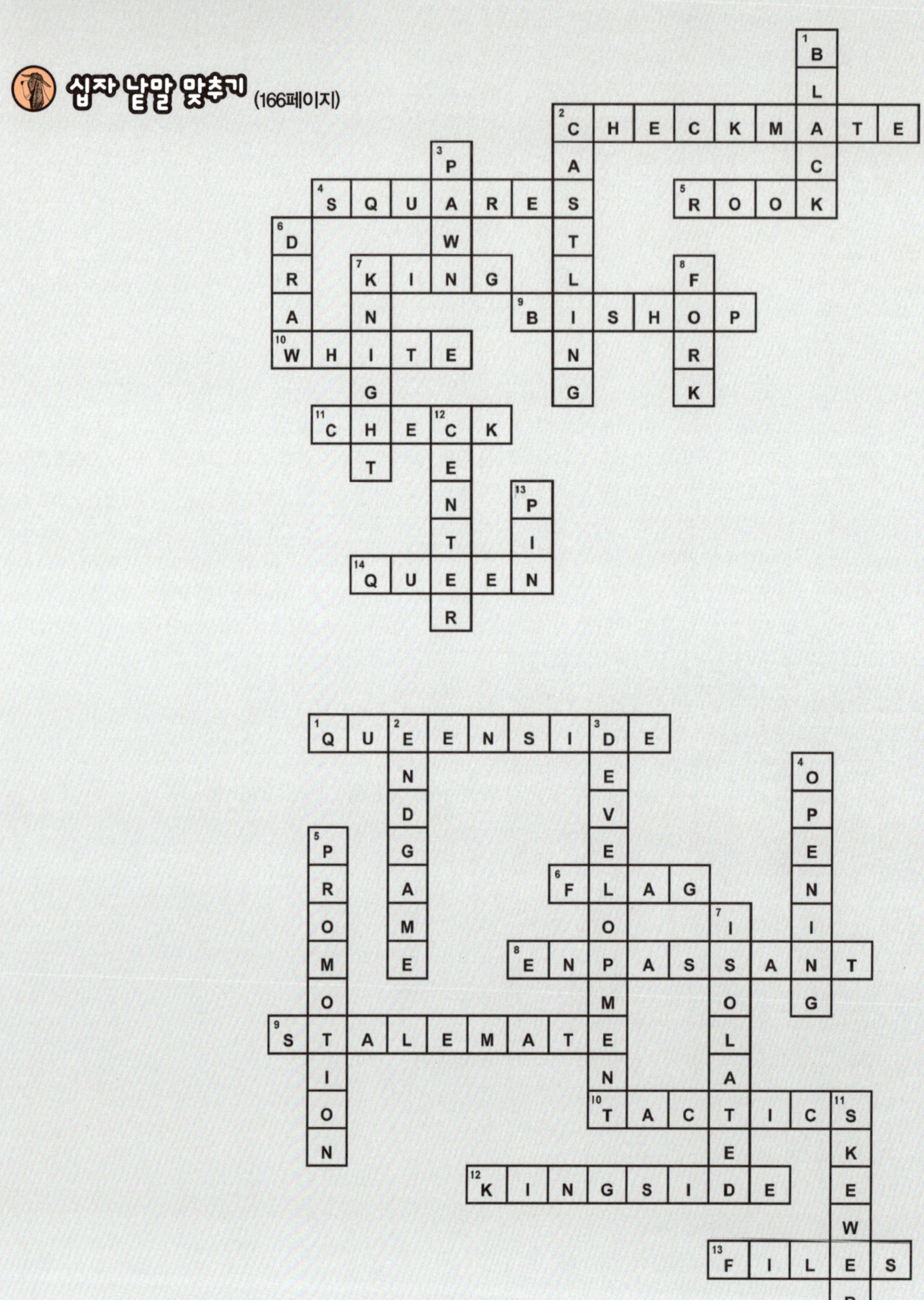

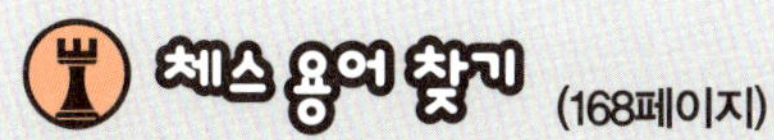 체스 용어 찾기 (168페이지)

									B						G
S	T	A	L	E	M	A	T	E		L					N
P											A				I
	R			R	E	W	E	K	S			C			K
		O											K		
			M		C	A	S	T	L	I	N	G			C
				O										H	
					T								E		
E	T	I	H	W		I						C		L	
	P						O				K		A		
K		A						N	M		I				
N			W					A		R					K
I				N			T		E						O
G						E		T							O
H		N	E	E	U	Q		A							R
T						M			P	O	H	S	I	B	

세계 챔피언 이름 찾기 (169 페이지)

	L					R	Z	T	I	N	I	E	T	S
	A				E		S							
	T			H		M	S	P	A	S	S	K	Y	
			C		Y							E		
		S		S		K						W		C
	I		L				A					U		A
F		O	E		P			S				E		P
	V	K		N		E			P					A
		R			I		T			A				B
R		A				H		R			R			L
E		M					K		O			O		A
K		N						E		S			V	N
S		I							L		I			C
A		K								A		A		A
L			B	O	T	V	I	N	N	I	K		N	
			V	O	P	R	A	K						

- **3회 반복 무승부**: 무승부의 한 종류로, 정확하게 같은 모양이 3번 반복되는 경우

- **50수 무승부**: 50수를 두는 동안 잡힌 체스 말이 하나도 없고, 폰 중 어느 것 하나도 움직인 적이 없는 경우로, 흔하게 발생하지 않음

- **공짜 체스 말**: 보호받지 못하거나 쉽게 잡힐 수 있는 체스 말

- **기록표(스코어시트)**: 체스 게임을 기록하기 위한 종이로 각 선수마다 보통 60번의 움직임을 기록할 수 있음

- **기물(체스 말)**: 나이트나 비숍, 룩, 퀸, 킹을 말함(폰은 일반적으로 기물에 포함되지 않음)

- **나이트(N)**: 3점의 가치가 있으며 다른 체스 말을 건너뛸 수 있는 유일한 체스 말로, 'ㄴ'자 모양으로 움직임

- **대수기보법**: 체스 게임에서 사용하는 언어로, 움직인 체스 말과 그 체스 말이 이동한 칸으로 움직임을 기록함

- **뒤처진 폰**: 반만 열려 있는 파일에 위치한 베이스폰으로 약한 폰이며, 적군의 체스 말, 특히 룩에 의해 쉽게 공격당할 수 있음

- **디스커버드 공격**: 체스 말을 움직이면서 그 뒤에 숨어 있던 비숍이나 룩, 퀸으로 적군 체스 말을 공격하는 것

- **디스커버드 체크**: 체스 말을 움직이면서 그 뒤에 숨어 있던 비숍이나 룩, 퀸으로 적군의 킹을 공격하는 것

- **랭크**: 가로줄을 뜻하는 체스 용어

- **룩(R)**: 5점의 가치가 있는 체스 말로 상하좌우로 움직일 수 있음

- **마이너 기물**: 나이트와 비숍

- **메이저 기물**: 룩과 퀸

- **메이팅 네트**: 킹이 도망갈 칸이 없어 체크메이트를 가능하게 할 때

- **무승부 제의**: 한 선수가 체스 말을 움직인 다음, 말로 상대방에게 무승부를 제의하는 것

- **무승부**: 이긴 선수도 진 선수도 없이 게임이 끝나는 것

- **미들게임**: 체스 말들이 진격을 하고 난 뒤인 게임의 중반부

- **반만 열린 파일**: 한쪽 진영의 폰만 있고 다른 진영의 폰은 없는 파일

- **백랭크 체크메이트**: 킹이 백랭크에 있을 때 적군의 퀸이나 룩으로부터 공격받아 체크메이트되는 상황으로, 같은 편 폰에 의해 도망칠 수 있는 길이 막혀 있음

- **백랭크**: 1랭크를 가리키는 체스 용어로, 폰의 시작 위치 뒤에 있는 선수와 가장 가까운 랭크

- **백색 진영**: 밝은색 체스 말을 사용하는 선수로, 게임이 시작되면 가장 먼저 움직임

- **베이스폰**: 폰사슬 맨 아래 부분에 위치한 폰으로, 다른 폰의 보호를 받지 못함

- **병력**: 체스 말이 가진 가치의 합

- **보호받는 통과폰**: 같은 편 폰이 보호해 주는 통과폰

- **비숍(B)**: 가치가 3점이며, 대각선 어느 방향으로든 움직일 수 있음

- **삼중 외톨이폰**: 옆 파일에 같은 편 폰이 없어 어떠한 보호도 받지 못하는 상태에서 3개의 폰이 같은 파일에 일렬로 놓여 있는 형태

- **삼중폰**: 같은 파일에 3개의 폰이 일렬로 놓여 있고, 옆 파일에 이들을 보호해 줄 수 있는 자기편 폰이 놓여 있는 형태

- **스모더드 체크메이트**: 자기편 체스 말에 둘러싸여 도망치지 못하고 꼼짝할 수 없는 킹을 나이트로 체크메이트하는 상황

- **스콜라스 메이트**: 퀸을 게임 초반에 전투에 참여시켜 빠르고 쉽게 적군의 킹을 체크메이트해 이기는 상황

- **스큐어**: 핀과 비슷한 종류의 전술이지만, 가치가 더 높은 체스 말이 더 낮은 체스 말 앞에 놓임

- **스테일메이트**: 무승부의 한 종류로, 자신의 차례가 돌아왔는데 움직일 수 있는 체스 말이 하나도 없는 상황

- **아날로그시계**: 시곗바늘이 있는 체스용 시계로, 작은 깃발이 달려 있어 큰바늘이 정각을 가리키는 동시에 깃발이 아래로 떨어지면서 시간이 다 되었음을 알려 줌

- **앙파상**: 폰의 특별한 움직임으로, 적의 폰을 잡는 데 사용됨

- **엔드게임**: 체스판에 체스 말이 많이 남아 있지 않은 게임의 후반부

- **열린 파일**: 폰이 놓여 있지 않은 파일

- **오프닝**: 게임의 초반부로 일반적으로 체스 말을 10번 정도 움직였을 때까지를 말하며, 대부분의 체스 말이 진격했고, 킹은 캐슬링을 한 경우가 많음

- **외톨이 통과폰**: 통과폰의 좋은 점과 외톨이폰의 나쁜 점을 동시에 가지고 있는 폰

- **외톨이폰**: 옆 파일에 자기편 폰이 없어서 외롭고 힘이 없는 약한 폰

- **이중 공격**: 움직인 체스 말과 그 뒤에 숨어 있던 장거리 체스 말이 함께 적군의 체스 말을 공격할 수 있는 것

- **이중 외톨이폰**: 옆 파일에 같은 편 폰이 없어 보호를 받을 수 없는 상황에서 2개의 폰이 같은 파일에 일렬로 나란히 놓여 있는 형태

- **이중 체크**: 움직인 체스 말과 그 뒤에 숨어 있던 장거리 체스 말이 함께 적군의 킹을 체크하는 것

- **이중폰**: 옆 파일에 같은 편 폰이 있어 보호를 받을 수 있는 상황에서 2개의 폰이 같은 파일에 일렬로 나란히 놓여 있는 형태

- **자두브**: 칸 중심에서 벗어나 있는 체스 말을 제자리로 옮겨 놓고 싶을 때 터치 무브 규칙에 걸리지 않기 위해 체스 말을 건드리기 전에 하는 말

- **전술**: 체스 말들 사이에 벌어지는 전투에 대처하기 위한 방법으로, 적군에게 즉각적인 위협과 공격을 가함

- **절대 핀**: 핀 전술에 의해 체스 말이 킹에 고정되어 있는 상황

- **중앙**: e4와 e5, d4, d5 칸이 위치한 체스판 중심부

- **진격**: 체스 말이 게임 시작 때 놓여 있던 위치를 벗어나 전투에 참여하는 것

- **체크**: 킹이 적군의 공격을 받는 상황

- **체크메이트**: 게임의 최종 목표로, 킹이 체크 상황에 놓여 있으면서 도망갈 수 있는 방법이 전혀 없을 때

- **캐슬링**: 중앙에 위치한 킹을 외곽으로 피신시키고 룩을 진격시키기 위한 움직임으로 주로 오프닝에서 사용하며, 두 체스 말이 1번에 움직일 수 있는 유일한 경우

- **퀸 쪽**: 체스판에서 퀸이 놓여 있는 쪽으로, a · b · c · d파일을 말함

- **퀸(Q)**: 가장 강력한 체스 말로 9점의 가치를 가지고 있으며, 직선으로 상하좌우와 대각선 어느 방향으로든 마음대로 움직일 수 있음

- **킹 쪽**: 체스판에서 킹이 놓여 있는 쪽으로, e · f · g · h파일을 말함

- **킹(K)**: 가장 가치가 높은 체스 말로, 킹은 잡을 수 없으며 1번에 1칸씩 모든 방향으로 이동할 수 있음

- **터치 무브 규칙**: 자신의 체스 말을 건드린 선수는 움직이는 것이 가능한 경우 그 체스 말을 반드시 움직여야 함

- **터치 테이크 규칙**: 상대편의 체스 말을 건드린 선수는 그 말을 잡을 수 있는 경우에 한해 반드시 잡아야 함

- **통과폰**: 적군의 폰이 앞길을 가로막지 않고 있어 체스판 맞은편, 계급 변신을 할 수 있는 칸까지 갈 수 있는 폰

- **파일**: 체스판의 세로줄로, 알파벳 소문자 a~h로 표시함

- **포크**: 2개 이상의 체스 말을 1번에 공격하는 전술

- **폰사슬**: 주변 파일에 대각선 방향으로 나란히 모여 있으며, 서로가 서로를 보호해 주는 폰들

- **폰(기호 없음)**: 가장 가치가 낮고, 적군을 잡을 때 대각선 방향으로 움직이는 것을 제외하고는 앞으로만 움직이며, 반대편 마지막 랭크에 도달하면 다른 체스 말(보통은 퀸)로 계급 변신을 할 수 있음

- **폰의 정사각형**: 폰이 전진해 계급이 올라가는 것을 막기 위해 적군의 킹이 들어가 있어야 하는 상상 속의 정사각형

- **프로모션(승진)**: 폰이 체스판 반대편 끝에 있는 8랭크에 도착해 계급이 더 높은 체스 말로 변신하는 것

- **핀**: 장거리 체스 말(퀸이나 룩, 비숍)이 더 큰 가치를 가진 다른 체스 말을 보호하고 있는 적군의 체스 말을 공격함

- **흑색 진영**: 어두운 체스 말을 사용하는 선수로, 백색 진영이 먼저 움직이고 난 뒤에 움직임

작가 소개

지은이_ **토드 바드위크(Todd Bardwick)**

6살 때 아버지에게 체스를 배운 후 각종 대회에서 체스 실력을 인정받은 토드 바드위크는 덴버 오픈 챔피언십에서 5년 연속(1992~1996) 챔피언의 자리에 오르는 등 뛰어난 성과를 거둔 체스 선수로, 1993년 미국 체스협회가 승인하는 내셔널 마스터 타이틀을 획득했습니다.

2002년부터 미국 체스협회가 발간하는 어린이를 위한 체스 잡지인 〈스쿨 메이트〉에 '체스 탐정' 칼럼을 기고하며 많은 사랑을 받았으며, 이후 《21세기 체스 교육》, 《체스 전략 교습서》 등의 책을 출간했습니다.

바드위크는 미국 체스 교육의 선구자이며, 1995년에 그가 만든 로키 마운틴 체스 캠프는 현재 미국에서 가장 큰 체스 교육캠프 중 하나로 성장했습니다. 현재는 덴버 체스 아카데미를 운영하고 있습니다.

그린이_ **케빈 헴스테드(Kevin Hempstead)**

개성 있고 독특한 그림으로 주목받고 있는 일러스트레이터입니다. 체스 게임에서 벌어지는 상황을 쉽고 재미있게 표현한 그림으로 독자들에게 사랑받고 있으며, 《21세기 체스 교육》을 비롯한 많은 책과 잡지의 그림을 그렸습니다.

옮긴이_ **김수민**

가톨릭대학교 사회복지학과와 영어 · 영미문화학과를 졸업하고, 호주 맥쿼리대학교 대학원에서 통번역 석사 학위를 취득했습니다. 다수의 정부기관 및 기업체 문서 번역, 논문 번역작업을 진행했으며, 현재 펍헙 번역그룹에서 전문 번역가로 활동 중입니다.

옮긴 책으로 《세상의 엄마들이 가르쳐준 것들》, 《시크한 파리지엔 따라잡기》, 《크로마뇽》, 《월드 베스트 디지털 마케팅 어워드 40》(공역), 《이코노미스트 2013 세계경제대전망》(공역) 등이 있습니다.

어린이를 위한 체스 따라잡기

지은이 토드 바드위크
그린이 케빈 헴스테드
옮긴이 김수민

1판 1쇄 발행 2014년 10월 6일
1판 4쇄 발행 2020년 12월 30일
개정판 1쇄 발행 2024년 7월 15일

발행처 루돌프
발행인 신은영
등록번호 제2012-000136호
등록일자 2008년 5월 19일
주소 경기도 고양시 일산동구 위시티1로 7, 507-303
전화 (070)8224-5900 팩스 (031)8010-1066

값은 표지에 있습니다.
ISBN 978-89-98755-08-9 13690

이메일 coolsey2@naver.com
블로그 blog.naver.com/coolsey2
포스트 post.naver.com/coolsey2
루돌프는 옥당북스의 아동 출판브랜드입니다.